지상 최대의 경제 사기극,

세대전쟁

지상 최대의 경제 사기극,
세대전쟁

박종훈 지음

21세기북스

D-5년, 지금 대한민국은 세대전쟁 전야

시저테일 서전트Scissor tail Sergeant는 몸에 다섯 개의 검은 줄이 있고 가위 모양의 꼬리를 가진 작은 물고기로, 바다에서 흔히 볼 수 있는 농어목의 물고기들 중 하나다. 그런데 이 작은 생명체의 독특한 짝짓기 방식이 해양생태학자들의 눈길을 끌고 있다. 겉보기에 평범해 보이는 수컷들은 짝짓기 시기만 오면 카사노바casanova가 되어 자신의 영역 근처로 지나가는 암컷에게 정성을 다해 구애를 한다. 짝짓기에 성공하면 암컷은 알을 낳은 뒤 곧바로 떠나버리고, 수컷은 수정된 알을 지킴과 동시에 또 다른 짝짓기를 위해 새로운 암컷을 찾아 나선다. 수완이 좋은 수컷은 열두 마리의 암컷과 짝짓기에 성공하는 경우도 있다. 수컷은 이렇게 틈만 나면 새로운 암컷을 찾아나서는 바람둥이지만, 알을 지키는 데도 최선을 다하기 때문에 포식자에게 알을 잃는 경우는 그렇게 많지 않다고 한다.

그런데 아이러니하게도 갓 수정된 알에게 있어 그 어떤 포식자보다 가장 위험한 것이 바로 알을 지키는 아빠 물고기다. 짝짓기를 하고 알을 지키며 바쁜 시기를 보내다 보면 아빠 물고기는 정작 자신의 먹이를 찾지 못하는 경우가 많다. 특히 작고 힘이 없는 수컷은 종종 먹이를 구하는 데 어려움을 겪는데, 이럴 때는 가장 손쉽게 구할 수 있는 먹이인 자신의 자식들을 먹어버린다.[i] 그렇게 정성스럽게 지키던 알을 자기가 직접 먹어치운다는 사실이 쉽게 이해되지 않지만, 이러한 행위는 자연의 놀라운 적자생존의 결과를 가져온다. 자기 먹이도 구하지 못하는 작고 보잘 것 없는 수컷이 자신의 알을 먹어버리면, 결국 유전적으로 더 우월한 수컷의 유전자가 더 많이 살아남기 때문이다. 즉, 자신의 자손을 잡아먹으며 생명을 유지하려던 나약한 물고기의 유전자는 급격히 쇠퇴하게 된다.

시저테일 서전트의 이야기를 들으면서 '인간이라면 자신이 살아남기 위해 자기 자식을 죽이는 짓은 결코 하지 않는다'라며 비정한 동물의 세계를 측은하게 여길지도 모르겠다. 그러나 지금껏 겪어보지 못한 급격한 고령화가 눈앞에 닥친 당혹스러운 상황에서, 점점 더 늘어나는 노인부양 부담의 빚을 미래세대에게 미루어 그들의 삶을 비참하게 만들고 있는 우리 인류는 과연 이런 비정한 자연의 섭리에서 자유롭다고 자신할 수 있을까?

지금 고령화 추세는 거스를 수 없는 전 세계적인 현상이다. 세계 각국은 시간이 갈수록 기하급수적으로 늘어나는 노령층, 그리고 그와 반대로 심각하게 줄어드는 미래세대 간의 불균형으로 인한 사회 구조의 변화에 제대로 대응하지 못해 고전을 면치 못하고 있다. 늘어나는 노인들의 부양과 관련된 세금 문제와 국민연금, 건강보험 문제, 그리고 기성세대들의 자산을 지켜주기 위한 부동산 부양책, 청년실업을 도외시한 정년연장……. 이 모든 문제들이 기성세대가 받는 혜택이 커질수록 미래세대의 부담이 가중되는 세대 간 불평등에 기인한, '세대 갈등'의 문제로 귀결된다.

더 큰 문제는 막강한 인구수로 인해 기성세대의 정치적 힘이 커짐에 따라 노인복지는 점점 더 강화되는 반면, 정작 우리 미래를 위해 가장 필요한 미래세대에 대한 복지투자는 계속 외면당하면서 그 격차가 점점 더 벌어지고 있다는 점이다.

물론 오늘날의 경제발전은 기성세대의 헌신적인 노력과 희생에 빚진 바가 크다. 따라서 이러한 발전을 이끌어온 기성세대에게 노후복지 혜택을 제공하는 것은 후세대의 당연한 의무이며, 그만큼 세대 간 불균형도 어느 정도 용납되어야 한다. 그러나 미래세대가 견딜 수 없을 정도로 현세대가 주는 부담이 커진다면, 그때는 후손들의 삶만 황폐해지는 것이 아니라 기성세대들의 안정된 노후까지도 보장받을 수 없어진다.

현재 남유럽과 일본을 포함한 많은 국가는 경제위기 이후 국가재정이 매우 위태로움에도 고령층을 위한 의료비, 연금 등 다양한 복지 지출에 천문학적인 돈을 쏟아붓고 있다. 그런데 이것을 '증세 없이' 해결하기 위해 대부분을 국가부채에 의존하고 있어, 날이 갈수록 미래세대로 떠넘겨지는 빚더미가 눈덩이처럼 불어나고 있는 상황이다.

그러나 정작 이 빚더미를 고스란히 떠안게 될 청년들은 지금 당장 일해서 안정적인 소득 기반을 쌓아도 모자랄 판에, 복지의 사각지대에서 절반 가까이가 실업 상태로 허덕이고 있다. 빚으로 시작하는 대학 등록금과 높은 실업률로 미래조차 암울한 그들은 이제 결혼과 출산조차 꺼리는데, 이렇게 심각한 상황에 대한 대책 마련에 정부는 아예 손을 놓고 있다. 자신들에 대한 외면과 착취로 불평등이 심각해지자, 이에 반발한 청년세대가 다양한 방법으로 저항에 나서면서 지금 세계 곳곳에서는 세대전쟁의 거친 소용돌이가 일어나고 있다. 그리고 한국 역시 이 소용돌이에서 결코 자유롭지 않다.

안타깝게도 이러한 악순환이 한 개인이나 가정의 현상일 때는 그 문제를 인식하기가 매우 쉬운데, 한 나라의 경제 문제가 되면 그 심각성이나 위기감이 그다지 피부에 와 닿지 않는 것 같다. 그렇다면 지금 우리나라의 현재 모습을 가계로 축소시켜 생각해보자.

큰 재정위기를 겪으면서 많은 빚을 지게 된 한 가정이 갈수록 소득은 줄어들어 돈 갚을 능력은 없는데, 여기저기 쓰임새는 점점 더 커져서 그 빚이 걷잡을 수 없이 늘어나고 있다. 게다가 대학공부까지 시킨 장성한 자식은 취직도 못해 여전히 부모 밑에서 살고 있으니, 그가 가정을 꾸려 독립할 날은 요원하다. 이제 일해서 집에 돈 벌어올 젊은이도 없는데, 곧 은퇴를 앞둔 노인들만 살고 있는 이 집은 '계속 빚을 져서라도 우리가 한창 잘나가던 시절만큼 누리면서 살겠다'라며 그 쓰임새를 줄이지 못하고 있다. 결국 이 빚은 모두 그 자식이 다 갚아야 할 텐데, 파산하지 않고 버티며 갚을 능력이나 되는지 모르겠다. 참으로 한심하고 걱정되는가? 그러나 이것이 바로 우리나라를 포함하여 지금 경제파탄으로 치닫고 있는 많은 나라들의 모습이다.

하지만 세대전쟁은 서로 뺏고 뺏기는 제로섬zero-sum 게임이 아니다. 청년층의 인구와 소득 감소는 우리 노후의 삶에 가장 직접적으로 영향을 미치는 결정적인 요소다. 기성세대가 자신의 노후를 위해 젊은 세대를 착취하는 전략을 지금처럼 지속한다면, 소득이 점점 더 줄어들 그들의 삶이 더 피폐해질 것이다. 이러한 청년층의 소득 감소는 시장의 소비 감소로 이어지고, 이는 기업의 투자와 산업경쟁력, 경제 전체의 성장 문제로까지 이어진다. 더구나 삶이 힘겨운 청년들이 결혼과 출산마저 포기한다면, 기성세대의 노후복지를 지탱해줄 젊은 세대 자체가 크게 줄어들어 그 재원 확보조차 어려워진다. 이 때문에 기성세대가 단순한 셈법으로 지금 당장 눈에 보이는 이익에 환호하며 미래세대에게 그 모든 부담을 미룬다 해도, 결국 모든 것은 우리 자신의 미래와 노후생활을 파괴하는 부메랑이 되어 돌아올 것이다.

이와 반대로, 미래세대 전체를 아우르는 정책을 통한다면 얼마든지 더 나은 미래를 꿈꿀 수도 있다. 젊은 세대가 탄탄한 경제적 기반을 세울 수 있도록 돕는다면 그들은 한국 경제를 지탱하는 버팀목이 될 것이고, 그들이 부를 축적할 기회를 갖게 되면 이것이 바로 기성세대가 보유한 부동산 등 자산가격을 지키는 가장 강력한 수단이 될 것이다. 더불어 젊은 세대가 다시 결혼과 출산에 적극적으로 나서서 미래세대의 인구가 늘어나면 한국 경제는 활력을 되찾고 재성장의 기회를 가지게 된다. 그러므로 지금 우리가 외면하고 있는 청년 일자리나 출산율 제고를 위한 복지 지출은 단순한 '비용'이 아니라, 미래세대를 살리고 기성세대의 노후에 필요한 복지 지출을 지탱해나가는 데 있어 가장 효율적이고 중요한 '투자'에 해당한다.

곧 다가올 미래에는 청년이 국가 최고의 자산이자 가장 중요한 자원이 될 것이다. 우리 기성세대의 미래는 물론 안정된 노후도, 우리가 얻고자 하는 혜택들도 모두 이들에게 달려 있다. 따라서 지금 직면해 있는 심각한 세대 간 불평등으로 인해 벌어지는 치열한 세대갈등을 어떻게 푸느냐에 따라 우리의 미래가 달라진다고 할 수 있다.

이 책은 세대전쟁을 불러온 세계 경제의 거대한 변화를 소개하고,

이에 대한 세계 각국의 대응을 분석할 것이다. 세대전쟁으로 인해 총알 없는 전쟁터로 변해가는 나라, 청년들이 꿈과 희망을 잃고 삶의 무기력자로 전락해가는 나라, 청년이 버리고 떠난 나라의 모습을 통해 우리가 가야 할 방향을 모색해볼 것이다. 또한 세대전쟁을 넘어 세대 간 협력과 화합을 국가의 새로운 성장동력으로 만드는 데 성공한 나라를 소개하고, 그 비결이 무엇이었는지를 면밀히 파헤칠 것이다. 마지막으로, 세대전쟁으로 치닫고 있는 한국 경제의 상황을 분석하고 우리 경제의 파국을 막을 방법을 제시하고자 한다.

고령화의 파고 속에서 이제 한국에도 세대전쟁의 어두운 그림자가 드리우기 시작했다. 앞으로 어떤 방향으로 내닫느냐에 따라 세대전쟁은 한국의 미래를 집어삼킬 가장 위험한 요인이 될 수도 있다. 그러나 이를 슬기롭게 극복한다면 전 세계적인 세대전쟁의 화염 속에서 다른 나라들을 따돌리고 21세기를 이끄는 새로운 주역으로 거듭나는 것도 가능하다.

문제는 이 세대전쟁을 넘어설 수 있는 시간이 5년도 채 남지 않았다는 점이다. 2010년대 후반이 되면 고령화가 더욱 진전되어 상황은 걷잡을 수 없이 악화될 것이다. 더구나 재정적자가 더 크게 불어나 세대 간 화합을 위한 경제정책의 재원을 마련하기란 거의 불가능에 가까워질 수도 있다. 지금 당장 세대전쟁을 끝내고 우리 모두의 미래를 위한 합리적 균형을 찾지 못하면, 우리는 일본이 겪었던 장기불황보다 더욱 심각한 위기에 빠질지도 모른다.

차례

★ **PART II**

2030 vs 5060 무엇이 우리를 싸우게 하는가

PART III

대한민국, 어떻게 세대전쟁을 넘어설 것인가

PART I

청년을 위한
나라는 없다

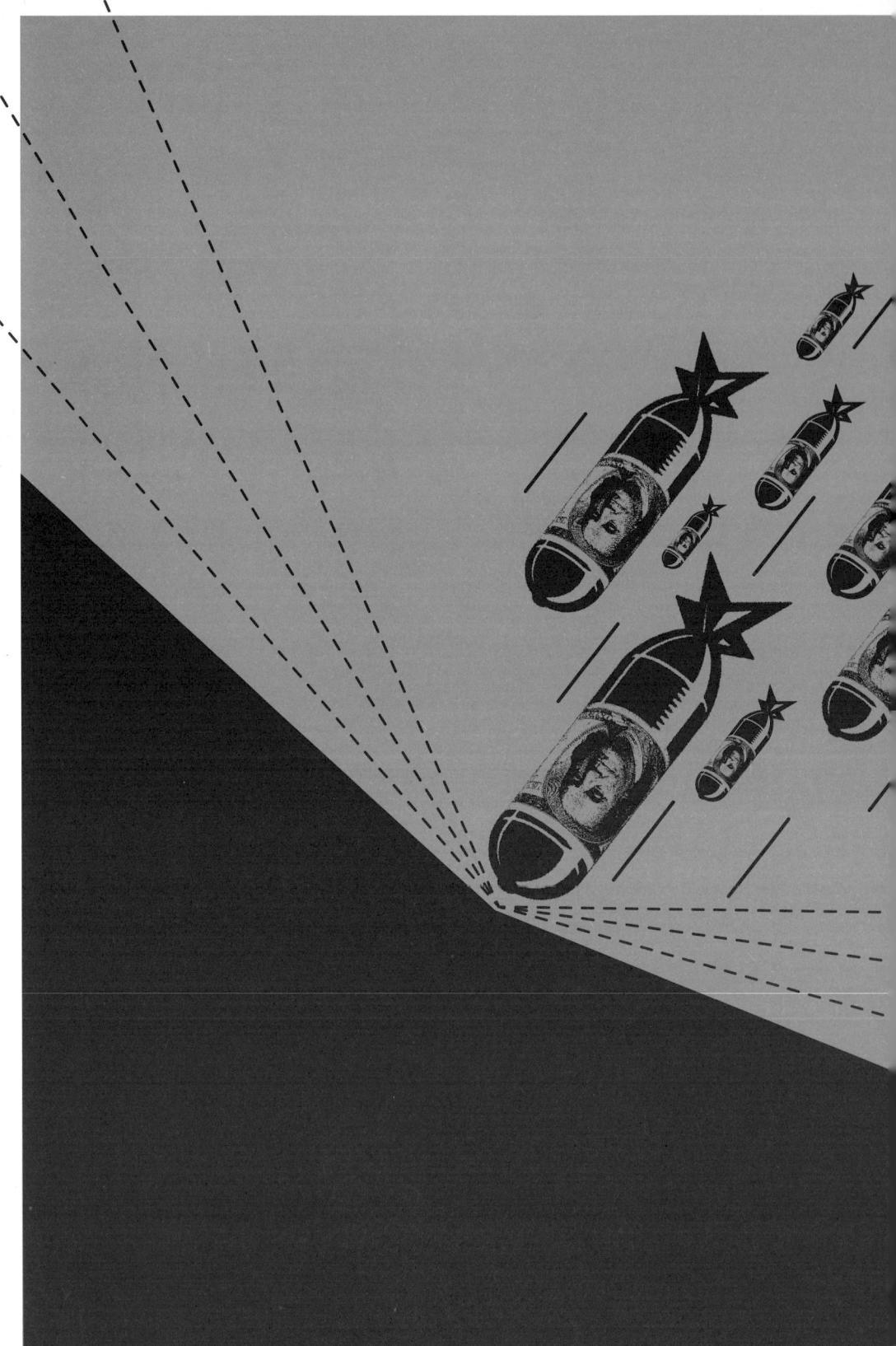

세대전쟁, 청년을 벼랑 끝으로 내몰다

영화 〈아마도르Amador〉(2010)는 현재 스페인 경제가 처한 현실과 그 모순을 그대로 보여주고 있다. 이 영화는 하루 종일 침대에 누워 지내는 아마도르라는 노인을 돌보는 젊은 여성 마르셀라Marcella의 이야기다.

일자리가 간절히 필요했던 마르셀라는 가끔 찾아오는 아마도르의 딸에게 500유로(약 70만 원)를 받고 그의 간병을 시작했다. 하지만 얼마 지나지 않아 아마도르는 숨을 거두게 된다. 500유로가 꼭 필요했던 마르셀라는 그의 죽음을 딸에게 알리지 않고 시신과 함께 생활하기로 마음먹는다. 스페인 특유의 뜨거운 여름이 시작되자 이웃들이 집에서 이상한 냄새가 난다고 수군대기 시작하고, 마르셀라는 장미를 집 안 가득 채워놓고 방향제까지 뿌리면서 버틴다. 그러던 어느 날 딸이 불시에 찾아오면서 아마도르가 이미 숨졌다는 사실이 들통이 나지만, 딸은 오히려 마르셀라에게 잘했다며 아빠의 연금이 계속 필요하니 두어 달만 더 시신과 함께 버텨달라고 부탁한다. 노인 한 사람의 연금에 매달려 살아가는 두 젊은 세대의 답답한 상황을 다룬 이 영화에는 스페인의 젊은 세대들이 처한 현실이 고스란히 드러난다.

글로벌 금융위기 이후 스페인은 주요 4대 은행의 부실로 190억 유로(약 27조 원)를 구제금융에 쏟아부어야 했고, 국가부채가 급증하면서 대외신뢰도도 크게 떨어졌다. 스페인 정부는 각종 복지혜택을 줄여 허리띠를 졸라맸지만, 노인을 위한 연금혜택만은 오히려 더 늘려나갔다. 그 결과 글로벌 경제위기 이후에도 연금에 의존하는 은퇴세대는 경제위기를 실감하지 못할 정도로 여유로운 생활을 유지하며 살고 있다. 스페인에는 은퇴 전 연봉과 비슷한 금액의 연금을 받으며 풍요롭게 생활하는 노인들도 많다.

이에 비해 스페인 청년들은 세계 최고 수준의 실업률과 저임금에 시달리면서 노년층과는 대조적인 비참한 삶을 살고 있다. 연금을 타기 위해 아버지의 죽음까지 숨겨야 하는 스페인의 젊은이들! 과연 스페인에서는 어떤 일이 일어나고 있는 것일까?

유럽 청년들의 대탈출이 시작됐다

"유럽 청년들의 대탈출exodus이 시작됐다." 2012년 1월 미국의 경제지인 《월스트리트저널The Wall Street Journal》의 머리기사다.[i] 이 기사는 스페인에서 일자리를 잃고 브라질에 정착한 젊은 건축가 커플인 안드레스 벨라르데Andrés Velarde와 마리아 팔렌시아María Palencia의 이야기로 시작된다. 불행히도 그들은 글로벌 금융위기가 덮친 2008년에 마드리드에 있는 폴리테크닉 대학Polytechnic University에서 건축학과를 졸업했다.

글로벌 금융위기가 오기 직전까지만 해도 스페인에는 건설경기 붐이 한창이었다. 돈벌이가 되는 건축가가 되기 위해 너도나도 건축학과로 몰려든 결과 2007년 스페인에는 이미 5만 명의 건축가가 있었다. 이는 인구 919명 중 한 명이 건축가인 셈으로, 2999명 중 한 명이 건축가인 미국에 비해 무려 세 배 이상 많은 수치다.

하지만 글로벌 금융위기가 닥치자 건설경기는 한순간에 얼어붙었고, 그 결과 2만 명의 건축가는 실업자로 전락했다. 기존 건축가들조차 일자리를 잃는 상황에서 이제 막 졸업한 새내기 건축가 벨라르데와 팔렌시아를 위한 일자리는 아예 없었다. 결국 유럽 어디에서도 일자리를 찾지 못해 헤매던 이들은 무려 8000km나 떨어진 브라질에서 마침내 일자리를 구했다.

당시 브라질은 글로벌 금융위기 이후 무려 3000억 헤알real, 우리 돈으로 155조 원에 이르는 대규모 건설경기 부양책을 쓰고 있었기 때문에 건설 분야의 일자리가 넘쳐났다. 브라질에 처음 도착했을 때 이들은 돈만 모은 뒤 스페인으로 돌아갈 생각이었다. 하지만 날이 갈수록 더욱 암담해지는 고국 스페인의 소식에 일단 브라질에 머물기로 잠정 결정했다.

이 같은 청년들의 대탈출 현상은 매우 심각한 사회 문제가 되어가고 있지만 스페인은 별다른 해결책이 없어 발만 동동거리고 있다. 2013년 1분기 스페인의 실업자는 620만 명으로 사상 최고치를 기록했다. 스페인의 실업률은 27%로 네 명 중 한 명 꼴이며, 특히 청년실업률은 절반을 훌쩍 넘은 57%로 세계에서 가장 높은 수준이다. 이렇다보니 스페인의 청년 실업자들은 미래에 대한 희망을 잃고 우울증에 시달리는 '잃어버린 세대'가 되어가고 있다. 생산성을 높일 수 있는 청년기에 오랫동안 일자리를 갖지 못하면 평생 가난에 허덕일 가능성도 커질 수밖에 없다.

글로벌 금융위기 이후 스페인은 마이너스 성장과 함께 대규모 재정적자에 시달리고 있다. 2012년 스페인의 재정적자는 무려 1116억 유로(약 160조 원)에 달하며, 국내총생산GDP 대비 재정적자는 10.6%에 이른다. GDP 대비 정부부채 비율도 2011년의 69%에서 84%로 급증하면서 위험 수준에 다다랐다. 스페인 정부는 나라 빚을 줄여보겠다며 2013년부터 400억 유로(약 57조 원)에 이르는 재정적자 축소 방안을 발표했다. 공공기관의 신규 채용을 대폭 줄이고 각종 사회복지 제도도 상당 부분 축소하는 내용이었다. 그러자 공공기관의 일자리마저 줄어들어 청년실업 문제는 더욱 악화되었다.

청년들의 상황이 이렇게 심각한데도 노후연금은 오히려 계속 올리고 있다. 스페인에서 노후연금 지급액이 GDP에서 차지하는 비중은 무려 8.1%에 이른다. 이 같은 규모는 스페인의 한 해 재정적자 전체 규모에 육박하는 수준이다. 하지만 정부는 노후연금 지급액을 줄이는 정책을 감히 내놓지 못하고 있다. 만일 노후연금을 개혁하려고 하면 이미 연금을 받고 있는 은퇴세대와 은퇴를 앞두고 있는 세대가 곧바로 정권퇴진 운동에 나설 것이기 때문이다.

스페인의 각종 선거에서 연금 지급액을 늘리겠다는 선언은 승리를 약속받는 필승 공약이나 다름 없었다. 제2차 세계대전 이후 태어난 이른바 베이비부머baby boomer들의 인구가 워낙 많아서 이들의 지지가 선거의 승패를 좌우하기 때문이다. 실제로 2011년 총선에 나선 마리아노 라호이Mariano Rajoy는 스페인의 재정적자에도 아랑곳하지 않고 노후연금을 2%나 올려주겠다는 공약을 내걸었고, 안락한 노후를 바라는 기성세대의 전폭적인 지지에 힘입어 총선에서 승리했다.

라호이 신임 총리는 취임 후 첫 TV 인터뷰에서 글로벌 금융위기 이후 연금 생활자들이 가장 취약하다면서 "(재정적자가 아무리 커도) 건드리지 않을 부문이 하나 있다면 그것은 연금"이라며 공약 실천 의지를 거듭 강조했다. 이 같은 발언에 대해 '스페인이 당장 연금지급 축소로 재정적자를 해소하지 않으면 머지않아 국가부도 사태를 맞게 될 것'이라는 비난이 다른 유럽연합 국가에서 쏟아져 나왔다. 하지만 라호이 총리는 자신의 지지 기반 강화를 위해 1~2%대의 노후연금 지급액 인상 방안을 강행했다.

이 같은 노년층 중심의 복지정책은 높은 실업률과 저임금에 시달리는 스페인 청년층에게 심각한 박탈감을 주고 있다. 사상 최악의 경기 침체로 일자리조차 구하지 못한 청년들이 노인부양 부담까지 져야 하는 처지가 되고 있기 때문이다. 결국 스페인 청년들은 삶이 힘들고 미래를 꿈꾸기 어려운 고국을 떠나 앞다투어 해외로 빠져나가고 있다.

글로벌 금융위기 이전에는 해마다 50만 명이 넘는 해외 인재들이 스페인으로 이주해왔다. 이들은 과거 스페인의 식민지였던 나라에서 일자리를 찾아온 인재들이었다. 하지만 2009년 글로벌 금융위기 이후에는 스페인으로 들어오는 해외 인재의 순유입이 거의 제로 수준으로 떨어졌고, 급기야 2011년부터는 오히려 국내 인재가 해외로 빠져나가는 인재의 순유출 현상이 나타나고 있다. 스페인 통계청NSI은 2020년까지 해마다 50만 명의 스페인 젊은이들이 일자리를 찾아 해외로 빠져나갈 것으로 전망하고 있다.

이 같은 현상은 남유럽 전반에 걸쳐 일어나고 있다. 스페인과 비슷한 경기침체와 노후연금 문제에 시달리고 있는 이웃나라 포르투갈에서는 2011년에만 10만 명이 해외로 빠져나갔다. 인구가 1000만 명밖에 안 되는 포르투갈에서 한 해에 10만 명이 나가는 것은 머지않아 국가경제에 치명타를 안겨줄 것이다. 아프리카의 신흥국이라고 할 수 있는 앙골라Angola에는 2003년 이후 무려 7만 명의 포르투갈 사람들이 이주해왔다. 주로 후진국에서 선진국으로 일자리를 찾아 이주하던 예전의 이민 행태와 달리, 글로벌 금융위기 이후에는 남유럽에서 후진국으로 일자리를 찾아 이주하는 경우가 점점 더 늘어나고 있는 것이다.

이 같은 청년들의 해외 이주는 남유럽 경제를 더욱 암울하게 만들었다. 청년들이 떠나버린 남유럽은 소비시장과 일자리를 동시에 잃어버려 경제회복의 기회가 점점 더 사라지고 있다. 경기침체가 가속화되고 국가재정이 악화되면서 청년들을 위한 일자리 창출 노력에 쓸 재원이 더욱 줄어드는 악순환이 시작된 것이다.

그 결과 은퇴세대의 노후연금을 내줄 청년들이 줄어들면서 노후연금의 재원 확보도 점점 더 어려워지고 있다. 기성세대가 애써 지켜왔던 노후연금이 결국 청년층 인구의 급격한 감소로 그 기반부터 급속히 무너지고 있는 것이다. 청년층의 해외 이주는 기성세대에 대한 일종의 반격이 되고 있는 셈이다. 고령화의 파고 속에 먼저 '청년을 버렸던' 남유럽 국가들은 이제 '청년이 버린 나라'가 될 위험에 처해 있다.

우리를 '버림받은 세대'라고 불러라

─────

2012년 가을, 미국에서는 랜스Lance라고 불리는 한 청년의 블로그 '버림받은 세대의 목소리Voce of lost generation'[2]가 큰 반향을 불러 일으켰다. 랜스는 2010년 미국의 한 대학을 졸업한 후 2012년 한 해 동안 세 번이나 해고를 당했다. 비정규직을 전전하는 그는 지금까지 8개월 이상 한 직장에서 일한 적이 없고, 밤낮없이 일했지만 부모세대와 달리 결혼도, 내 집 마련도 요원하기만 하다. 그는 자신과 같은 세대를 불행하고unfortunate, 운이 없고unlucky, 직장이 없는unemployed 세대라는 뜻의 "U세대Generation U"라고 불렀다.

랜스는 '글로벌 금융위기를 목격하고 크게 놀란 미국의 베이비부머들이 은퇴 시기를 늦추면서 그들의 소득은 크게 늘어났지만, 이 때문에 청년들이 괜찮은 정규직 직장을 잡을 기회가 현저히 줄어들었다'라고 주장했다. 경기침체로 가뜩이나 좁아진 취업문이 베이비부머들에 치여 아예 닫히는 지경까지 이르게 되었다는 것이다. 그 결과 이제 막 사회생활을 시작하는 청년층은 괜찮은 직업으로 일을 시작하고 경험을 쌓아 스스로 자신의 생산성을 높일 기회조차 박탈당한 '버림받은 세대'로 전락하고 말았다.

사실 현재 미국의 청년들은 대공황 이후 최악의 삶을 살고 있다. 2013년 2월 《워싱턴포스트The Washingtom Post》[3]는 미국의 여론조사기관인 퓨 리서치센터Pew Research Center의 자료를 인용해, 글로벌 금융위기 이후 35세 미만의 청년들이 다른 어떤 세대보다 큰 고통을 받고 있다고 보도했다. 실제로 35세 이하 청년 가구 소득의 중간값median household income은 2001년부터 2011년까지 10년간 13%나 줄어든 반면, 같은 기간 동안 65세 이상 노년층의 소득은 놀랍게도 무려 11%나 늘어났다. 이렇게 청년층의 소득이 줄어들면서 2007년에는 학자금 대출을 연체한 35세 미만 청년이 34%였지만 2010년에는 40%로 증가했다. 2010년 16~29세 청년들의 고용률은 고작 55.3%로 10년 전인 2000년보다 12%p가 줄었고,[4] 30세 이하인 가구의 빈곤율은 무려 37%나 된다. 글로벌 금융위기를 일으킨 것은 기성세대였지만, 이로 인해 가장 큰 피해를 본 것은 미국의 젊은 세대였다.

이처럼 버림받은 세대가 된 청년들은 지갑을 닫아버렸다. 2001년 35세 이하 청년층이 신용카드를 이용하여 신용구매한 금액의 중간값은 2500달러였지만 2007년에는 2100달러로 줄었고, 2010년에는 1700달러까지 추락했다. 미국 청년들에게는 필수품이나 다름없는 자동차 구매도 대폭 줄어들었다. 2001년엔 25세 미만의 청년 중 73%가 차를 갖고 있었지만 2011년엔 전체의 66%로 크게 감소했다. 또 2007년에는 35세 이하 청년들 가운데 40%가 집을 가지고 있었지만, 불과 4년 뒤인 2011년에는 그 비율이 34%로 낮아졌다.

《워싱턴포스트》는 이를 '청년층의 불운'이라고 표현했지만, 사실 '미국의 불운'이라고 해야 맞다. 왜냐하면 이 같은 청년층의 소비 감소는 결국 소비로 경제를 지탱해온 미국 경제를 병들게 하고 있기 때문이다. 2010년 이후 미국 경제는 은퇴세대의 소득 증대에 따른 소비 증가에 힘입어 간신히 회복세로 돌아섰지만, 미래세대인 청년들의 소비가 살아나지 않고서는 언제든 다시 무너질 만큼 취약해질 것이다.

더 큰 문제는 가난에 쪼들린 미국 청년들이 이제 결혼도 못하고 아이를 낳을 수도 없는 처지에 몰렸다는 점이다. 미국 인구통계국Population Reference Bureau은 미국의 경기침체가 시작된 이후 젊은 세대의 결혼이 급격히 줄어들고 있다는 통계를 내놓았다. 실제로 2000년에 25~34세 젊은층의 혼인율은 55%였지만, 2009년에는 45%로 10%p나 떨어졌다. 이에 따라 미국의 전체 성인 중 일생에 한 번이라도 결혼을 했던 사람의 비중은 66%에서 54%로 급감했다.[5] 이것이 곧바로 출산율 저하로 이어져 15~44세의 가임여성 1000명당 출산은 63명에 불과했다. 이는 1920년 출산율 집계를 시작한 이후 최저 수준이다.[6] 제2차 세계대전 이후 베이비붐이 일어나 출산율이 최고치를 기록했던 지난 1957년의 122명에 비교하면 거의 반 토막으로 떨어진 것이다.

이 같은 인구 변화와 청년들의 소득 감소는 미국 주택시장 회복의 최대 걸림돌이다. 오랜 실업 상태에 처해 있거나 임시직을 전전하는 청년들은 집을 살 수 있을 정도로 소득이 충분하지 않다. 더구나 결혼조차 못한 청년들은 방과 거실을 제대로 갖춘 집을 살 필요가 없다. 혼자 사는 데는 방과 부엌, 거실이 하나로 되어 있는 원룸studio apartment 형태의 조그만 숙소 하나면 충분하기 때문이다. 게다가 젊은층이 출산마저 기피하니 집을 살 미래세대의 숫자 자체는 크게 줄어들 것이다. 만일 청년들의 수요가 줄어들면 이는 추세적인 집값 하락으로 이어져 현재 집을 소유한 기성세대의 자산가치도 줄어들 수밖에 없다.

청년층의 소득이 감소하면 자동차나 전자제품 같은 상품을 구입할 사람도 그만큼 줄어든다. 그 결과 기업은 물건을 만들어도 잘 팔리지 않으니 투자를 줄이게 된다. 특히 시장의 변화에 빠르게 적응하는 청년들의 소비가 둔화되면 기존 상품을 대체하는 새롭고 혁신적인 상품의 판매 가능성도 떨어져 전체의 경제 혁신은 크게 둔화될 수밖에 없다. 청년들의 인구와 그들의 소비가 동시에 줄어들면 곧바로 산업 경쟁력의 저하로 이어지는 것이다.

일자리 감소와 사회보장제도Social Security의 축소로 벼랑 끝에 내몰린 청년들이 지갑을 닫고 출산 파업까지 한다면, 그 충격은 다시 기성세대에게 고스란히 돌아갈 수밖에 없다. 결국 기성세대가 벌인 세대전쟁에서 청년들은 소비와 출산 파업이라는 방법으로 대항하고 있는 셈이다.

청년의 대반격, 자기 파괴로 저항하다

CHAPTER 02

2026년 캘리포니아 주 팜 데저트Palm Desert 도심 한가운데를 달리던 버스에서 총격 사건이 일어났다. 버스에는 모두 서른 명이 타고 있었는데 그중 아홉 명이 숨지고 세 명이 다쳤다. 그런데 희한한 것은 40세 미만으로 보이는 젊은 사람들은 상처 하나 입지 않았다는 점이었다. 총기를 난사한 26세의 청년은 그 자리에서 사살되었다. 그는 내성적이었지만 착한 사람으로 알려져 있어서 그가 총기를 난사한 이유는 한동안 찾아낼 수 없었다.

그러다 그가 사건 직전 한 하원의원에게 보낸 편지에서 그 이유가 밝혀졌다. 그는 이 편지에서 "나는 평생 한 번도 병원에 간 적이 없는데 왜 그렇게 많은 의료보험료를 내야 하는지 이해할 수 없다"라며 자신이 힘들게 번 돈으로 노인들에게 의료비를 대주는 것을 당장 멈추라고 위협했다. 노인을 향한 테러는 이렇게 시작되었고 2030년 무렵에는 아주 흔한 일이 되어버렸다.

이 이야기는 1947년에 태어난 미국의 유명한 시나리오 작가이면서 영화배우이자 감독인 앨버트 브룩스Albert Brooks가 2011년에 쓴 소설 『2030년 그들의 전쟁』[i]의 내용이다. 이 책은 암을 퇴치하고 노화방지약이 개발되어 인간의 수명이 100세가 훨씬 넘는 2030년을 배경으로 하고 있다.

풍요롭게 생활하는 노인들은 노후연금까지 받으며 늘어난 노년의 삶을 마음껏 즐기게 된다. 80번째 생일을 맞은 브래드 밀러Brad Miller는 의료기술의 발달로 젊었을 때만큼 건강한 생활을 누리고 있으며, 밀러와 그의 친구들은 성형수술과 지방제거수술 등 의료기술의 도움으로 웬만한 40대보다 젊어 보인다.

하지만 노인인구가 급증하면서 그 복지 비용을 대는 국가재정은 이미 파탄에 빠졌다. 천문학적인 국가부채와 그 이자까지 감당하는 것은 고스란히 청년들의 몫이 되었다. 고령인구를 위한 노후연금이 급속도로 늘어나면서 젊은 세대가 내야 하는 사회보장세도 급증했다. 뼈 빠지게 일하느라 병원에 갈 시간도 없는 청년들의 의료보험료는 두 배가 넘게 올랐다.

급기야 더 이상 참을 수 없어진 청년들은 한데 모여 과격한 정치단체를 만들고 외친다. "우리가 아무리 노력해도 빌어먹을 국가는 거들 떠보지도 않습니다. 노인들이 풍요로운 생활을 누리기 위해 반세기 전 기성세대가 우리에게 떠넘긴 빚을 대신 갚는 것도 신물이 나고, 노인들의 연금을 채워 넣기 위해 우리가 받지도 못할 사회보장세를 내는 데도 지쳤습니다. 우리 청년들은 노인들을 위해 존재하는 사람들이 아니란 말입니다."

문제는 2030년이 되기도 전에 벌써부터 이 같은 세대전쟁의 조짐이 세계 곳곳에서 일어나고 있다는 점이다. 그러나 이 책을 쓴 브룩스가 하나 놓친 것이 있다. 이처럼 과격한 테러나 정치단체보다 더 치명적인 청년들의 반격은 바로 스스로의 인생을 포기하는 것이란 점이다.

이는 소비로 지탱되는 자본주의 경제의 근간을 흔들고 기성세대가 보유한 자산가치를 떨어뜨린다는 점에서 청년들의 가장 무서운 반격에 해당한다.

결혼도, 섹스도 포기한 일본 청년들

일본은 성性문화가 매우 발달한 나라처럼 보인다. 노골적인 성인 비디오 시장만 우리 돈으로 6조 원 대에 이른다. 성인 잡지는 노출 사진으로 도배되다시피 하며, 우리나라에서는 상상하기 힘들 정도로 거리 간판의 노출 수위도 높다. 케이블 TV는 물론 공중파 TV에서까지 노출은 물론 성에 관한 이야기들이 스스럼없이 오간다. 향락 산업만 보면 분명히 일본은 성문화 대국임에 틀림없다.

하지만 이런 선입관과 달리 실제 일본인들을 만나보면 성문화 대국과는 전혀 관련이 없어 보인다. 오히려 일본 청년들 사이에서는 성관계를 기피하는 현상, 즉 섹스리스sexless 풍조가 만연해 있다. 지금 일본은 짝이 없는 이른바 '솔로'인 젊은이들이 무려 80%로, '커플'인 젊은이들보다 압도적으로 많다. 많은 일본 청년들은 실제 성경험은 해보지 못하고 자신만의 공간에 틀어박혀 성인비디오로 왜곡된 성의식을 배운다.

이 때문에 일본에서는 성경험이 한 번도 없는 동정童貞인 젊은이들이 급격하게 늘어나고 있다. 일본 국립사회보장·인구문제연구소에 따르면 2010년 기준 18~34세의 남성 중 성경험이 없는 청년은 36.2%

로 불과 5년 전인 2005년의 31.9%보다 크게 늘어났다. 같은 기간 동안 성경험이 없는 여성도 38.7%를 기록해 2005년의 36.3%보다 증가했다. 문제는 나이를 먹어도 이런 비율이 좀처럼 줄어들지 않는다는 점이다. 중년에 가까워진 35~39세의 나이에도 성경험이 전혀 없는 남녀의 비율은 각각 27.7%와 25.5%를 기록해 4분의 1이 넘었다.[2]

이처럼 젊은 층이 성관계를 기피하는 현상은 1990년 일본의 장기불황이 시작되면서 나타났다. 소득이 크게 낮아져 데이트 비용이 없고 이성에 대한 자신감마저 사라진 일본의 젊은 세대들은 자신의 집으로 들어가 은둔형 외톨이가 되는 쪽을 택한 것이다. 당장 먹고살기 힘들어진 많은 일본 청년들에게 있어 결혼이란 사치나 다름이 없었고, 아이를 낳고 기르는 것처럼 큰돈이 드는 일은 하루하루를 힘겹게 살아가는 그들에게 머나먼 꿈같은 얘기가 되어버렸다.

실제로 일본 정부가 발표한 『아동·양육백서』를 보면, 50세가 되었을 때 결혼을 한 번도 하지 않은 인구 비율인 '생애미혼율'이 급격히 늘어나고 있다. 2010년 일본 남성의 생애미혼율은 20.1%, 여성은 10.6%로 나타났다. 남녀의 생애미혼율이 각각 2.6%, 4.5%에 불과했던 1980년과 비교할 때 남성은 무려 여덟 배, 여성은 두 배나 늘어난 것이다.[3] 특히 한 해 수입이 300만 엔, 우리 돈으로 3400만 원이 안 되는 남성의 경우에는 미혼율이 큰 폭으로 오르는 것으로 나타났다. 이처럼 경제불황으로 인한 소득 수준의 하락이 젊은 세대가 결혼을 하지 못하는 가장 큰 이유 중의 하나가 되었다.

청년들의 주머니 사정이 나빠지면서 결혼조차 제대로 할 수 없는 상황으로 몰리자 결혼 풍조까지 바뀌어 동년배보다 훨씬 나이가 많은 상대를 택하는 젊은이들이 늘고 있다. 2011년 일본의 유명한 코미디언인 가토 차加藤茶는 68세의 나이에 무려 마흔다섯 살이나 어린 23세의 여성과 결혼해서 세상을 놀라게 했다. 탤런트이자 사회자인 사카이 마사아키堺正章도 65세의 나이에 스물세 살 연하의 여성과 결혼하며 화제가 되었다. 또 엔카 가수 고바야시 사치코小林幸子는 57세의 나이에 여덟 살 연하인 남성과의 결혼을 발표했다.

이처럼 나이차가 많이 나는 결혼은 이제 단지 연예계만의 화젯거리에 그치지 않고 일본 전체에 유행처럼 번지고 있다. 일본의 한 회원제 결혼상담소에서는 결혼에 성공한 커플 중 나이 차이가 11~13세인 비율이 2006년의 13%에서 2011년에는 38%로 세 배 가까이 늘었다는 통계를 내놓았다.[4] 일본의 젊은이들이 장기 경제불황 이후 '버림받은 세대'가 된 자신들 또래의 이성보다 생활이 안정된 베이비부머 중에서 결혼 상대를 찾아 나섰기 때문이었다.

일본의 대표적인 민간 연구소인 미즈호 종합연구소[5]는 독신 경향이 뚜렷해진 현재의 30대 젊은 남성이 50대 중년이 되는 2030년에는 네 명 중 한 명이 독신으로 살게 될 것이고 여성 역시 15%가 혼자 생활하게 될 것이라고 내다보았다. 이처럼 가족 없이 늙어가는 '생애 미혼'이 급증하면서 일본 사회에서는 이들이 노후에 겪게 될 사회적·경제적 고립 문제가 벌써부터 큰 걱정거리로 떠오르고 있다.

2010년 일본 NHK는 생애 미혼으로 혼자 죽는 사람이 늘고 있는 일본 사회의 그늘을 보여주는 〈무연사회無緣社會〉[6]라는 다큐멘터리를 기획했다. 이 다큐멘터리는 2008년 11월 도쿄 도東京都 오타 구大田区에 있는 다가구주택에서 양반다리를 하고 앞으로 쓰러져 부패한 상태에서 발견된 한 남성의 이야기로 시작된다. 가족이나 찾아오는 사람도 없이 혼자 살던 사람이 거실에서 TV를 보다가 갑작스레 죽음을 맞이한 것이다. NHK 〈무연사회〉 프로젝트팀은 이렇게 혼자 살다 숨진 무연사망자를 확인하기 위해 조사한 결과, 일본의 무연사망자는 한 해에만 무려 3만 2000명 정도에 이르는 것으로 밝혀졌다. 이처럼 오랫동안 아무에게도 발견되지 않아 자신의 죽음을 썩어가는 시체 냄새로 알리는 경우가 늘어나고 있다. 이것이 바로 '무연사無緣死'로, 쓸쓸히 죽어가는 독신 일본인들의 서글픈 현실이다.

그런데 이 방송이 나간 직후 충격을 받고 가장 뜨거운 반응을 보인 것은 아이러니하게도 노년층이 아닌, 현재 혼자 살고 있는 젊은 세대였다. 결혼도 못하고 출산도 못하는 일본의 청년들이 벌써부터 쓸쓸히 혼자 죽을 것을 걱정하는 기현상이 일어난 것이다. 비정규직으로 근근이 연명하면서 결혼과 출산을 포기한 지금의 청년들이 노인이 된다면, 훗날 무연사망자의 수가 더욱 늘어날 것은 불을 보듯 뻔한 일이다.

일본 경제위기의 핵심은 청년들이 꿈과 희망을 모두 잃어버렸다는 데에 있다. 이들에게 있어 더 나은 미래를 꿈꾸는 것은 쉽지 않은 일이다. 1990년대 일본의 거품 붕괴 이후, 자신의 생존에만 급급하던 기성세대들은 후세대 청년들의 미래를 탐하면서 오히려 스스로를 파괴하고 만 것이다. 그렇다면 무엇이 일본의 청년들의 미래를 앗아가고 그들을 '포기' 상황까지 내몬 것일까?

아무 짝에도 쓸모없는 하마다 마린 대교의 진실

일본 시마네 현島根県 하마다 시浜田市에는 '하마다 마린 대교浜田マリン大橋'라고 불리는 거대하고 웅장한 연륙교連陸橋가 있다. 길이가 305m인 이 다리는 높이가 89m로 20층 건물과 맞먹는 거대한 현수교다. 하지만 하마다 마린 대교가 육지와 연결하는 곳은 세토가시마瀬戸ヶ島라는 아주 작은 섬으로 인구도 얼마 되지 않는다. 더구나 하마다 마린 대교가 들어서기 전부터 그 반대 방향에는 10m밖에 안 되는 짧은 다리가 이미 육지와 연결되어 있었기 때문에 굳이 멀리 돌아가는 하마다 마린 대교를 지나다니는 차량은 거의 없다. 이처럼 예산 낭비나 다름없는 사회간접자본을 흔히 '갈 곳 없는 다리bridge to nowhere'라고 부르는데, 하마다 마린 대교야말로 그 표현이 정확하게 어울리는 다리다.

2009년 《뉴욕타임스The New York Times》[7]는 방치되어 있는 하마다 마린 대교 사진을 보여주며 '일본의 대형 건설사업이 주는 교훈Japan's Big-Works Stimulus Is Lesson'이라는 기사를 실었다. 이 기사는 1990년대 일본 정부가 죽어가는 경기를 살려보겠다며 퍼부은 대규모 건설투자가 얼마나 부질없는 짓이었는지를 자세히 다루고 있다. 당시 인구가 6만 1000명에 불과했던 하마다 시에는 하마다 마린 대교뿐 아니라 대학과 교도소, 수족관까지 지어졌다. 이 같은 '묻지 마 투자'는 하마다 시에 그치지 않고 일본 전역에서 이루어져 쓸모없는 고속도로와 수많은 댐이 이때 건설되었다.

1990년 당시 일본 GDP에서 차지하는 정부부채 비율은 66% 정도로, 다른 선진국과 비교할 때 그리 나쁜 편이 아니었다. 또 한 해 재정적자도 GDP의 1% 정도에 불과했기 때문에 일본 정부는 무너져가는 경제를 되살릴 만큼 충분한 재정적 여력이 있었다. 하지만 일본은 그 마지막 남은 여력을 건설경기 부양책에 모조리 쏟아 넣었다. 게다가 소비를 살리겠다며 대규모 감세정책까지 동원해 그나마 남아 있던 일본의 재정여력의 마지막 한 방울까지 고갈시켰다. 그러나 아무리 건설경기 부양책에 돈을 퍼부어도 일본 경제를 되살리는 데는 도움이 되지 않았다.

하마다 마린 대교만 들여다보아도 건설경기 부양책이 왜 경제적 효과를 내지 못했는지 쉽게 알 수 있다. 하마다 마린 대교를 짓는 동안에는 일시적으로 일자리가 창출되었지만, 일단 완공된 후에는 지속적으로 일자리를 만들어내거나 지역 경제를 활성화시키는 효과가 전혀 없었다. 1990년대 당시 마구잡이로 건설된 사회간접자본 중에 그나마 지금도 하마다 시에 경제적 효과를 가져다주고 있는 것은 교도소라고 할 수 있다. 교도소는 하마다 시민들에게 일자리를 제공하고, 재소자들을 위한 물품 구매 등을 통해 미약하나마 하마다 시의 소비 기반이 되고 있기 때문이다.

20년 장기불황이 시작된 1990년대 초반에 아무리 건설경기 부양책을 써도 경기가 좀처럼 회복되지 않자, 일본 정부는 아직 돈을 덜 풀어서 그 효과가 나타나지 않았다고 생각했다. 그래서 더 많은 돈을 건설경기에 쏟아부었지만, 일본 경제의 선순환 구조 자체가 무너지고 있는 상황에서 건설경기 부양책은 경제를 되살리는 데 아무런 도움이 되지 못했다. 이렇게 정부가 헛된 경기 부양책으로 돈과 시간을 낭비하는 사이, 비교적 건실한 편이었던 일본의 국가재정은 순식간에 세계 최악의 수준으로 악화되었다.

사실 일본의 건설경기 부양책은 처음부터 방향이 잘못되었다. 사회간접자본 투자가 지속적인 경기부양 효과를 가져올 수 있는 나라들은 경제발전 단계가 비교적 낮은 나라들뿐이다. 일본과 같은 선진국의 경우는 사회간접자본이 이미 포화상태에 가깝기 때문에 추가적인 사회간접 투자로 얻을 수 있는 사회적 이득은 크지 않다. 그런데도 일본 정치인들은 당장 자신의 임기 안에 가시적 성과를 내기 위해 단기적 경기 부양 효과가 큰 건설투자에만 매달렸다. 더구나 정치인들도 일본 경제의 미래는 아랑곳하지 않고 건설경기 부양 예산을 자신의 지역구로 끌어오기에만 급급했다.

당시 일본에서 가장 시급한 투자는 건설경기가 아니라 바로 청년들에게 이루어졌어야 했다. 당시 일본에서는 평생고용이 무너지면서 한창 경제활동을 해야 할 젊은 청년들이 직장을 잃었고, 신규 채용까지 급감하면서 새로 일자리를 찾아 나선 많은 청년들이 일자리를 얻지 못했다. 이처럼 일본의 장기불황으로 젊은 세대가 처한 상황은 점점 더 악화되었지만, 청년들을 위한 복지정책 확충이 필요하다는 주장은 좀처럼 찾아보기 힘들었다. 결국 이러한 잘못된 대응이 청년들뿐 아니라 일본 경제의 미래까지 돌이킬 수 없는 심각한 상황으로 몰아갔다.

일본의 대표적인 비영리 정책연구소인 지방정부연구원Japan Institute for Local Government의 연구결과를 보면, 당시 일본 정부의 판단이 얼마나 심각할 정도로 잘못된 것이었는지를 쉽게 확인할 수 있다. 건설경기 부양책은 젊은 세대에 대한 투자에 비해 그 효과가 크게 떨어진다는 사실이 수치로 나타났기 때문이다. 일본 정부가 똑같은 1조 엔(약

11조 원)을 투자했을 때, 이 돈을 건설경기 부양에 쓴다면 경제성장에서 1.37조 엔의 효과를 기대할 수 있다. 그러나 만일 같은 1조 엔을 출산이나 육아 등 가족복지 등에 투자했다면 1.64조 엔, 또 교육에 투자했다면 1.74조 엔의 효과를 볼 수 있는 것으로 나타났다. 결국 미래세대의 복지와 교육에 대한 투자는 그 어떤 경기 부양책보다도 강력한 효과를 가지고 있는 셈이다. 1990년 당시 일본의 정치인들이 건설경기 부양책에만 매달리지 않고 미래세대를 위해 과감히 투자했다면, 20여 년이 지난 지금 일본 장기불황의 양상은 완전히 달라졌을 것이다.

일본이 건설경기 부양에 천문학적인 예산을 투입하자, 국가부채는 눈덩이처럼 불어나기 시작했다. 일본 정부는 경제만 되살아나면 세수가 늘어나 이 빚을 갚아나갈 수 있을 것이라고 생각했다. 그러나 예상과 달리 경제는 좀처럼 되살아나지 않고 국가채무만 더 크게 늘어나, 일본의 청년들은 자신들이 쓰지도 않은 거대한 빚을 기성세대 대신 떠안게 되었다. 그렇지 않아도 과거 기성세대보다 훨씬 열악한 근로 환경에 시달리는 일본의 청년들에게 천문학적인 빚더미까지 얹어준 것이다.

이처럼 덧없는 건설경기 부양책으로 시간을 낭비하는 동안, 일본의 고령화는 더욱 가속화되었다. 1990년부터 2010년 사이에 일본의 65세 이상 고령층 인구는 1489만 명에서 3083만 명으로 두 배가 넘게 늘어났고, 고령인구를 위한 복지 지출도 덩달아 급속히 불어났다. 20년 동안 눈앞의 경기회복에만 매달리던 일본은 고령화에 아무런 대비도 못한 채 급변한 고령화 사회의 충격을 고스란히 받게 되었다.

청년을 버린 일본, 일본을 버린 청년

일본 경제를 짓누르는 가장 큰 문제는 바로 재정적자와 그에 따른 천문학적인 국가부채 규모다. 2012년 말 일본의 공공부채는 무려 GDP의 212%로 세계 최고 수준이다. 만성적인 재정적자로 몸살을 앓고 있다는 미국의 국가부채도 GDP의 86.4%밖에 되지 않고, 국가부채로 부도위기를 겪었던 스페인도 60.4%로 일본에 비하면 크게 못 미친다.

또한 일본의 한 해 재정적자는 전체 국가예산의 55%인 50조 엔 정도다.[8] 국가예산의 절반 이상을 빚으로 조달하고 있다는 얘기다. 그야말로 세금은 걷지 않고 빚을 내서 펑펑 쓰고 있는 구조다. 이 같이 엄청난 재정적자는 새로운 국채 발행으로 이어지고, 누적되는 국가의 빚을 대신 갚아야 하는 젊은 세대의 삶까지 짓누르게 된다.

1990년대 일본의 재정적자를 가속화시킨 주범은 건설경기 부양책이었다. 하지만 2000년대 들어서는 고령화를 위한 복지 지출이 재정적자의 가장 큰 원인이 되고 있다. 그중에서도 가장 대표적인 것이 바로 우리나라의 노인 장기요양보험에 해당하는 '개호보험介護保險'이다. 개호보험은 간병시설을 이용하거나 집에서 간병받는 노인을 위한 복지제도로, 일본 정부가 21세기 초고령 사회에 대비하기 위해 2000년부터 시행하고 있다.

초고령화 사회가 되고 있는 일본에서 개호보험은 은퇴세대의 노후 생활 안정에 꼭 필요한 제도임이 분명했지만, 문제는 누가 그 돈을 내느냐에 있었다. 이 제도를 먼저 도입한 독일은 젊었을 때 미리 간병이나 요양을 위한 보험료를 내고 나중에 그것을 기반으로 간병 또는 요양 서비스를 받는 사회보험 방식으로 운영했다. 즉, 독일 요양보험의 주요 재원은 바로 자신이 젊었을 때부터 모아놨던 돈이기 때문에 후세 대에게 그 부담을 모두 떠넘기는 것이 아니었다.

이에 비해 일본은 독일의 사회보험 방식으로 50%를 조달하고, 나머 지 50%는 국가와 지방자치단체가 부담하는 방식으로 개호보험을 시 행했다. 개호보험이 처음 도입됐던 2000년에 국가재정으로 부담하 는 금액은 3조 8000억 엔(약 40조 원) 정도에 불과했다. 하지만 고령화 가 가속화되면서 세금으로 메우는 부담이 급속히 늘어나 2012년에는 7조 9000억 엔으로 두 배 넘게 증가했다. 더구나 노인 인구가 더욱 늘 어나는 2025년에는 20조 엔을 넘어 우리 돈으로 220조 원에 육박하 게 될 것이다. 빠른 고령화 탓에 제도가 도입된 지 25년 만에 다섯 배가 넘는 국가예산을 쓰게 된 것이다.

의료보험의 세대 간 불균형도 매우 심각한 수준이다. 일본에서 한 해 동안 1인당 의료비는 평균 29만 엔(약 330만 원) 정도인 반면, 75세 이상 고령층의 의료비는 세 배가 넘는 91만 엔(1030만 원)에 이른다.[9] 그 런데 일본에서는 초등학생 이상~69세 이하인 경우 치료비의 30%를 자신의 돈으로 부담해야 하지만, 70세가 넘으면 10%만 내면 된다. 이 때문에 일본에서 70세 이상 고령층은 의료비 부담이 거의 없어 젊은 세대보다 병원을 더 자주 찾고 있다.

더구나 20년이 넘는 장기불황을 겪고 있는 청년층은 일본 경제의 황금기를 누렸던 지금의 노년층보다 훨씬 더 빈곤한 삶을 살고 있다. 20대 가구의 연평균 소득은 314만 엔에 불과한 것에 반해, 70세 이상 은퇴세대의 연평균 가구 소득은 노후연금과 투자 소득 덕분에 415만 엔이나 된다. 그래서 일본의 젊은층에서는 오래전부터 "가난한 젊은 세대의 돈으로 부유한 고령층의 치료비까지 부담한다"라는 불만이 터져 나오고 있다.

이처럼 후한 노인복지 제도는 GDP 대비 국가부채가 세계 최고 수준인 일본에 큰 부담으로 작용한다. 2013년 말 일본의 국가부채는 1000조 엔, 우리 돈으로 1경 1000조 원을 넘어섰다. 뒤늦게 국가부채 축소에 나선 일본 정치권이 의료보험과 개호보험을 대대적으로 수술하려 했지만, 번번이 고령층의 반대로 무산되었다. 고령층의 표가 워낙 많은 데다 결집력까지 높기 때문에 고령층에 대한 복지를 축소하려는 정책을 내놓은 정당은 매번 선거에서 참패했다.

2006년 일본의 자민당 정권은 75세 이상 고령층은 그대로 두고 70~74세 고령자 의료비의 자기부담금만이라도 10%에서 20%로 올리는 방안을 추진했다. 이는 고령층의 의료비 부담을 늘리려는 것보다는 과도하게 병원을 찾는 것만이라도 좀 줄여보자는 취지에서였고, 또한 청년층에 편중된 의료보험료 부담 체계를 일부만이라도 고령층으로 분산시켜보려는 시도였다. 그러자 일본의 고령층은 이 정책을 자신의 부모를 산에다 버리는 현대판 오바스테야마姨捨山[10]라고 강하게 반발하며, 전통적으로 지지해왔던 보수정당인 자민당에서 등을 돌렸다. 놀란 자민당이 이 정책을 모두 철회했지만 성난 고령층을 달래기에는 이미 늦었고, 결국 2009년 선거에서 패배해 일본 민주당에 정권을 내주게 되었다.

그러나 정권을 잡은 민주당도 고령화로 자꾸만 늘어가는 재정적자를 그대로 둘 수는 없었다. 그 결과 2010년 급증하는 노인복지 재원을 충당하기 위해 세금을 올리는 방향으로 개혁을 추진했다. 또 증상이 가벼운 노인이 개호보험을 신청할 경우 개인부담금을 다소 인상하고, 개호보험 서비스를 받을 때 고소득자의 자기부담을 전체 비용의 10%에서 30%로 올리는 방안을 내놓았다. 그러자 다시 이에 크게 반발한 고령층이 전통적 지지 정당인 자민당으로 표를 몰아주는 바람에, 이번에는 민주당이 선거에서 참패했다.

이처럼 국가채무를 줄이기 위해 고령층 복지 개혁을 시도한 정당이 잇따라 선거에 참패하는 동안에도 일본의 고령화는 점점 더 가속화되었다. 그 결과 1990년부터 2010년 사이 노인들의 복지 비용에 투입되는 예산은 해마다 평균 5.9%나 늘어났고, 2007년 기준 고령화 관련 복지 지출은 전체 사회보장 지출에서 70%나 차지했다. 이처럼 고령층 복지에만 집중적으로 돈이 나가게 되니 예산이 턱없이 부족하여 젊은 층에 대한 복지나 출산율 제고를 위한 지원은 엄두도 내지 못할 지경에 이르렀다.

이러한 복지체계의 세대 간 불평등 때문에 일본에서는 출생 시기에 따라 공공복지 제도에 따른 득실이 완전히 달라진다. 생애에 걸쳐 사회보장제도 등을 통해 정부로부터 얻을 수 있는 모든 수익에서 사회복지 부담을 뺀 각 세대별 '생애순이익'을 조사하면 그 차이가 분명하게 드러난다. 2009년을 기준으로 60세 이상인 세대는 정부의 복지제도로 평균 4875만 엔(약 5억 5000만 원)의 생애순이익을 얻는다. 하지만 나이가 어릴수록 순이득이 줄어들어 30대의 경우에는 1202만 엔(1억 3000만 원)의 '생애순손해'를 보게 된다. 20대는 복지제도에 따른 생애순손해가 1660만 엔(1억 9000만 원)으로 늘어나고, 이제 막 태어나는 미래세대는 무려 4585만 엔(5억 2000만 원)의 순손해를 보게 되니, 결국 지금의 60대가 사회복지 제도로 이득을 보는 만큼 미래세대는 고스란히 그 손해를 떠안는 것이다.[ii]

　노년층을 위한 복지혜택이 상속을 통해 고스란히 자녀세대에게 부로 이전될 것이라는 주장도 있다. 하지만 지금 일본의 평균 수명이 워낙 길어져서 자녀세대가 아닌 손자 또는 증손자세대로 상속되고 있기 때문에 자녀에게 상속되기를 기대하기는 쉽지 않다. 더구나 노년층 입장에서 생존 예상기간이 한없이 늘어나고 있기 때문에, 사회보장으로 얻은 이득을 살아 있는 동안 증여하는 경우도 점점 줄어들고 있다. 상속을 통한 부의 이전은 또한 일부 부유층만 가능하기 때문에, 사실상 대부분의 중산층 젊은 세대는 이런 세대 간 불평등 앞에서 속수무책으로 당할 수밖에 없다.

　일본에서 고령자를 위한 복지 지출액은 육아 등 가족복지를 위한 지출액의 열 배나 된다. 이에 비해 복지강국 스웨덴의 경우 고령자 복지지출은 가족복지의 세 배 정도이고, 빠른 고령화 현상을 겪고 있는 독일도 네 배 정도에 불과하다. 더구나 이들 나라들은 최근 들어 청년실업 대책에 대한 예산을 더욱 늘리고 있어, 노인복지와 청년복지의 균형이 점점 더 회복되고 있는 추세에 있다. 그렇다면 도대체 왜 일본에서는 유럽의 복지강국들과 달리 노인복지와 청년복지의 불균형이 심화되어왔던 것일까?

　그 원인은 일본의 정치구조에서 찾을 수 있다. 고령화가 진행되면 노인들의 수가 늘어날 뿐만 아니라, 그 인구수보다도 더욱 강력한 정치적 영향력을 행사할 수 있다. 원래 도시보다 농촌의 노인 숫자가 더 많은 데다, 은퇴한 고령층은 도시를 떠나 농촌으로 이주하게 된다. 그런데 일반적으로 일본의 농촌은 같은 인구라도 도시에 비해 훨씬 더 많은 의석수를 갖고 있기 때문에, 의원내각제인 일본에서 고령층의 정치적 영향력은 인구수보다도 훨씬 강력하다. 이처럼 강력한 정치적 영향력을 가진 노인층을 의식하지 않고 정책을 추진했다가는 곧바로 정권을 잃게 된다.

하지만 일본의 정치권은 정작 가장 중요한 사실을 간과하고 있다. 그렇게 막대한 고령층 복지 비용을 감당해야 할 청년들의 소득 기반이 무너지면, 결국 그 비용을 뒷받침할 세수 기반이 사라져 노인복지는 결코 유지될 수 없다는 것이 그것이다. 지금의 일본처럼 노인복지 비용을 모두 빚으로 조달하다가는 머지않아 곧 경제에 큰 타격이 있을 것이다. 지속 가능한 노인복지를 위해 가장 중요한 것은 바로 그 재원을 감당할 수 있는 청년들의 인구와 그들의 소득 수준이다. 청년들에게 불리한 경제체제와 사회복지 시스템으로 그들의 소득 기반이 흔들리면 나라 경제 전체가 급속도로 위축될 수밖에 없다.

실제로 일본에서 고령층 위주의 정책과 경제체제는 청년들의 실질 가처분 소득을 감소시키고 일본 경제의 활력을 떨어뜨리고 있다. 다이토분카 대학大東文化大学 다카야스 유이치高安雄一 교수는 1990년 일본의 경제성장률이 크게 줄어든 것이 대부분 고령화 탓이라고 말한다. 일본의 거품 붕괴 현상은 단순히 정부정책의 실패 때문이 아니라, 젊은층의 인구비중이 크게 줄어들면서 수요 부족이 발생했기 때문이라는 것이다.[12]

앞으로 어떤 선택을 하느냐에 따라 한국의 미래도 달라질 것이다.

지금까지 한국은 경기가 위축될 때마다 일본의 1990년대와 비슷한 부동산 부양책으로 일관해왔다. 그 결과 경기둔화를 조금 늦추었을 뿐, 한국 경제의 급속한 노화 현상은 여전히 가속화되고 있다. 2013년이 되자, 우리 정부는 갑자기 기초연금을 최고 20만 원까지 올리고 노년층을 위한 건강보험 혜택을 늘이는 등 노인복지 정책을 강화하고 있다. 이는 노인층의 표를 끌어안으려고 노인복지 혜택을 대폭 늘리기 시작했던 2000년대 이후 일본의 모습과 그대로 닮아 있다. 건설부양에 이은 노인복지 강화정책이 놀라울 정도로 일본의 전철前轍을 밟고 있는 것이다.

우리나라의 베이비부머 이전 세대는 가장 많은 자산을 가진 부유한 세대이자 극심한 빈곤 문제에 시달리는 세대이기도 하다. 이는 지금 우리나라 노년층의 빈부격차가 OECD 회원국들 가운데 가장 큰 편이기 때문이다. 때문에 빈곤 노인들을 위한 복지제도를 강화하는 것은 매우 시급한 사안이다. 그러나 문제는 노인복지를 위한 재원 조달을 어떻게 하느냐에 있다.

만일 정부가 증세를 하지 않고 노인복지 지출만 늘려 놓으면 국가부채 급증은 불 보듯 뻔한 일이다. 더구나 고령화가 가속화되면서 노인인구가 기하급수적으로 증가하고 있기 때문에 노인복지는 조금만 강화해도 나중에 엄청난 비용 부담이 생기게 된다. 만일 우리 정부가 미래의 재원 확보 대책을 세워놓지 않는다면, 그 부담은 고스란히 우리의 미래세대에게 전가될 수밖에 없다. 그리고 이는 젊은 세대의 경제활동을 크게 위축시켜 결국 한국 경제의 미래 기반을 붕괴시킬 것이다.

지금까지 신자유주의는 현재의 이윤을 극대화하기 위해 미래의 성장동력인 청년들을 위한 복지 수준을 크게 후퇴시켜왔다. 그러나 미래 경제를 위한 가장 강력한 투자인 청년복지 정책을 포기한다면, 한국 경제는 일본의 20년 장기불황보다도 더 어두운 시절을 보내게 될 것이다.

부패의 아이콘, 이탈리아 총리가 장기 집권에 성공한 이유

CHAPTER 03

2010년 봄, 밀라노 인근에 있는 별장에서 당시 이탈리아 총리였던 베를루스코니Silvio Berlusconi 총리가 주최하는 호화 비밀파티가 연일 개최되었다. 이 은밀한 파티에 참석하기 위해 이탈리아의 유력 인사들과 아름다운 여성들이 앞다투어 몰려들었다. 강력한 권력자이자 재벌인 베를루스코니의 눈에 들 수 있는 절호의 기회였기 때문이다.

그런데 이 비밀스러운 권력자의 파티에서 스트립쇼는 물론 난잡한 성행위까지 벌어졌다는 증언이 쏟아져 나오면서 이탈리아 전역은 큰 충격에 빠졌다. 이탈리아 대중과 언론은 이 스캔들을 저녁식사 이후에 벌어지는 난잡한 섹스파티를 뜻하는 이탈리아 속어인 '붕가붕가Bunga Bunga 파티'라고 불렀다.

이 파티에서는 당시 현직 지방의회 의원이었던 25세의 니콜 미네티 Nicole Minetti가 직접 수녀 복장을 하고 베를루스코니의 별장에서 스트립쇼를 했다는 증언까지 나왔다. 전직 치위생사였던 니콜 미네티는 부러진 이를 치료하러 왔던 베를루스코니의 눈에 들어 20대 초반에 지방의회 의원이 된 미모의 여성이다. 이후 그녀는 정치활동을 함과 동시에 베를루스코니의 비밀파티에 참석할 여성을 모집했다는 혐의를 받고 있다.

더구나 베를루스코니 총리는 이 파티에서 돈을 주고 '루비'라고 불리는 17세의 어린 소녀와 여러 차례 성관계를 가졌다는 혐의로 1심에서 7년형을 선고받았다. 그는 성추문이 확산되기 직전 이 소녀가 절도죄로 경찰에 체포되자, 니콜 미네티 의원을 경찰서로 보내 소녀를 석방하도록 부당한 압력을 행사한 혐의도 받고 있다.[i] 이처럼 경찰에 압력을 행사한 데 대해 직권 남용이라는 비판이 쏟아져 나오자, 베를루스코니 측은 루비라는 소녀가 이집트 대통령의 조카인 줄로 착각해 석방 압력을 넣었다는 황당한 주장까지 내놓기도 했다. 이탈리아 유명 배우이자 베를루스코니의 두 번째 부인이었던 베로니카 라리오Veronica Lario는 이 스캔들이 터지기 한 해 전에 "저질 여자들과 놀아나는 이런 남자와는 살 수 없다"라며 이혼을 선언했다.

베를루스코니는 처음 총리가 되었던 1994년부터 온갖 스캔들과 부패 의혹이 끊이지 않았다. 지금까지 100번 넘게 기소되었고 2000번 가까이 법정에 섰음에도 그는 10년 넘게 이탈리아 총리를 역임해 이탈리아 역사상 최장수 총리라는 기록을 갖고 있다. 그가 이런 추문에도 총리직을 거머쥘 수 있었던 배경에는 미디어 재벌이라는 지위를 악용해 이탈리아 언론을 장악한 것도 있지만, 급속한 고령화가 불러온 이탈리아의 심각한 세대갈등을 이용했다는 어두운 비밀이 숨어 있다.

성추문과 스캔들을 잠재운 연금의 유혹

베를루스코니는 파란만장한 인생을 살았다. 1936년 이탈리아 밀라노에서 태어난 그는 진공청소기 외판원으로 직업전선에 뛰어들었다. 그 뒤 닥치는 대로 일을 하다가 나이트클럽과 유람선에서 밤무대 가수로 노래를 부르기도 했다.[2] 그의 놀라운 성공 신화는 25세라는 비교적 젊은 나이에 에딜노드Edilnord라는 건설회사를 만들면서 시작되었다. 베를루스코니는 밀라노 인근에 주택단지를 건설하면서 회사를 급속히 키워나가기 시작했다. 하지만 주택단지 건설자금이 돈 세탁을 노리는 마피아Mafia의 검은 돈에서 나왔다는 소문이 무성했다. 후일 그의 자금줄을 캐내기 위해 수많은 검사들이 투입되었지만 아직도 그의 자금 출처는 베일에 가려져 있다.

이렇게 건설업으로 많은 돈을 벌어들인 베를루스코니는 이탈리아에 TV 열풍이 일어나자, 1971년 케이블 TV 회사인 텔레밀라노Telemilano를 세웠다. 그는 방송사라고는 공영방송사인 라이RAI밖에 없던 시절에 선정적이고 자극적인 방송으로 이탈리아 안방을 파고들어, 1980년대 후반에는 이탈리아의 3대 민영방송사를 모두 장악한 미디어 재벌로 성장했다. 그러나 한 사람이 이탈리아의 모든 민영방송을 장악하도록 인허가를 내준 과정이 석연치 않아, 이와 관련된 정치권과의 결탁 의혹이 끊임없이 제기되었다. 하지만 베를루스코니는 이에 아랑곳하지 않고 유통업체와 출판사, 극장 등을 닥치는 대로 사들였다.

특히 이탈리아의 대표적인 축구팀인 AC 밀란AC Milan을 인수한 것이 정계로 진출하는 데 결정적인 도움이 되었다. 그는 축구에 대한 사랑이 남다른 이탈리아에서 AC 밀란의 응원구호인 '전진하라! 밀란Forza! Milan'을 그대로 활용해 '전진 이탈리아당Forza Italia'을 창당하고, 스스로 당수가 되는 놀라운 수완을 발휘했다. 그리고 1994년 자신이 장악한 미디어를 무기로 활용해 총선에 승리함으로써 마침내 이탈리아 총리가 되었다.

베를루스코니가 총리에 당선되었을 때 이탈리아에서는 국민연금 개혁 문제가 큰 논란이 되고 있었다. 1919년 시작된 이탈리아 국민연금을 두고 '곧 기금이 고갈될 것'이라는 우려가 끊임없이 제기되었던 것이다. 기금이 고갈되면 미래세대의 부담이 크게 늘어날 것이 분명했지만, 이미 연금을 수령하고 있거나 수령이 임박한 고령층의 반대에 밀려 국민연금 개혁 시도는 매번 실패를 거듭하고 있었다.

보수 우파를 기치로 내세운 베를루스코니의 전진 이탈리아당은 복지제도를 대폭 축소하겠다는 목표 아래 야심차게 연금개혁에 도전했지만, 이탈리아의 고령층은 자신들의 연금액이 줄어들 것을 우려해 격렬히 반대했다. 베를루스코니가 연금개혁을 추진하자마자 그의 인기는 순식간에 추락했고, 때마침 부패 스캔들마저 터지면서 정권을 잡은 지 단 7개월 만에 실각했다. 후에 베를루스코니가 총리로 복귀한 뒤, 엄청난 추문과 부패 의혹이 있었음에도 정권을 유지했던 것과는 대조적이었다.

유럽 단일통화인 유로화 출범을 앞둔 이탈리아에서 재정적자를 가속화시키는 연금을 그대로 둘 수는 없었다. 유럽연합의 다른 국가들이 '유로화의 가치를 유지하기 위해서는 우선 재정적자 요인부터 줄여야 한다'라고 이탈리아를 압박했기 때문이었다. 더구나 그대로 연금을 방치하면 젊은 세대의 부담이 가중될 것은 뻔했다.

결국 베를루스코니의 실각 이후 1995년 정권을 잡은 람베르토 디니 Lamberto Dini 총리가 재차 연금개혁을 시도했다. 이탈리아의 전체 경제 사정과 예상수명의 변화에 따라 연금수령액을 연동시켜, 재정의 악화를 막고 미래세대의 부담을 줄이려는 계획이었다. 하지만 이 개혁방안 역시 이탈리아 고령층의 강력한 저항을 불러왔다. 결국 디니 총리는 그들의 반발에 굴복해, 연금에 가입한 지 17년이 안 된 젊은 가입자에 게만 '더 내고 덜 받는' 불리한 연금체계를 적용하기로 했다.

그 결과 연금가입 기간이 18년이 넘은 사람은 연금개혁 대상에서 제외되어 퇴직 전 받았던 급여의 68%를 연금으로 받을 수 있는 기존 혜택을 유지했다. 이 같은 소득대체율은 복지강국인 독일의 43%나 프랑스의 53%에 비해 월등히 높은 수준이다. 이탈리아의 기성세대가 68%라는 높은 소득대체율을 유지하려면, 결국 부족한 연금재원을 미래세대의 주머니에서 빼오는 방법밖에 없었다. 이 같은 반쪽짜리 연금개혁은 아직 자신의 목소리를 내지 못하는 젊은 세대와 태어나지도 않은 미래세대의 희생을 일방적으로 강요한 것이나 다름없었다.

연금개혁 문제로 권좌에서 쫓겨났던 베를루스코니는 2001년 세금 감면과 연금 수령액 인상 등 대중이 환호할 만한 정책들을 공약으로 내걸고 다시 총리에 도전했다. 여기서 주목할 점은 바로 6년 전 실각할 때만 해도 자신이 낮추려고 했던 노후연금 수령액을 오히려 인상하겠다고 공약했다는 것이다. 당시 이탈리아의 기성세대는 연금개혁 대상에서 제외되어 연금액이 줄어들지 않았지만, 다시 한 번 연금개혁이 추진될 경우에는 자신들도 노후연금 감소를 피할 수 없을 것이라는 우려가 컸다. 더구나 유럽연합이 '이탈리아의 재정 건전성 회복을 위해서는 18년 이상 가입자들도 연금개혁 대상에 포함시켜야 한다'라며 이탈리아를 압박하고 있는 상황이었기 때문에, 이탈리아 기성세대에게는 연금개혁 여부가 가장 큰 관심 대상이었다.

재집권의 기회만 노리고 있었던 베를루스코니에게 연금개혁에 대한 노년층의 불안감은 정권을 되찾을 수 있는 절호의 기회가 될 수 있었다. 그는 이탈리아의 재정적자가 급속도로 불어나고 있음에도, 세금을 깎아주고 연금 수령액도 대폭 늘려주겠다는 선심성 공약으로 노년층의 표심을 끌어모으는 데 성공했다.

하지만 베를루스코니는 그렇게 늘어나는 연금 수령액이 궁극적으로는 자녀들의 미래경제 부담을 담보로 한 것임은 결코 알리지 않았다. 더구나 그가 장악하고 있던 이탈리아의 전 언론매체들은 세금 감면과 연금 인상이라는, 달콤하지만 위험한 유혹을 아무런 비판 없이 국민들에게 전파했다. 그 결과 이탈리아 노년층은 미래세대에게 천문학적인 빚더미가 넘겨질 것이라는 사실을 미처 깨닫지 못하고 베를루스코니에게 몰표를 안겨주었다.

결국 정권을 다시 잡는 데 성공한 베를루스코니는 그때까지 이탈리아가 유럽연합에 가입하기 위해 추진해오던 재정적자 감축 시도와 연금개혁 논의를 모두 원점으로 되돌렸다. 그의 집권으로 당장 연금 축소에 대한 우려가 사라지자 노년층은 환호했다. 하지만 그가 총리로 취임한 2001년부터 이탈리아는 재정적자는 걷잡을 수 없이 불어났다. 2003년 이탈리아 국내총생산의 15.7%를 연금 지출로 쓰는 바람에 연금에 따른 한 해 재정적자만 무려 400억 달러(약 45조 원)에 이르렀다.

베를루스코니의 집권 기간 동안 이탈리아의 나라 빚은 급속도로 불어 나면서, 2011년에는 무려 1조 9000억 달러(약 2700조 원)를 넘어섰다. 이 같은 재정적자는 우리나라 1년 예산의 여덟 배에 가까운 천문학적 인 수준이다.

이탈리아의 재정적자가 계속 악화되자, 유럽연합의 주요 인사들은 이탈리아가 연금구조를 당장 개혁하지 않는다면 유럽연합에서 탈퇴 해야 한다고 경고했다. 결국 국제적인 압력에 굴복한 베를루스코니는 그제야 노인연금을 대폭 늘리겠다는 자신의 공약을 포기하고 뒤늦게 연금 지출을 줄이는 개혁에 나섰다. 그러자 이탈리아의 노동단체와 시 민들은 베를루스코니가 공약을 깼다며 대규모 항의시위에 나섰다. 이 들은 대규모 재정적자 속에서 연금을 대폭 늘려주겠다는 공약으로 집 권해놓고, 반대로 연금을 삭감한 것은 대국민 사기라고 주장했다. 하 지만 이미 유럽연합 퇴출 압력까지 받게 된 베를루스코니는 국민투표 까지 감행하여 연금혜택을 축소했다. 결국 국가재정을 고려하지 않은 허황된 노인복지 포퓰리즘은 이탈리아인의 노년층에게 '한여름 밤의 꿈'으로 끝나버렸다.

배신당한 노년층, 총리에게 소송을 걸다 [3]

● 2006년 1월, 이탈리아 로마에 사는 78세의 노인인 이다 세베리니 Ida Severini가 베를루스코니 총리를 상대로 소송을 냈다. 그는 베를루스 코니가 2001년 선거에서 노후연금을 올려주기로 했음에도 5년이 지 나도록 약속을 지키지 않아 여전히 어려운 노후생활을 하고 있다며 거세

게 항의했다. 세베리니는 현재 자신의 노후연금은 우리 돈으로 45만 원 정도인데, 베를루스코니가 당선되면 17만 원이 더 오른 62만 원 정도를 약속했다며 그 공약을 지키라고 주장했다. 세베리니는 현지 언론과의 인터뷰에서 자신의 연금을 5만 원 정도만 올려줘도 당장 소송을 철회하고 다시 베를루스코니를 위해 표를 찍어줄 것이라고 밝혔다. 세베리니의 소송은 노후연금을 올려주겠다는 공약이 얼마나 쉽게 노년층의 표를 얻을 수 있는 강력한 수단인지를 보여주는 대표적인 사례다. ●

청년에겐 지옥, 은퇴자에겐 천국인 이탈리아

은퇴한 노인들에게 있어 이탈리아는 천국 같은 곳이다. 가령 40년을 일하고 본격적인 연금개혁이 이루어지기 이전에 퇴직한 중산층 은퇴자들은 퇴직 직전에 받았던 월 급여의 80%를 죽을 때까지 노령연금으로 받을 수 있다. 이탈리아의 중산층 은퇴자들 중에는 300~500만 원 정도의 노후연금을 받으며 풍요로운 노후생활을 즐기는 사람들이 많다. 이에 비해 1000유로 세대라고 불리는 이탈리아의 비정규직 청년들은 한 달에 140만 원 남짓한 돈을 받으며 힘겹게 살아가고 있다.

이탈리아는 복지 지출이 GDP의 28%를 차지하는데, 이는 세계에서 일곱 번째로 높은 수준이다. 그런데 이 가운데 노인복지 지출이 전체 복지 지출의 60%를 차지하고 있다. 이탈리아의 노인인구가 전체 인구의 20%인 것을 감안하면, 평균적으로 노인 한 명이 다른 연령층의 이탈리아 국민 한 명보다 무려 여섯 배나 많은 복지혜택을 받고 있는 셈이다.[5]

이 노인복지 지출 중에서도 가장 큰 비중을 차지하고 있는 것이 바로 노후연금으로, 한 해 2400억 유로(약 350조 원)가 노후연금에 사용되고 있다. 이는 2013년 한국의 전체 국가예산보다 많고, 전체 450만 명인 이탈리아 공무원의 한 해 인건비 1700억 유로보다도 훨씬 더 큰 금액이다. 이에 비해 복지강국이라는 스웨덴이나 핀란드의 경우, 노인인구 비중은 전체 인구의 17~18%로 이탈리아와 비슷한 인구구조를 갖고 있지만, 노인복지 지출은 40~43%에 불과하다.

이처럼 이탈리아가 대부분의 복지예산을 노인들에게 집중시키는 바람에 다른 복지예산은 북유럽 국가들에 비해 형편없는 수준이다. 특히 청년실업 문제에 대해서는 거의 손을 놓고 있다. 이탈리아의 실업률은 11% 정도지만 청년실업률은 37%로 세 배가 훨씬 넘는다. 이탈리아 청년 세 명 중 한 명이 직장을 찾지 못해 헤매고 있다는 얘기다. 청년들의 상황이 이렇게 어려운데도 이탈리아에는 다른 유럽 국가들과 같이 청년 실업자들을 위해 정부가 세금으로 지원하는 '실업부조 제도'[6] 자체가 없다. 이 때문에 많은 청년 실업자들이 빈곤에 시달리며 더 나은 내일을 향한 희망마저 잃어가고 있다.

취업에 성공한 청년들의 상황도 별반 다르지 않다. 대부분의 청년들은 특정한 기술을 축적할 기회도 없이 고작 1000유로(약 140만 원)를 받는 계약직 일자리를 전전하면서 한 해 한 해 나이만 먹어가고 있다.

이탈리아에서는 아무리 노력해도 좋은 직업을 갖기가 쉽지 않다. 많은 직업들에 강력한 진입장벽이 구축되어 있어서, 든든한 부모의 도움 없이는 그런 직장에 들어갈 수조차 없기 때문이다. 이탈리아에서는 공채로 사람을 뽑는 일은 거의 없고, 대부분 부모나 지인들의 연줄로 취직이 이루어진다. 취직이 어렵다고 자영업을 하자니 기존 업자를 보호하기 위해 신규업체 진출을 철저하게 법으로 규제하고 있어서 그조차도 쉽지 않다.

일례로 이탈리아에서는 택시운전사가 되는 것도 매우 힘들다. 세계적인 관광도시인 로마에는 택시 수가 단 5820대로 규제되어 있다. 이는 6만 대인 런던의 10분의 1도 안 된다. 이처럼 면허로 철저하게 보호되다 보니, 이탈리아 택시기사들은 자신의 면허를 아들에게 상속하는 일이 많다. 돈으로 택시면허를 거래하는 일이 흔치 않지만, 만일 돈을 주고 면허를 사려면 최소 3억 원이 넘는 프리미엄을 지불해야 한다. 이밖에도 약사와 제빵사 등 많은 직업이 이 같은 면허제도로 철저하게 보호받고 있다.

결국 부모를 잘 만난 일부 청년들은 세습을 통해 직업과 부를 물려받을 수 있지만, 그렇지 않은 청년들은 비정규직을 전전하는 것 외의 다른 선택지를 찾기가 쉽지 않다. 그렇다 보니 이탈리아 청년들에게 더 나은 삶을 향한 꿈과 희망은 사라진 지 이미 오래다.

이처럼 자식들에게 직업을 세습하는 현상이 두드러진 것은 바로 이탈리아에서 벌어진 세대전쟁의 상황과 밀접하게 연결되어 있다. 이탈리아의 베이비붐 세대가 가난한 젊은 세대의 호주머니를 털어서 자신들의 복지혜택을 채우는 '세대 간 착취 전략'을 쓰면서 청년세대가 전체적으로 가난해졌기 때문이다. 더구나 철저한 면허제도를 통해 신규진입으로부터 보호받고 있는 기성세대가 경제권을 장악하고 있는 탓에, 이탈리아 청년들에게는 새로운 부를 일구어낼 수 있는 수단 자체가 거의 없다. 결국 이탈리아의 기득권층은 직업과 지위를 세습하여 자신의 자식만이라도 국가 전체적인 세대 간 착취의 고리에서 빼내려는 것이다.

이런 상황에서 청년들이 미래에 대한 희망을 잃어 결혼과 출산을 기피하자 이탈리아의 미래 인구마저 급속히 감소하고 있다. 그나마 진취적이고 적극적인 청년들은 이탈리아 시민으로 남는 것을 포기하고 나라 밖에서 직업을 찾기 시작했다. 실제로 2008년과 2009년 두 해 동안 무려 12만 명의 이탈리아 청년들이 일자리를 찾아 해외로 떠났다. 세대 착취와 직업 세습의 완고한 장벽 앞에 좌절하여 희망을 잃은 청년들이 이탈리아를 버리기 시작한 것이다.

더구나 2001년 베를루스코니가 '경제 살리기'를 내세우며 총리가 된 이후, 이탈리아의 경제성장률은 끝없이 추락했다. 1990년대만 해도 연평균 1.6%였던 이탈리아의 경제성장률은 베를루스코니의 장기 집권이 시작된 2001년 이후에는 1%도 안 될 만큼 떨어졌다. 이탈리아 경제의 든든한 기반이었던 젊은 세대의 소득 감소로 인해 소비가 크게 줄어들자, 기업이 투자처를 찾지 못해 일자리가 더욱 줄어드는 악순환이 시작되었기 때문이다. 베를루스코니가 정권을 장악하기 위해 일으킨 세대전쟁으로 이탈리아 경제는 끝없는 추락을 시작했다. 이제 이탈리아는 나라를 되살릴 마지막 기회마저 잃어버린 암울한 현실에 처해 있다.

1000유로 세대의 눈물

● 2007년 한국에서 비정규직 청년들의 힘든 현실을 고발한 책『88만 원 세대』[7]가 주목을 받았다면, 2006년 이탈리아에서는 비정규직 청년들이 자신들의 아픔을 얘기한『1000유로 세대』[8]라는 자전적 소설이 큰 인기를 끌었다. 1000유로는 우리 돈으로 환산하면 140만 원 정도지만, 이탈리아의 물가와 국민소득을 생각하면 사실 88만 원과 비슷한 소득이다.

이 책은 한 달에 1000유로 정도를 버는 청년들이 같은 방에서 생활하면서 일어나는 일들을 아기자기하게 풀어가고 있다. 주인공 중 한 명은 영화잡지의 객원기자다. 기사를 쓰고 원고료를 받아도 교통비와 밥값을 빼고 나면 남는 게 없다. 그런데 어느 날 갑자기 낙하산 인사로 날아들어온 국세청 직원의 아들에게 객원기자 자리마저 빼앗기고 만다.

이들 1000유로 세대의 삶은 너무나 힘들고 불안하다. 여행을 가기 위해 가지고 있던 물건을 인터넷 경매에 팔기도 하고, 조금이라도 값이 싼 물건을 사기 위해 할인마트에서 오랜 시간을 보내는 모습도 나온다. 룸메이트의 부주의로 가스요금이 평소보다 40만 원가량 더 나오자 분을 참지 못해 DVD 플레이어를 부수는 장면도 등장한다.

이처럼 힘겹고 팍팍한 삶이어도 이탈리아인 특유의 낙천성으로 유쾌하게 살아나가는 이들은 조금이라도 더 나은 삶을 살기 위해 안간힘을 써보지만 사실상 대안이 없다. 이 책을 읽다 보면 모든 경제권을 기성세대가 장악한 상황에서 청년들이 딱히 할 수 있는 일이 없는 답답한 현실에 숨이 막힌다. 과연 한국의 청년들은 이탈리아의 젊은이들보다 나은 삶을 살 수 있을까? ●

복지정책과 감세정책의 잘못된 만남

2011년 11월 12일 베를루스코니가 총리직을 내놓자, 수천 명의 시민이 이탈리아에 봄이 왔다며 로마 시내로 몰려 나와 축제를 즐겼다. 시민들 가운데 일부는 노래를 부르며 춤을 추었고, 달리는 차와 오토바이는 축하의 뜻으로 여기저기서 경적을 울렸다. 작은 악단을 만들어 헨델의 「메시아」 중 「할렐루야」를 연주하는 사람들도 있었다.

마지막 내각 회의를 마친 베를루스코니 총리가 모습을 나타내자 군중들은 "어릿광대는 집에나 가라"라고 소리쳤고, 한 시민은 "이탈리아는 이제 더 나은 미래로 향하기 시작했다"라며 환호했다. 각종 스캔들과 온갖 부정부패 의혹에도 큰 인기를 누렸던 베를루스코니에게 지난 10년 동안 도대체 무슨 일이 있었던 것일까?

2001년 베를루스코니의 두 번째 총리직 복귀와 함께 시작된 노인복지 확대와 감세정책의 잘못된 만남은 이탈리아의 재정적자 문제를 더욱 악화시켰다. 더구나 고령층에게 편중된 복지정책은 이탈리아의 세대갈등을 격화시켰고, 경제성장률은 크게 낮아졌다. 그러자 이탈리아 국민들이 재정 건전성 회복을 외치는 중도좌파연합에 표를 몰아주면서, 베를루스코니는 2006년 또다시 권좌에서 물러나게 된다.

정권을 잡은 중도좌파연합은 이탈리아의 국가부채를 줄이기 위해 불필요한 복지 지출을 줄이고 증세를 통해 세수를 확충하는 등 강도 높은 긴축정책을 실시했다. 베를루스코니 집권 기간 동안 텅 비어버린 곳간을 채워 넣기 위해 고군분투를 한 것이다. 하지만 이탈리아 국민들은 허리띠를 졸라매는 고생을 참지 못했다. 2008년 베를루스코니가 1주택자에 대한 재산세를 철폐하겠다는 파격적인 감세 공약을 내놓자, 또 다시 달콤한 유혹에 넘어간 이탈리아 국민들은 그를 다시 총리 자리에 앉혔다.

이렇게 세 번째로 권좌에 복귀한 베를루스코니는 약속대로 재산세를 철폐하고 재정지출을 크게 늘렸다. 이렇게 당장 감세를 하고 복지를 확대하면 현 세대는 자신이 가진 것보다 훨씬 더 많은 것을 누릴 수 있지만, 그 엄청난 빚더미의 청구서는 모두 미래세대에게 전가될 수밖에 없다. 미래세대에 떠넘긴 이 빚더미가 자신의 임기 안에 무너지지만 않았다면, 이는 그가 권력을 창출하고 유지하는 데 최고의 전략이 될 수도 있었을 것이다. 하지만 2008년 미국발 글로벌 금융위기가 터지자, 기성세대에 대한 차별적 혜택으로 권력을 유지하려던 베를루스코니의 전략도 그만 파국을 맞이하게 되었다.

글로벌 금융위기로 돈줄이 마르는 신용경색이 찾아오자, 가뜩이나 위축된 해외 투자자들은 국내총생산의 120%가 넘는 이탈리아의 국가 부채를 매우 위험한 것으로 인식했다. 겁먹은 해외 투자자들이 앞다투어 이탈리아에서 돈을 빼나가자 이탈리아 금융시장은 흔들리기 시작했다. 2011년 11월 이탈리아의 10년 만기 국채 금리가 평소 이탈리아 국채 금리의 두 배가 넘는 7%대를 기록하면서, 국가부도 사태에 대한 우려도 제기되었다.

결국 베를루스코니는 이탈리아의 국가재정 건전성을 회복시키라는 국제사회의 압력에 못 이겨 150억 유로(약 21조 원)에 이르는 국유재산을 매각하고, 2026년까지 연금 지급개시 연령을 65세에서 67세로 늦추는 연금개혁에 나섰다. 그럼에도 이탈리아 경제가 회생할 가능성을 보이지 않자 그는 마침내 2011년 11월 스스로 총리직에서 물러났다. 이는 정치적 목적으로 세대 차별적 복지정책을 사용한 결과가 얼마나 경제적으로 치명적일 수 있는지를 보여주는 대표적인 사례다.

이어 총리가 된 마리오 몬티Mario Monti는 정치인이라기보다는 관료에 가까웠다. 그는 인기에 영합하지 않고 긴축정책을 펼치며, 베를루스코니가 깎아준 부동산 등 자산에 대한 과세를 강화해 재정위기 돌파를 시도했다. 하지만 많은 자산을 보유한 이탈리아의 기성세대가 이 같은 정책에 반발하면서 그에 대한 지지율이 크게 떨어졌다. 결국 총리가 된 지 1년여 만인 2012년 12월 몬티는 총리직에서 사퇴를 선언하고, 2013년 4월로 예정되었던 총선이 두 달 앞당겨 실시되었다.

이 총선에서 베를루스코니는 마리오 몬티의 경제개혁을 맹렬히 비난하면서 네 번째로 총리직에 도전했다. 베를루스코니는 이탈리아가 처한 심각한 경제난의 원인이 고작 1년 정도 집권했던 마리오 몬티 정부의 노후연금 축소와 증세에 있다고 몰아세우며, "국가 경제를 암울한 안개 속으로 밀어 넣은 마리오 몬티를 심판하기 위해 역사적 도전에 나섰다"라고 선언했다.

그는 몬티가 재정적자를 해소하기 위해 도입한 부동산 세금을 모두 철폐하고, 2012년 걷은 모든 재산세를 되돌려주겠다는 공약을 내놓았다. 더불어 자신이 총선에서 승리한다면 앞으로 5년 동안은 어떤 세금도 올리지 않고 고소득자에게 부유세도 부과하지 않겠다고 공언했다. 하지만 그의 공약 어디에서도 국가부도 사태 직전까지 내몰려 있는 이탈리아의 심각한 국가부채 문제를 해결할 수 있는 대책은 찾아볼 수 없었다.

이미 천문학적인 빚을 지고 있는 이탈리아가 증세 없이 복지를 확대하겠다는 공약은 상당히 무책임한 것이었음에도 이탈리아 국민들은 또 다시 베를루스코니에게 표를 주었다. 그 결과 베를루스코니가 이끄는 자유국민당은 하원 선거에서 민주당에 아슬아슬하게 밀려 패했지만, 상원에서는 116석의 의석을 확보해 113석인 민주당을 제치고 제1당이 되었다. 이탈리아 국민들 중 상당수가 또 다시 미래세대에 곧 닥칠 경제파탄보다 당장 눈앞의 감세와 풍족한 연금의 유혹을 택한 것이다.

2013년 이탈리아 총선에서는 베를루스코니 못지않은 포퓰리즘으로 무장한 정치 신인까지 등장해 돌풍을 일으켰다. 베페 그릴로Beppe Grillo라는 전직 코미디언은 1980년대 TV를 통해 큰 인기를 끌었지만 특유의 '독설' 때문에 방송에서 퇴출되었다가 인터넷과 소셜미디어로 무장하고 청년층을 파고들면서 다시 인기를 끌기 시작했다. 그는 2011년 『우리는 전쟁 중이다Siamo in guerra』라는 제목의 책에서 인터넷으로 구 정치를 전복시키고 새 정치를 하자는 주장을 내놓았다. 이 같은 주장은 어려운 경제 상황에 허덕이며 기존 정치에 환멸을 느끼고 있던 이탈리아 청년들의 마음을 완전히 사로잡았다.

그릴로가 내세운 선심성 정책은 베를루스코니를 능가했다. 모든 이탈리아 국민에게 월 1000유로(약 140여만 원)의 기본 소득을 제공하고, 일주일 근무시간을 20시간으로 줄이겠다는 공약도 내놓았다. 또한 인터넷을 전 국민에게 무상으로 제공하고, 모든 청소년들에게 태블릿 PC를 주겠다고 공언했으며, 채무불이행을 선언함으로써 이탈리아가 지고 있는 2000조 원이 넘는 국채를 갚지 않겠다고 주장했다. 이처럼 현실성 없는 꿈 같은 공약에 이탈리아 청년들은 열광했다.

그 결과, 2013년 2월 총선에서 그릴로가 이끄는 '5성운동MoVimento 5 Stelle' 정당이 이탈리아 상하원에서 각각 25%의 의석을 차지해, 진보 정당인 민주당과 보수당인 자유국민당에 이어 제3당이 되었다. 진보 와 보수 모두 상원에서 과반을 넘지 못한 상황이니 상원 의석의 25% 를 차지한 5성운동이 정국을 좌지우지할 수 있게 된 것이다. 결성된 지 4년이 채 지나지 않은 정당이 이렇게 큰 성공을 거둔 것은 이탈리아 정 치사에 유례가 없는 것이었는데, 이탈리아의 세대갈등을 최대한 정략 적으로 이용함으로써 가능했던 일이었다.

5성운동 정당의 지지자들은 대부분 40세 미만의 젊은층으로, 이들 은 이탈리아 경제난의 직접적인 피해자들이다. 청년들의 3분의 1 이상 이 실업자이며, 취업했더라도 많은 청년들이 한 달에 1000유로 안팎 을 받는 힘겨운 삶을 살고 있다. 젊은 세대는 지금의 노년층이 경제활 동을 할 때보다 크게 줄어든 임금을 받으면서도, 세금은 50%나 더 많 이 내고 있다.

이처럼 복지 비용을 더 많이 내고 있지만 그 혜택이 모두 노년층에 집중되는 바람에 그들에게 돌아오는 사회보장 혜택은 형편없이 열악 하다. 만약 이대로 젊은 세대가 은퇴하게 된다면 부모세대가 받던 연 금의 절반도 받지 못할 것이다. 이러한 청년들이 새로운 정치를 내세 우는 5성운동에 열렬한 지지를 보낸 것이다. 새 정치를 갈망하는 청년 들의 열망에 힘입어 5성운동은 이탈리아 정치인들의 평균 연령까지 끌어내렸다(5성운동 소속 의원들의 평균 연령은 37세에 불과하다).

이탈리아 정국의 주도권을 쥐게 된 5성운동은 기존의 어떤 정치권과도 손을 잡지 않고 있다. 보수진영의 베를루스코니와는 상호 비방을 하면서 극단적인 대립 관계를 유지하고, 진보진영의 민주당 대표에 대해서는 '살아 있는 시체'라며 무시한다. 5성운동은 '보수와 진보 진영의 모든 정치인들은 기생충이니 모두 집으로 돌려보내야 한다'라고 비난하며, 기존의 이탈리아 것들은 모두 파괴하고 새로운 생각으로 이탈리아를 재건해야 한다고 주장하고 있다. 베를루스코니가 기성세대를 위해 청년층을 희생시킴으로써 시작된 이탈리아의 세대전쟁은 소외된 청년들을 결집시켰고, 기성세대와 맞서는 그릴로의 등장으로 점점 더 확산되고 있는 형국이다.

그릴로와 5성운동이 이탈리아 청년들에게 선풍적인 인기를 끌고 있지만, 그들을 보는 해외의 시선은 곱지 않다. 베를루스코니와 앙숙 관계에 있지만, 사실상 포퓰리즘에 기반한 인기 영합 정책과 선동적인 정책을 내놓는다는 점에서 오히려 비슷한 점이 더 많기 때문이다. 베를루스코니가 주로 50대 이상인 이탈리아의 베이비부머들의 이익을 위해 선심성 정책을 쏟아내왔다면, 그릴로는 자신의 확고한 지지층인 젊은 세대를 위해 선심성 정책들을 내세우고 있다.

다시 말해, 베를루스코니가 노년층을 위한 선심성 정책으로 만든 빚더미를 다음 세대인 청년들에게 떠안겨버렸다면, 그릴로는 청년들을 위해 국가재정을 마음껏 쓰고 그 빚은 떼어먹겠다는 계획으로 맞서고 있는 것이다. 결국 그릴로의 등장은 날이 갈수록 더욱 격해지고 있는 이탈리아의 세대전쟁 상황을 돌이킬 수 없는 곳까지 몰아가고 있다.

이탈리아에서 벌어진 세대전쟁은 결코 남의 일이 아니다. 사실 이탈리아는 공업화된 북부 지역과 농업 중심의 남부 지역 사이의 갈등이 우리나라보다도 더 심각한 나라였다. 그러나 지금 불어닥친 이 세대전쟁은 기존의 지역갈등을 무색하게 할 만큼 훨씬 강력하고 심각하다. 앞으로 세대전쟁이 벌어지는 나라들에서 이탈리아와 같은 유사한 현상이 나타날 수밖에 없다. 집권당이 기성세대와 노년층의 이익만 앞세워 청년들의 희생을 도외시하며 세대전쟁을 시작하면, 또 다른 포퓰리즘으로 소외된 청년들을 위무하며 인기를 끌려는 세력이 자연스레 나타나기 때문이다. 이 같은 세대전쟁이 서로를 파괴하는 나라에서는 기성세대나 미래세대 모두 공멸로 끝날 수밖에 없기에 국가 경제가 돌이킬 수 없는 파국으로 치닫게 된다.

우리나라 또한 앞으로 어떤 정책 방향을 택하느냐에 따라 모두를 파멸로 이끄는 참혹한 세대전쟁의 소용돌이에 빠질 수 있다. 국민 모두가 자기 세대만의 이익을 위해 투표하고, 정치인들이 집권을 위해 이를 이용하기 시작한다면, 한국 경제는 비참한 미래를 맞을 것이다. 이를 막기 위해서는 현재 전 세계에서 벌어지고 있는 세대전쟁의 양상을 파악하고, 그를 통해 미래를 위한 새로운 대안을 찾아내야 한다.

고령화, 세대전쟁의 방아쇠를 당기다

CHAPTER 04

기록이 남아 있는 나라 중에서 역사상 가장 먼저 고령화 과정을 겪었던 국가는 로마제국이었다. 서기 1세기 무렵 로마제국은 60세 이상 고령인구가 전체 인구의 6~8%를 차지하고 있었다.[i] 65세 이상의 노인인구가 7%를 넘는 것을 고령사회로 진입하는 기준으로 삼고 있음을 감안할 때, 로마는 지금 기준으로 봐도 고령사회에 진입해 있었다고 할 수 있다. 로마제국의 의료기술이 비록 지금과 같은 수준까지는 아니었으나 위생에 대한 인식은 상당한 수준이었기 때문에, 사망률이 가장 높은 유아기만 잘 지나면 천수天壽를 누리는 경우가 적지 않았다.

그런데 로마제국이 고령화 사회로 접어듦과 동시에 혼인율과 출산율은 크게 떨어지기 시작했다. 문명이 고도화되면서 출산율이 낮아지고 있는 지금의 선진국들과 비슷한 현상이 로마 시대에도 일어났던 것이다. 역사가인 길필란S. C. Gilfillan의 연구[2]에서 로마 인구의 흥미로운 변화를 볼 수 있다. 당시 로마령 트로이Roman Troy에서 19세 이상의 청년 101명 가운데 결혼한 사람은 35명에 불과했고, 그중에서 자녀가 있는 사람은 그 절반인 17명, 그리고 그중 자녀가 1명밖에 없는 사람은 10명에 그쳤다.

특히 귀족들 사이에서는 평민들보다 결혼과 출산을 기피하는 현상이 더욱 뚜렷했다. 당시 로마 사회에서 양자를 들이는 문화가 발달한 것도 이런 현상과 무관하지 않다. 로마 시민들은 20대 후반이 되어서야 결혼했고, 그러다 보니 한 세대가 교체되는 주기가 30~40년으로 늘어났다. 결국 로마 귀족들 사이에서는 가문의 대를 잇기 위해 이미 성년이 된 다른 사람의 자식을 양자로 들이는 풍습이 성행했다.

고령화와 출산율 저하가 낳은 또 다른 현상은 바로 천문학적인 빚이었다. 로마제국은 막대한 군사비와 복지 비용을 지출했지만 자국민들에게는 미미한 간접세를 제외하고는 거의 세금을 걷지 않았고, 대신 다른 나라를 점령하여 그곳에서 전리품을 챙기고 세금을 걷는 경제구조를 가지고 있었다. 그러나 사실 그것만으로 고령화된 로마 시민들의 복지 비용을 감당하기는 역부족이었기에 결국 민간 대부업자로부터 빌린 돈으로 그 비용을 충당했다.

이렇게 국가채무가 급속도로 불어나며 빚을 갚지 못하게 되자 로마제국은 당시 유통되던 은화에서 은 함량을 줄이기 시작했고, 그 결과 돈의 가치는 점점 떨어져 물가가 급등하기에 이르렀다. 결국 서기 300년 극심한 인플레이션을 견디지 못한 로마제국의 화폐 경제가 붕괴되고, 이 같은 국가부도 사태는 1000년 제국이었던 로마가 멸망에 이르는 주된 이유가 되었다.[3]

글로벌 금융위기가 미국 경제를 덮치기 직전이었던 2007년 8월, 미국회계감사원의 데이비드 워커David Walker 원장은 미국의 당시 경제 상황에 대해 강력하게 경고했다. 미국 경제의 주축이었던 베이비붐 세대의 은퇴 시기가 다가오면서 미국의 고령화가 가속화되고, 미국이 외국에서 빌려 쓴 부채가 점점 늘어나 경제를 부실하게 만들고 있다는 점에서 로마가 멸망할 무렵의 상황과 같다는 우려였다.[4] 그는 미국이 이 대로 현 상황을 방치한다면 로마제국의 멸망을 그대로 답습하게 될 것이라며, 역사에서 교훈을 얻어 같은 실패를 반복하지 말아야 한다고 강조했다. 과연 현재 미국의 경제 상황은 어떻게 되었기에 이 같은 경고까지 나오게 된 것일까?

노인의 약값은 청년의 호주머니에서 꺼내라

필자가 미국 스탠퍼드 대학교Stanford University에서 함께 객원연구원 생활을 했던 분의 아들이 학교에서 팔이 부러지는 사고를 당했다. 급한 마음에 아들을 데리고 찾아간 병원에서는 치료도 하기 전에 먼저 어떤 의료보험에 가입되어 있는지 물었다. 미국은 어떤 보험 상품에 가입했느냐에 따라 보장되는 내용이 다르기 때문에, 병원은 환자가 오면 먼저 그가 가입한 보험사와 보험 상품을 물어본다. "한국에서 여행자 보험을 들고 왔다"라고 대답하자 병원에서는 치료하기를 꺼려 했다. 어쩔 수 없이 여기저기 수소문 끝에 다른 병원으로 옮겨서 간신히 치료를 받았지만 청구서를 받아 본 순간 놀라서 기절할 뻔했다고 한다. 골절 치료비와 하루 입원비만으로 무려 4000만 원이 청구되었기 때문이다. 다행히 여행자 보험으로 처리되어 한국에서 보험금을 받기는 했지만, 직접 경험한 미국의 엄청난 치료비는 실로 충격적이었다고 한다.

이처럼 미국에서 민영 의료보험에 가입하지 않고 병원을 찾았다가는 의료비 폭탄을 맞을 각오를 해야 한다. 높은 진료비 때문에 민영 건강보험에 가입하지 못한 많은 미국인들은 아무리 아파도 웬만하면 병원에 가지 않는다. 보장 수준에 따라 다르기는 하지만 4인 가족 기준 민간 의료보험료가 1000만 원을 훌쩍 넘는 경우도 허다한 데다, 번듯한 직장이 없는 일반 가입자는 민영 의료보험사에서 가입 자체를 거부하는 경우가 많기 때문이다. 실제로 미국에서는 우리나라 인구와 맞먹는 5000만 명이 의료보험 사각지대에 놓여 있다.

이러한 미국의 값비싼 의료 체계에도 그간 비교적 고통을 덜 받은 사람들이 바로 65세 이상의 고령층이었다. 까다로운 조건을 충족해야 복지혜택을 주는 선별적 복지국가인 미국에서 65세 이상 노년층만은 메디케어Medicare라고 불리는 보편적 공공의료복지 혜택을 받을 수 있기 때문이다.

그런데 미국에서 고령화가 가속화된 이후, 이 메디케어야말로 미국 재정적자의 가장 큰 요인 가운데 하나가 되고 있다. 메디케어에 투입되는 미국 정부예산이 한 해 5000억 달러로 전체 예산의 13%를 차지할 정도로 많은 데다가, 메디케어 혜택을 받는 65세 이상 노령자가 현재의 4700만 명에서 2030년에는 7800만 명으로 급증할 전망이기 때문이다. 그러므로 정부예산에서 메디케어가 차지하는 비중도 더욱 빠르게 증가할 수밖에 없다.

이처럼 메디케어에 투입되는 미국 정부의 재정부담이 천문학적으로 늘어나고 있는데도 미국의 역대 대통령들은 메디케어 혜택을 줄이기는커녕 꾸준히 늘려왔다. 가장 극적으로 메디케어 예산을 늘린 대통령은 조지 W. 부시George W. Bush 대통령이었다. 부시 대통령은 2000년 미국 대선에서 모든 노년층의 처방약값을 대주겠다는 공약, 이른바

'메디케어 파트 DMedicare Part D'를 내놓았다. 당시 앨 고어AI Gore 민주당 후보와 박빙의 대결을 펼치고 있었던 부시 대통령은 이 공약으로 미국 고령층의 표심을 얻는 데 성공했다. 고령화로 인해 미래세대의 부담이 엄청나게 커질 것이라는 각계각층의 반대가 있었음에도, 대통령에 취임한 부시 대통령은 공약 이행을 고집해 마침내 2006년부터 시행에 들어갔다.

이처럼 천문학적인 예산이 드는 메디케어 파트 D를 시행하면서 부시 대통령은 세금을 한 푼도 더 걷지 않겠다고 공언했다. 결국 미국 노년층의 표를 얻기 위해 도입한 이 복지정책은 미국 재정적자 부담만 더욱 가중시켜, 미 연방정부는 2010년 한 해 동안에만 이 복지제도에 680억 달러(약 70조 원)의 세금을 쏟아부어야 했다. 더 큰 문제는 주로 세금으로 운영되는 메디케어 파트 D를 민영 보험사로 넘기는 바람에, 민영 보험사는 이 복지제도의 도입으로 가장 큰 이득을 보는 당사자가 되었다는 점이다.

더구나 미국에서 가장 인구가 많은 세대인 베이비부머들이 이제 곧 65세를 넘어 모두 은퇴하게 되면 미국의 국가재정은 더욱 악화될 수밖에 없다. 미국 연방감사원은 메디케어 파트 D의 도입으로 앞으로 16조 달러(약 1경 8000조 원)라는 천문학적인 국가재정이 필요하게 될 것이라고 추정했다. 이는 2011년 기준 미국 연방부채 총액과 같은 액수다.

당시 미국 연방 감사원장이었던 데이비드 워커는 이처럼 무리한 노인복지 정책을 두고 '1960년대 이후 미국 역사상 재정적으로 가장 무책임한 법안'이라고 혹평했고,[5] 이렇게 천문학적인 노인복지 지출을 증세 없이 모두 국가부채로 조달하는 것은 결국 현 노인세대의 약값을 대기 위해 미래세대의 호주머니를 터는 것이나 다름없다는 비판이 여기저기서 쏟아져 나왔다.

하지만 부시 대통령은 노인복지 지출을 대폭 확대해놓고서는 오히려 세금을 깎아주는 감세정책을 단행했다. 특히 자산으로 번 돈에 세금을 물리는 양도소득세와 배당소득세를 대폭 인하했다. 미국은 60대 고령층이 30대보다 무려 다섯 배나 많은 순자산을 가지고 있기 때문에, 자산으로 번 돈에 대한 세금을 깎아주면 그 혜택은 대부분 고령층에게 돌아가게 된다. 더구나 이 같은 대대적인 감세로 복지예산이 더욱 부족해지자, 부시는 대규모 국채를 발행해 빚으로 다시 그 재원을 마련했다.

대규모 감세와 노인복지 확대의 잘못된 만남은 미국 경제를 빚더미 위에 올려놓았다. 부시 대통령 취임 직전인 2000년 미국의 국가부채는 5조 7000억 달러였지만, 퇴임한 2009년에는 10조 달러로 무려 4조 3000억 달러나 늘어났다. 더구나 부시 대통령 재임 당시 일어난 글로벌 금융위기로 엄청난 규모의 공적 자금까지 투입되면서 미국의 국가부채는 그의 퇴임 이후까지도 멈추지 않고 급속도로 증가했다. 조지 W. 부시는 노인층을 위한 선심성 공약을 남발한 덕분에 노인층의 지지를 얻어 쉽게 대통령이 될 수 있었지만, 그로 인해 천문학적으로 늘어난 빚더미를 감당해야 하는 사람은 부시 대통령이 아닌 평범한 미국의 젊은이들이 되어버린 것이다.

같은 복지, 다른 잣대 : 청년의 건강마저 위협하다

2012년 12월, 한국에서는 65세 이상 노인들의 지하철 무임승차에 대한 논쟁이 뜨거웠다. 인터넷 포털에는 노인 무임승차를 폐지해달라는 청원까지 올라와 서명자가 1만 명을 돌파했다. 대다수 노인들이 학생들의 무상급식과 같은 보편적 복지를 반대하고 있으니, 같은 논리로 노인들에 대한 보편적 복지인 무임승차도 폐지해야 한다는 주장이었다. 이에 앞서 김황식 전 국무총리는 '부유한 노인에 대해서는 지하철 무임승차 혜택을 폐지해야 한다'라는 취지의 이야기를 했다가 대한노인회의 강력한 반발에 곧바로 발언을 취소하고 사과해야 했다.

미국의 경우 노인을 대상으로 하는 무상 서비스나 할인혜택이 더욱 발달되어 있어, 공공부문 외에서도 고령자들을 위한 다양한 할인제도가 시행되고 있다. 미국의 대형 음식점 체인이나 쇼핑센터, 호텔은 고령자들에게 5~20% 정도의 할인 서비스를 제공하며, 심지어는 노인들에 한해 식료품을 할인해주는 가게들도 있다. 특히 미국 국립공원의 경우 연간 입장료는 차량 한 대에 80달러 정도지만 62세 이상 노인이 한 명이라도 동석해 있으면 그 8분의 1에 해당하는 10달러에 연간 입장권을 구입할 수 있다.

미국과 같은 시장주의 국가에서 이렇게 고령자들을 위한 다양한 할인혜택을 이끌어내는 데 가장 큰 역할을 하고 있는 것은 바로 '미국은퇴자협회AARP'다. 그런데 사실 은퇴 여부와 상관없이 50세가 넘으면 누구나 이 협회의 가입 자격이 생기기 때문에, 실제로는 은퇴자가 아닌 고령자 협회의 성격의 단체다. 1년에 15달러(약 1만 7000원)의 회비만 내면 다양한 할인혜택과 함께 노인들을 위한 각종 정보를 공유할 수 있어 회원만 3800만 명이 넘을 정도로 규모가 크고, 전직 대통령들도 회원으로 가입되어 있을 정도다.

이들은 이렇게 거대한 회원수를 무기로 워싱턴 정가政街에까지 강력한 압력을 행사하고 있다. 미국은퇴자협회에는 의회 로비를 전담하는 직원만 150명에 이르고, 한 해 2000억 원이 넘는 로비 자금을 사용하고 있다. 이 때문에 '미국에서 사회보장제도나 조세체계를 바꾸려면 먼저 은퇴자협회의 동의부터 얻어야 한다'라는 말이 있을 정도다.

이들은 또 국가와 사회 문제에 대한 관심이 크고 높은 투표 참여율을 보이는 등 응집력이 강하기로 유명하다. 정치적 이슈가 있을 때마다 정부와 의회를 상대로 영향력을 행사하는 미국은퇴자협회의 로비를 미국에서는 '그레이 로비Grey Lobby'라고 부른다. 다른 연령층을 위한 복지제도는 매우 빈약한 미국에서 유독 노인들을 위한 복지제도가 발달한 것은 바로 이 은퇴자협회의 활약과 무관하지 않다. 특히 공공의료보험 체계가 부실한 미국에서 1965년 노인들을 위한 공공의료보험 체계인 메디케어가 도입되는 데 가장 큰 역할을 한 것도 바로 이 은퇴자협회였다.

로널드 레이건Ronald Reagan은 대통령이 되기 전까지 노인들을 위한 건강보험인 메디케어를 공산주의 국가나 채용할 제도라며 강력히 비판했다. 1961년에는 메디케어 철폐운동에 나선 미국의사협회의 캠페인에 참석해 "미국이 당장 메디케어를 폐지하지 않는다면, 미국이 공산화되어 우리 손자 손녀들에게 '미국이 먼 옛날에는 자유민주국가였다'라는 옛날이야기나 들려주게 될 것"이라며 노인들을 위한 의료보

험을 당장 철폐해야 한다고 주장하기도 했다.[6]

하지만 정작 대통령이 된 이후에는 자신이 그토록 비판해왔던 노인 연금과 메디케어 등 노인들을 위한 복지제도를 축소하기는커녕 한층 더 강화했다. 임기가 거의 끝나가던 1988년에는 메디케어를 확대한 MCCAMedicare Catastrophic Coverage Act라는, 역대 가장 강력한 노인의료보호 법안을 통과시키기도 했다.[7] 그러나 이 프로그램은 정작 보호받아야 할 가난한 노인들은 보호하지 못하고, 민영 보험사와 부유층 노인들에게만 이득을 주었다는 비판을 받고 도입 한 해 만에 폐지되었다. 1961년에 그가 주장했던 것처럼 메디케어가 미국을 공산화시키는 복지제도라면, 레이건 대통령 스스로가 미국을 공산화시키는 데 앞장선 셈이었다.

이처럼 노년층을 위한 복지제도인 메디케어의 도입과 그 확대 과정이 비교적 순조로웠던 것과 달리, 다른 연령층을 위한 공공의료보험 도입은 오랜 세월 동안 큰 어려움을 겪어왔다. 처음 의료보험 개혁에 나선 대통령은 공화당의 리처드 닉슨Richard Nixon이었다.

그는 의료비 부담에 시달리는 일반 근로자에게 최소한의 의료보장을 의무화하는 법안을 상정했다. 닉슨 대통령 재임 당시는 메디케어의 도입으로 노인층에 대한 의료보장 서비스가 본격화되면서 전 국민을 대상으로 하는 보편적 의료보험 도입의 요구가 높아지던 시기였다. 하지만 공화당은 이러한 의료보험 제도 도입에 강력히 반대했다. 닉슨은 자신이 속한 공화당에 맞서 대대적인 의료보험 개혁을 시도했지만, 워터게이트 사건Watergate Scandal으로 대통령직에서 사임하면서 끝내 자신의 뜻을 이루지 못했다.

그 뒤로 1992년 빌 클린턴Bill Clinton 대통령이 당선되면서 영부인 힐러리 클린턴Hillary Clinton이 전 국민을 대상으로 공공의료보험을 확대하는 대대적인 개혁안을 추진했다. 그녀는 대통령 취임 100일 안에 의료보험 개혁안을 통과시키겠다는 강력한 의지를 가지고 상·하원 의원들을 설득했지만, 정당에 관계없이 대부분 의원들은 전 국민 공공의료보험에 반대했다. 일부 의원들은 65세 이상으로 규정되어 있는 메디케어의 수급 연령을 55세 이상으로 낮추자는 수정안을 제시하기도 했다.

의원 설득이 여의치 않자 힐러리는 '의료보장 익스프레스'로 이름 붙인 버스를 타고 미국 전역을 다니며 공공의료보험 도입의 필요성을 설파했다. 하지만 의료개혁안은 끝내 미국 의회를 통과하지 못했고, 힐러리는 끝내 20개월 만에 패배를 인정해야 했다.

미국의 여러 정권이 제도 도입에 실패한 이후, 버락 오바마Barack Obama 대통령은 2014년부터 미국 국민들을 대상으로 보편적 의료보험 서비스를 시행하겠다고 결정했다. 1965년 65세 이상 노인들을 위한 메디케어 시스템이 탄생한 지 반세기 만에 전 연령층을 위한 의료보험 서비스가 시작되는 것이다.

하지만 오바마 대통령의 의료보험 개혁은 공공의료보험으로 가는 걸음마 단계에 불과하다. 근로자들의 의료보험료 부담을 기업에게 지우고 있어서 기업의 적극적 협조 없이는 유지가 불가능하기 때문이다. 그 결과 2300만 명이 여전히 의료보험 사각지대에 남아 있다. 또한 의료보장을 얼마나 받을 수 있는가는 얼마나 많은 보험료를 내느냐에 달려 있기 때문에, 사실상 보편적 공공의료 서비스에 가까운 메디케어와는 여전히 큰 차이를 보이고 있다.

닉슨 대통령의 못다 이룬 꿈

● 미국 공화당 후보로 출마해 1969년 당선된 닉슨 대통령은 힘든 유년시절을 보냈다. 그는 7세 때 동생이 원인불명의 병으로 갑작스레 세상을 떠나는 것을 보았고, 또 22세 때는 결핵과 오랫동안 싸우던 형을 잃었다. 생활형편이 어려워 의료보험에 가입하지 못했던 닉슨의 집안은 형이 죽어가는 동안 치료비를 대느라 더욱 가난해졌고, 어린 닉슨은 돈을 벌기 위해 건물 청소 같은 일을 해야 했다. 그런 어려운 환경에서도 그는 하버드 대학교Harvard University에서 장학금을 준다고 할 정도로 학업 성적이 뛰어났다. 하지만 하버드 대학교가 기숙사 비용과 식비까지 대주지는 못한다고 하자, 닉슨은 꿈에 그리던 하버드 대학 입학을 스스로 포기하고 휘티어 대학교Whittier University에 입학했다.

이처럼 의료비 부담으로 힘든 유년기를 보냈던 터라, 닉슨은 대통령이 된 후 전 국민을 대상으로 하는 보편적 의료보험 체제를 도입하는 데 자신의 정치적 생명을 걸 정도로 큰 애착을 가졌다. 하지만 그가 속해 있던 공화당은 의료보험을 시장에 맡겨야 한다며 거세게 반대했다. 그러자 그는 측근들의 온갖 반대를 무릅쓰고, 자신의 라이벌이었던 민주당의 에드워드 케네디Edward Kennedy와 손을 잡고 근로자들의 의료보험료 중 일부를 정부가 대신 내주는 공공의료보험 체계의 도입을 추진했다.

하지만 에드워드 케네디가 '공공성을 더 강화하지 않으면 동의할 수 없다'라며 협상을 중단하면서 적과의 동침은 깨지고 말았다. 나중에 워터게이트 사건이 터져 닉슨이 추진하던 의료보험 개혁이 백지화되자, 에드워드 케네디는 당시 닉슨과의 의료보험 협상을 중단한 것을 크게 후회했다고 한다. 결국 형과 동생이 숨지는 것을 보면서 닉슨이 가슴에 품어왔던 전 국민 의료보험 도입의 꿈은 40년 후 버락 오바마 대통령이 등장할 때까지 이루어질 수 없었다. ●

청년의 부를 탐하는 미국 사회보장제도

 미국의 사회보장제도는 노인과 장애인 및 그 유족에 대한 경제적 보장을 그 주된 목적으로 하는데, 그중 가장 중요한 기능은 안정된 노후 생활을 위한 노후연금을 제공하는 것이다. 자신이 낸 보험료를 기금으로 적립해두었다가 나중에 노후연금으로 받는 한국의 국민연금 방식과 달리, 미국의 연금은 현 세대에게 사회보장세를 부과해 걷은 돈을 노년층의 노후연금으로 지급하는 구조로 되어 있다. 이 때문에 사회보장세를 내는 청장년층의 숫자가 줄어들고 연금을 받는 노년층의 숫자가 불어나면 당장 연금 재정에 비상이 걸릴 수밖에 없다.

 1950년까지만 해도 미국은 근로세대 열여섯 명이 은퇴한 노인 한 명을 부양하는 구조였는데, 고령화가 급속히 진전되면서 2003년에는 근로세대 세 명이 노인 한 명을 먹여 살리는 구조로 바뀌었다. 이제 미국 인구에서 큰 비중을 차지하는 베이비부머들이 은퇴하게 되는 2030년에는 두 명이 낸 사회보장세로 노인 한 명을 먹여 살려야 하는 상황이 된다. 지금과 같은 수준의 노후연금을 지급하려면 청장년층이 지금보다 50%나 더 많은 사회보장세를 내야 하는 것이다.

 이처럼 사회보장제와 메디케어 등으로 미국에서 노인 한 명에게 지급되는 돈은 한 해 평균 3만 달러(약 3300만 원)에 이르고[8] 한 해 노인복지정책에 쓰는 총예산은 1조 7000억 달러(약 1900조 원)나 된다. 이는 국채이자를 제외한 미국 연방예산의 절반이 넘는 규모다.

 2009년 이후 미국은 해마다 1조 달러 안팎의 천문학적인 재정적자를 보고 있는데, 이렇게 되면 당연히 세금을 더 걷어야 함에도 미국은 증세 없이 국채를 발행해 이를 메우고 있다. 이 같은 국가재정 구조 때문에 2013년 미국연방정부의 국가채무는 무려 17조 달러를 넘어섰다. 결국 현재 노인복지를 유지하는 어마어마한 비용을 현 세대가 해결하지 않고 해마다 엄청난 빚을 불려가면서 미래세대에게 떠넘기고 있는 것이다.

미국의 의회예산국Congressional Budget Office은 미래에 예상되는 재정 적자를 모두 더하면 무려 201조 달러(약 22경 원)에 이를 것이라고 내다보았다.[9] 이는 2013년 현재 미국의 재정적자인 16조 달러의 열두 배가 넘고, 2013년 현재 미국 국내총생산의 열세 배에 이르는 규모다. 이 천문학적인 빚 폭탄을 모두 다음 세대로 떠넘기지 않고 지금부터 할부로 갚아나간다고 가정하면 당장 연방세금은 64%나 올려야 한다. 만일 증세를 미루고 이 같은 복지제도를 계속 유지한다면, 앞으로 미래세대가 내야 하는 세금은 현실적으로 감당하기 불가능한 수준에 이를 것임이 불 보듯 뻔하다.

이처럼 엄청난 빚 폭탄을 미래세대에게 물려줘야 하는데, 정작 그 빚을 감당해야 할 이들을 위한 복지혜택은 은퇴자들에 비해 형편없는 수준이다. 우선 복지정책의 기본 원칙에서부터 큰 차이를 보인다. 모든 노인에게는 일정 나이를 넘으면 특별한 제한 없이 혜택을 제공하는 보편적 복지원칙을 적용하는 반면, 젊은 근로계층에 대해서는 매우 까다로운 조건하의 선별적 복지원칙을 적용하기 때문이다.

더구나 1980년대 레이건 행정부가 들어선 이후로는 그마저도 대부분 철폐 혹은 축소했다. 앞서 살펴본 것처럼 메디케어를 통해 노인들을 위한 복지예산을 대폭 늘렸던 레이건 행정부가 정작 미래에 그 복지 비용을 모두 감당해야 할 청년층에게서는 자그마한 기존 혜택조차 뺏어버린 것이다.

2007년 미국에서 노후연금에 들어간 돈은 GDP의 6%이고 메디케어 등 보건의료에 쓰인 예산은 GDP의 7.2%로, 이 둘을 합치면 13.2%에 이른다. 하지만 미국에서 근로세대의 소득보조에 쓰인 예산은 고작 GDP의 2%밖에 되지 않는다. OECD 국가들은 평균적으로 미국과 비슷한 비중으로 노후연금과 보건의료 예산을 지출하지만, 동시에 근로세대에 대한 소득보조에는 미국의 두 배 수준인 GDP의 4%에 이르는 국가예산을 투입하고 있다. 결국 미국은 OECD 국가들 평균보다 매우 취약한 청년복지 시스템을 갖추고 있는 셈이다.

미국 정부는 '다음 세대인 청년들도 은퇴할 나이가 되면 지금 노인들이 누리는 복지혜택을 모두 받게 될 것'이라며 이러한 세대 간 불공정을 정당화하려고 노력하고 있다. 하지만 천문학적인 빚더미를 미래 세대에게 계속 떠넘기는 왜곡된 경제구조하에서는 심각한 세대갈등이 생길 수밖에 없다.

그런데 이러한 세대갈등의 불씨가 미국보다 더욱 심각한 나라가 바로 근로세대 소득보조에 고작 GDP의 0.8%만을 쓰고 있는 우리나라다. 조만간 한국에서도 고령화의 진행으로 인해 막대한 예산이 노인복지에 투입될 것이고, 이 과정에서 엄청난 빚더미가 청년들에게 떠넘겨질 것이다. 그런데 정작 그 비용을 감당해야 하는 한국 젊은 세대의 복지 수준은 OECD 국가들 중에서도 최하위권에 머물러 있다.

CHAPTER 05

버블의 진화,
미래세대를
희생양으로 삼다

미국의 아름다운 작은 마을에 봄이 찾아왔다. 하지만 이상하게도 새들의 소리가 전혀 들리지 않는다. 가축들은 이름도 모를 병으로 죽어가고, 마을 사람들도 시름시름 앓고 있다. 저주라도 걸린 듯 이 작은 마을을 죽음의 공간으로 만든 것은 더 많은 농작물을 얻기 위해 인간이 뿌린 살충제였다. 1962년 미국의 여류 생태학자 레이첼 카슨Rachel Carson이 쓴 유명한 저서 『침묵의 봄』의 내용이다.

마을을 죽음으로 몰고 간 살충제는 한때 '기적의 약'으로 불렸던 DDTDichloro-Diphenyl-Trichloroethane였다. 1874년 DDT가 처음 만들어졌을 때, 인류는 DDT의 효과를 전혀 알지 못했다. 그러다 1939년 스위스의 과학자 뮐러Paul Müller가 DDT에 강력한 살충효과가 있다는 사실을 알아냈고, 그 뒤 DDT는 농작물 해충은 물론 사람 몸에 붙은 기생충까지 잡는 만병통치약처럼 사용되었다.

하지만 『침묵의 봄』의 출간으로 DDT가 단지 해충만 잡는 것이 아니라, 이를 먹이로 삼는 새들까지 죽이는 데다 먹이사슬을 타고 인간의 건강까지 위협한다는 사실이 드러났다. 더 한심한 것은 정작 해충은 박멸되지 못하고 오히려 내성만 키워지고 있다는 점이었다. 아무리 강한 살충제를 살포해도 해충들의 유전적 다양성 때문에 특정 살충제에 내성을 가진 일부 벌레들은 살아남게 된다. 그런데 이런 벌레들만 남아 짝짓기를 하면 그 자손은 더욱 강력한 내성을 가지므로 더 이상 같은 살충제로는 효과를 거두기가 어려워진다. 이때 사람들이 더욱 강력한 살충제를 개발하면 해충은 살충제에 적응한 놀라운 종으로 진화하는 악순환이 시작된다.

인류 경제를 위협하는 자산 버블도 이러한 해충들 못지않은 놀라운 생명력으로 진화해나가고 있다. 2008년 글로벌 금융위기를 해결하기 위해 내놓은 다양한 경제정책들은 자산 버블을 본질적으로 해결하지 못하고 오히려 새로운 형태로 진화시켰다. 괴물처럼 자라난 자산 버블은 아직 경제활동도 시작하지 않은 미래세대에게 포화상태의 빚더미를 떠넘기며 그 비대한 몸뚱이를 아슬아슬하게 지탱하고 있는 것이다. 세계 각국의 기성세대는 글로벌 금융위기를 극복한 것이 아니라, 그 괴물에게 새로운 먹잇감인 젊은 세대를 제물로 바쳤을 뿐이다.

1929 대공황 vs 2008 경제위기, 무엇이 다른가

2008년 글로벌 금융위기가 시작되자 많은 경제전문가들은 1929년의 세계 대공황을 떠올리며, 세계 경제가 잠시 회복기를 보이다가 다시 침체에 빠지는 더블딥double dip 현상을 겪을 것이라고 우려했다. 하지만 이런 전문가들의 비관적인 전망을 비웃기라도 하듯, 세계 금융시장은 놀라운 회복력을 보였다.

글로벌 위기의 공포가 가시자, 이번엔 대부분의 경제전문가들로부터 '1929년 세계 대공황과 달리 금융당국의 **발 빠른 대응과 국제적 공조**로 금융위기를 극복했다'라는 주장이 나오기 시작했다. 하지만 실상은 우리가 금융위기를 극복했다기보다 빚더미를 미래세대에게 넘기는 방법으로 눈앞의 위기를 잠깐 모면한 것에 불과하다.

1929년 대공황과 2008년 글로벌 금융위기의 가장 큰 공통점은 빚이 한껏 부풀어 오를 대로 올랐다는 점이다. 대공황 직후인 1930년대 초반 미국에서 가계와 기업, 정부 빚을 모두 합친 총부채는 GDP의 세 배에 육박했다. 2008년 글로벌 금융위기 당시 미국의 총부채는 GDP의 3.5배로 대공황 당시보다 높았고, 특히 영국과 일본에서는 다섯 배를 넘어 인류 역사상 보기 드문 수준까지 올라갔다.

그런데 위기 이후의 총부채 비율 변화는 매우 다른 양상을 보였다. 대공황 이후인 1930년대에는 총부채가 급격하게 줄어들면서 GDP의 1.3배까지 낮아졌다. 미국 금융당국이 긴축정책을 쓰면서 부채가 크게 줄어들었기 때문이다. 더구나 민간 회사의 빚을 정부가 대신 갚아주고 이를 후세대에게 떠넘기는 구제금융이 거의 없었기 때문에 다음 세대로 전가한 빚은 없었다. 1929년 당시의 기성세대가 대공황의 피해를 모두 떠안으면서 현 세대에서 그 빚을 모두 털어버린 셈이었다. 이로 인해 1930년대 미국의 기성세대는 극심한 고통을 겪었지만, 미국의 젊은 세대는 아무런 족쇄 없이 1950년대 이후 새로운 경제성장을 이끌어갈 수 있었다.

1950년대 미국의 총부채 비율은 GDP의 1.5배를 넘지 않았다. 따라서 젊은 세대는 이전 세대에서 넘어온 부채 부담 없이 자신이 번 돈을 마음껏 소비할 수 있었고, 이는 기업의 활발한 투자와 그에 따른 일자리 창출, 임금 인상으로 이어지는 선순환을 가져왔다. 당시 미국에서는 실질 가계 소득이 해마다 평균 2.8%나 늘었다.[1]

더구나 국가부채의 부담이 없었던 1960년대에는 근로세대와 청년들을 위해 미국 역사상 가장 강력한 사회안전망을 구축할 수 있었다. 당시 린든 존슨Lyndon Johnson 대통령은 '빈곤과의 전쟁war on poverty'을 선포하며 근로세대를 위한 강력한 복지제도를 도입했고, 이를 통해 미국의 빈곤층 비율은 절반으로 줄어들었다. 또한 공립대학을 대대적으로 확대하여 1970년에는 전체 4년제 대학생의 70%가 공립대학 학생일 만큼 교육 투자도 아끼지 않았다.

당시 공립대 학비는 미국인 평균 가계 소득의 4%로, 가계 소득 대비 20%나 되는 사립대학 학비의 5분의 1에 불과했다. 젊은 세대를 위한 복지제도는 청년들의 일할 의욕을 꺾을 것이라는 시장경제학자들의 예상을 비웃기라도 하듯이, 미국의 시간당 생산성은 1947년부터 1975년까지 두 배로 높아졌다.[2]

복지정책으로 정부의 씀씀이가 커졌지만 경제가 더욱 빠르게 성장하면서 세수가 크게 늘어나자 재정적자는 오히려 줄어들었다. 강력한 복지제도를 통해 조성된 두터운 중산층이 든든한 소비 기반으로 작용하면서 투자를 이끌고, 이것이 다시 고용 증가로 이어지는 선순환이 일어난 덕분이었다.

그런데 1970년대 석유 위기로 시작된 경제불황이 세계 경제를 다시 빚더미로 몰아가기 시작했다. 1980년대 집권한 로널드 레이건 대통령은 경제불황의 원인을 순전히 근로자들의 높은 임금과 복지제도의 탓으로 돌리고, 노동조합의 활동을 약화시켜 근로자들의 임금 인하를 유도했다. 이로 인해 그의 재임기간 동안 최저임금은 4분의 1이나 줄어들었고, 이 같은 정책기조가 빈부격차를 확대시킨 탓에 1973년부터 2004년까지 미국의 상위 1%만 소득이 늘었을 뿐 나머지 99%의 1인당 평균 소득은 오히려 줄어들었다.[3] 그 결과 중산층의 소비 기반이 약화되었고 기업은 투자할 곳을 찾지 못하기에 이르렀다. 1960년대 호황기처럼 두터운 중산층의 대량소비가 새로운 투자와 생산성 증대로 이어졌던 선순환의 고리가 끊어지고 만 것이다.

세금을 낼 중산층이 무너지자 미국은 만성적인 세수 부족으로 재정적자에 시달리게 되었다. 더구나 레이건 행정부와 부시 행정부는 근로소득세의 최고 소득세율을 70%대에서 30%대까지 끌어내리는 등 부유층에 대한 세금까지 대폭 감면했고, 더불어 금융산업을 육성한다며 달러화 가치의 상승을 용인한 탓에 대규모 무역적자에 시달렸다.

재정적자와 무역적자 불균형이 악화되자 미국 경기하락에 대한 우려는 점점 더 커져갔고, 이런 시장의 불안감은 마침내 1987년 10월 19일 월요일 뉴욕 다우지수가 단 하루만에 23%나 폭락하는 '블랙 먼데이Black Monday' 사태로 이어지고 말았다. 주가 대폭락이 시작되자 그해 6월 연방준비제도이사회FRB 의장으로 취임한 앨런 그린스펀Alan Green -span은 대대적인 양적 완화로 주가를 떠받쳤다. '시장은 완벽하다'라는 시장주의자로서의 신념을 저버리고 강력한 시장개입 정책을 택한 것이다. 그 뒤 그린스펀은 아시아 외환위기, 러시아 채무불이행 사태 등 금융시장의 위기가 올 때마다 공격적으로 금리를 낮추고 양적 완화를 해왔다.

사실 경제위기가 왔을 때 금융당국이 모든 것을 시장에 맡긴 채 두 손을 놓아버리는 것은 매우 위험한 선택이다. 그러나 그보다 더 위험한 것은 위기가 지나가고 경기회복이 시작된 뒤에도 양적 완화와 초저금리 정책을 유지해 거품 경제를 불러일으키는 것이다. 그런데 그린스펀은 '금융의 마에스트로maestro'라는 명성에 취해 위험한 양적 완화를 고집했다.

2003년 미국에서 경기회복의 조짐이 본격화되자 많은 경제학자들이 금리를 인상해야 한다는 목소리를 높이기 시작했다. 하지만, 그는 금리 인상 건의를 일축하고 오히려 미국의 연방기금 금리를 연 1.25%에서 1%로 더욱 낮춘 뒤 2004년 6월까지 이 같은 초저금리 정책을 계속 유지했다.

당시 물가 상승률보다도 낮은 금리는 미국 내에 투기 열풍을 불러일으켰다. 돈값, 즉 실질금리가 마이너스(-)로 떨어지자 빚을 내서 집이나 주식을 사지 않는 사람은 바보나 다름이 없었다. 금융회사 또한 수익률 경쟁에 내몰려, 신용도가 낮은 서민들에게 주택자금을 빌려주는 서브프라임 모기지 대출subprime mortgage loan 같은 위험한 대출에 몰두하게 되었다.

그러나 이자를 못 갚는 경우가 점점 늘어나고 못 갚은 이자가 다시 대출 원금이 되면서 빚이 눈덩이처럼 불어나자, 마침내 빚으로 유지되던 거품이 멈추면서 은행들은 갑자기 신규 대출을 멈추고 기존 대출을 회수하기 시작했다. 그러자 집을 팔려고 내놓는 사람들이 하나둘씩 늘어나면서 집값 폭락으로 이어졌고, 결국 금융 시스템까지 마비되는 글로벌 금융위기가 시작된 것이다.

2008년 글로벌 금융위기 직전의 위험한 투기는 결코 1929년 세계 대공황에 못지않았다. 미국뿐 아니라 전 세계 많은 국가에서 GDP 대비 총부채 비율은 대공황을 넘어선 상태였다. 금융규제 완화로 금융회사들은 대공황 때보다도 더욱 위험한 투기에 매달렸고, 여기에 복잡한 파생상품까지 가세해 시장을 파국으로 몰아넣고 있었다.

그러나 금융당국의 정책기조는 부실 금융회사가 스스로 책임을 지도록 유도했던 1929년 세계 대공황 당시와 완전히 달랐다. 금융당국은 대규모 공적자금을 조성해 부실 금융회사에 대한 '묻지 마 지원'에 나섰다. 혹시라도 공적자금을 빌려간 금융회사의 이름이 시장에 알려질 것을 우려하여 금융당국조차 누가 얼마를 빌려갔는지 파악할 수 없는 기간입찰 대출term auction facility 방식의 구제금융까지 만들었다.

미국 정부는 2009년 민간보증회사인 페니 메이Fannie Mae와 프레디 맥Freddie Mac이 파산보호를 신청하자 이 두 회사를 대신해 2000억 달러(약 230조 원)를 대신 갚아주겠다고 선언했고, 민간보험회사인 AIG가 부도 위기에 빠졌을 때에도 850억 달러의 구제금융을 지원했다. 이처럼 2009년 한 해 동안 위기에 빠진 금융회사를 구제하기 위해 미국 정부가 투입한 금액은 무려 1조 2000억 달러, 우리 돈으로 1300조 원에 달했다.

2008년 이후 거듭된 구제금융과 경기 부양책으로 미국의 국가부채는 2013년 현재 17조 달러(약 1경 9000조 원)를 넘어섰다. 정부부채에 가계부채, 기업부채를 모두 다 합친 총부채는 여전히 GDP의 3.5배 수준을 상회하고 있다. 이는 1929년 대공황 이후 총부채 비율을 GDP의 1.3배까지 떨어뜨리면서 빚을 털어버렸던 것과는 전혀 다른 결과다.

결국 2008년 글로벌 금융위기를 빠르게 극복한 비결은 첨단 금융기법이나 경제학의 발전이 아닌, 단지 현 세대가 떠안아야 할 고통스러운 빚더미를 일시적으로 다음 세대로 미루었기 때문인 셈이다. 현 세대가 투기를 벌이다 입은 빚 폭탄을 세금으로 메운 다음, 미래세대에게 그 청구서를 떠넘긴 데 성공한 기성세대는 긴박한 위기를 넘겼다고 한시름 놓을지 모른다. 하지만 감당할 수 없이 커져가는 천문학적인 부채는 앞으로 이 돈을 갚아야 할 미래세대에게 엄청난 부담이 될 수밖에 없다.

이전 세대의 유산으로 인해 자신들의 삶이 더욱 피폐해질 것임을 확실하게 깨닫는 순간, 미래세대는 본격적인 반격에 나설 것이 분명하다. 그리고 앞서 봤듯 몇몇 나라의 청년들이 보인 반격의 양상은 앞으로 벌어질 세대 간의 치열한 전쟁을 알리는 서막에 불과할 수도 있다.

세대전쟁의 서막, 전장이 된 대학

2012년 4월 미국에서는 좀처럼 보기 힘든 단식 투쟁이 벌어졌다. 캘리포니아 주립대학교California State University 학생들이 '등록금 인상 계획이 철회될 때까지 단식투쟁을 하겠다'라고 선언한 것이다. 캘리포니아 주립대학교는 캘리포니아 주 전역에 퍼져 있는 23개 캠퍼스에 43만 명의 대학생들이 재학 중인 미국 최대의 대학으로, 다른 사립대학에 비해 학비가 상대적으로 저렴한 편이었다. 그런데 학생들은 왜 단식투쟁이라는 극단적인 수단까지 동원해 대학 등록금을 놓고 학교와 대립하게 된 것일까?

　캘리포니아 주립대학교의 학생들을 단식투쟁으로 몰아넣은 것은 1978년 발의된 '주민발의 13호' 법안에서 시작되었다.[4] 공화당 당원이 었던 하워드 자르비스Howard Jarvis는 '세금과의 전쟁'을 기치로 내걸고 여러 차례 로스앤젤레스 시장직에 도전했지만 매번 실패했다.

　하지만 선거에서 운이 없었던 것과 달리 부동산 투자에는 크게 성공해서 1941년 그가 8000달러를 지불하고 로스앤젤레스에 사두었던 집 값은 25년 만에 8만 달러로 올랐다. 그런데 캘리포니아 주에서는 매년 집값의 2%를 세금으로 내야 했기 때문에 집값이 오르면 그만큼 부동산 보유세도 덩달아 크게 오를 수밖에 없었다.

　이처럼 높은 부동산 세금에 격분한 자르비스는 상원의원을 꿈꾸던 폴 간Paul Gann과 함께 부동산세를 대폭 낮추자는 이른바 '세금 반란 운동tax revolt'을 조직한다. 그들은 주민의 열화와 같은 성원 속에 주민 투표를 위한 수만 명의 서명을 얻어내는 데 성공했다. 그 결과 1978년, '재산세를 제한하기 위한 주민발의People's Initiative to Limit Property Taxation'를 제안했고, 찬성 64.8%, 반대 35.2%의 압도적인 표 차이로 법안이 통과됐다. 이 법안의 주요 내용은 아무리 부동산 값이 올라도 재산세는 전년보다 2% 이상 올리지 못하도록 제한하는 것이었다.

　게다가 이 법안을 고쳐서 세금을 늘리려면 주 의회의 3분의 2 이상이 동의해야 한다고 규정했다. 사실상 양당제가 굳어진 미국에서 공화당이 증세에 반대하는 한, 캘리포니아 주에서 재산세를 늘리는 것은 불가능해진 것이다.

　이 같은 재산세 감세는 상대적으로 더 많은 부동산을 가지고 있는 기성세대에게 유리해진 반면, 젊은 세대에게는 불리하게 작용했다. 더구나 재산세는 미국 주정부의 주요 세원이기 때문에 재산세가 줄어든다는 것은 곧 주정부 예산에 큰 타격이 됨을 뜻했다. 특히 주정부가 주로 부담하는 교육 부문의 재원이 줄어들면서 캘리포니아 주의 교육 시스템은 사실상 붕괴되기 시작했다. 1960년대까지만 해도 캘리포니아 주의 공립학교는 미국에서 1, 2위를 다툴 정도로 최고의 교육 수준을 자랑했지만, 세금 반란 운동이 시작된 이후에는 미국 50개 주 가운데 48위로 그 순위가 크게 떨어졌다.

여기에 2008년 글로벌 금융위기 이후 파산으로 내몰린 캘리포니아 주정부는 주립대학에 대한 지원까지 대폭 삭감하는 등 허리띠를 더욱 졸라매기 시작했다. 이에 따라 2006년까지만 해도 평균 2520달러에 불과했던 캘리포니아 주립대학의 등록금은 그 이듬해부터 해마다 뛰어올라 불과 6년 뒤인 2012년에는 5870달러에 이르렀고, 기숙사비와 의료보험료 등을 합하면 총학비는 1만 5000달러가 넘었다. 이 때문에 학생들은 6년 전 졸업생들에 비해 엄청난 등록금 부담에 시달렸고, 상당수가 학자금 대출에 의지하게 되었다. 결국 기성세대를 위한 재산세 감세가 주정부의 재정을 크게 악화시켜 미래세대인 청년들이 빚더미에 깔리게 된 셈이다.

2012년 미연방금융보호국CFPB은 4년제 학사학위를 취득하는 데 드는 비용이 최근 10년 동안 매년 5.2%씩 올랐다고 발표했다. 이 때문에 글로벌 금융위기 이후 다른 종류의 대출은 줄었지만 학자금 대출은 경제위기에도 계속 늘어나고 있으며, 전체 학자금 대출자 다섯 명 중 한 명은 졸업 후에도 대출금을 제대로 갚지 못하고 있다.[5]

또한 미국에서 2002년 이후 10년 동안 학자금 대출을 받은 대학생 가운데 약 30%가 학업과 아르바이트를 병행하다 결국 버티지 못하고 대학을 중퇴했다. 과도한 아르바이트 시간 때문에 미국 대학생의 학습 시간이 줄고 있다는 연구결과도 발표되었고, 이로 인해 미국의 국가경쟁력이 위축될 것이라는 우려 섞인 지적까지 나오고 있다.[6]

절망적인 상황에 처한 미국 캘리포니아 주립대 학생들은 2012년 마침내 행동에 나섰다. 특히 대학 측이 재정부족을 이유로 학비 인상을 추진하면서 교수와 직원 임금을 올리겠다는 계획을 발표하자 학생들의 분노는 더욱 커졌다. 등록금 인상을 위해 열린 캘리포니아 주립대 이사회에 학생 시위대가 들이닥치면서 몸싸움이 벌어지기도 했다. 로스앤젤레스 캘리포니아 주립대학UCLA에서는 등록금 인상 반대시위에 나선 학생들에게 미국 경찰이 최루액을 분사해 일부 학생들이 병원으로 실려가는 사태도 빚어졌다.

청년들을 경제위기의 희생양으로 삼는 현상은 유럽에서도 일어났다. 글로벌 금융위기 이후 유럽 각국은 극심한 재정적자를 겪고 있는데, 한때 금융강국으로 불렸던 영국도 예외가 아니다.

영국의 국가부채는 2001년만 해도 3000억 파운드(약 500조 원) 정도에 불과했지만, 2008년 글로벌 금융위기로 천문학적인 구제금융을 은행에 투입하면서 2011년에는 처음으로 1조 파운드(약 1700조 원)를 돌파했다.[7] 영국 한 가구당 무려 4만 파운드(약 7000만 원)에 이르는 국채를 지고 있는 셈이다. 하지만 영국 정부는 국채 원금은커녕 이자만 갚아나가기에도 벅찬 단계에 접어들고 있다.

이처럼 빚더미에 깔린 영국 정부가 재정적자를 줄이기 위해 가장 먼저 취한 조치는 바로 공교육에 대한 정부 지원을 대폭 줄인 것이었다. 그 결과 2006년까지만 해도 한 해 1100파운드(약 190만 원) 정도에 불과했던 대학 등록금은 글로벌 금융위기 이후 2011년에는 무려 3290파운드(약 560만 원)까지 올랐다. 그런데도 영국의 보수당과 자유민주당 연립정부는 대학 등록금 상한선을 없애 2012년부터 9000파운드(약 1550만 원)까지 세 배나 학비를 올릴 수 있도록 법을 개정했다.

이 같은 법안 개정으로 영국에서는 웃지 못할 촌극이 빚어졌다. 2011년 입학한 신입생은 졸업 때까지 5000만 원 정도가 필요했지만, 2012년 입학생은 대학을 졸업하기까지 무려 1억 원이 넘는 학비와 생활비가 필요해진 것이다. 당장 학비를 마련하지 못한 중산층 학생들은 학업을 포기해야 하는 지경에 이르렀고, 2012년 대학에 지원한 학생 수는 6.6%나 줄어들었다. 이 같은 학비 인상으로 영국 대학생들의 학자금 대출 규모가 2047년에는 2000억 파운드(약 360조 원)로 불어날 것이라는 전망까지 나왔다.

영국의 보수당 연립정부가 이처럼 대학 등록금을 대폭 올린 이유는 구제금융으로 크게 불어난 국가부채를 줄이기 위해서였다. 하지만 이 같은 정책은 무리한 투기를 벌이다가 금융부실로 무너진 현 세대를 나랏돈으로 구제해주고, 아무 잘못 없는 학생들에게 그 손해를 뒤집어씌운 것이나 다름없다.

결국 수천 명의 대학생은 2012년 영국 런던의 도심에서 등록금 인상에 항의하는 시위를 벌였다. 학생들은 웨스트민스터 의사당 주변에서 거리행진을 하면서 등록금을 인하하고 일자리를 늘려달라고 외쳤다. 2012년 2월에는 17세의 어린 학생들이 영국 정부의 대학 등록금 인상에 반발해 법적 소송을 제기하기도 했다. 하지만 당장 자신들의 앞날도 챙기기 어려운 영국의 기성세대들이 청년들의 절규에 귀를 기울일 여유를 갖기란 어려운 일이었다.

대통령도 학자금 대출은 힘들어

● 2012년 미국 연방준비제도 이사회의 벤 버냉키Ben Bernanke 의장은 미 의회에서 미국 경제 상황에 대해 증언했다. 하지만 미 언론들은 버냉키의 증언보다 그의 아들이 진 대규모 빚더미를 더 관심 있게 보도했다. 미국 금융계의 수장이라고 할 수 있는 그의 아들이 뉴욕에 있는 웨일 코넬 의대Weill Cornell Medical College를 졸업하기 위해 무려 40만 달러(약 4억 4000만 원)에 이르는 학자금 대출을 받았기 때문이었다.

미국에서 의대를 졸업하려면 무려 27만 달러(약 3억 원) 정도가 필요하다. 이런 엄청난 비용 때문에 미국 의대생들은 평균 17만 달러(약 1억 9000만 원) 정도의 빚을 지고 대학을 졸업하게 되는데, 이는 1978년의 1만 3469달러보다 무려 열두 배가 넘는 금액이다. 이제 평범한 가정에서 미국 의대를 진학하면 평생 빚 폭탄에 시달릴 각오를 해야 한다.[8]

심지어 미국 대통령조차 학자금 대출에서 자유롭지 못했다. 2012년 4월에 대학을 순회하면서 연설하던 버락 오바마 대통령은 하버드 법대를 다니면서 빚을 졌다는 이야기를 화제로 꺼냈다. 학자금 대출로 진 빚을 8년 전에야 간신히 다 갚을 수 있었다고 털어놓으며 미국 대학 등록금에 큰 문제가 있다고 지적했다. 결국 잘나가는 변호사였던 오바마 대통령조차 상원의원이 된 이후에야 학자금 대출을 다 갚을 수 있었던 것이다.

미국의 학비가 이렇게 살인적인 수준으로 뛰어오른 데는 자신들이 쌓아놓은 빚더미를 다음 세대로 미루려는 베이비붐 세대의 의도가 숨겨져 있다. 기성세대가 미래세대에게 천문학적인 학비를 떠넘기는 것은 앞으로 본격화될 세대전쟁의 시작을 알리는 신호탄에 불과하다. 그리고 이런 양상은 세계 곳곳에서 사회 전반으로 번져나갈 것이다. ●

2030 vs 5060
무엇이 우리를
싸우게 하는가

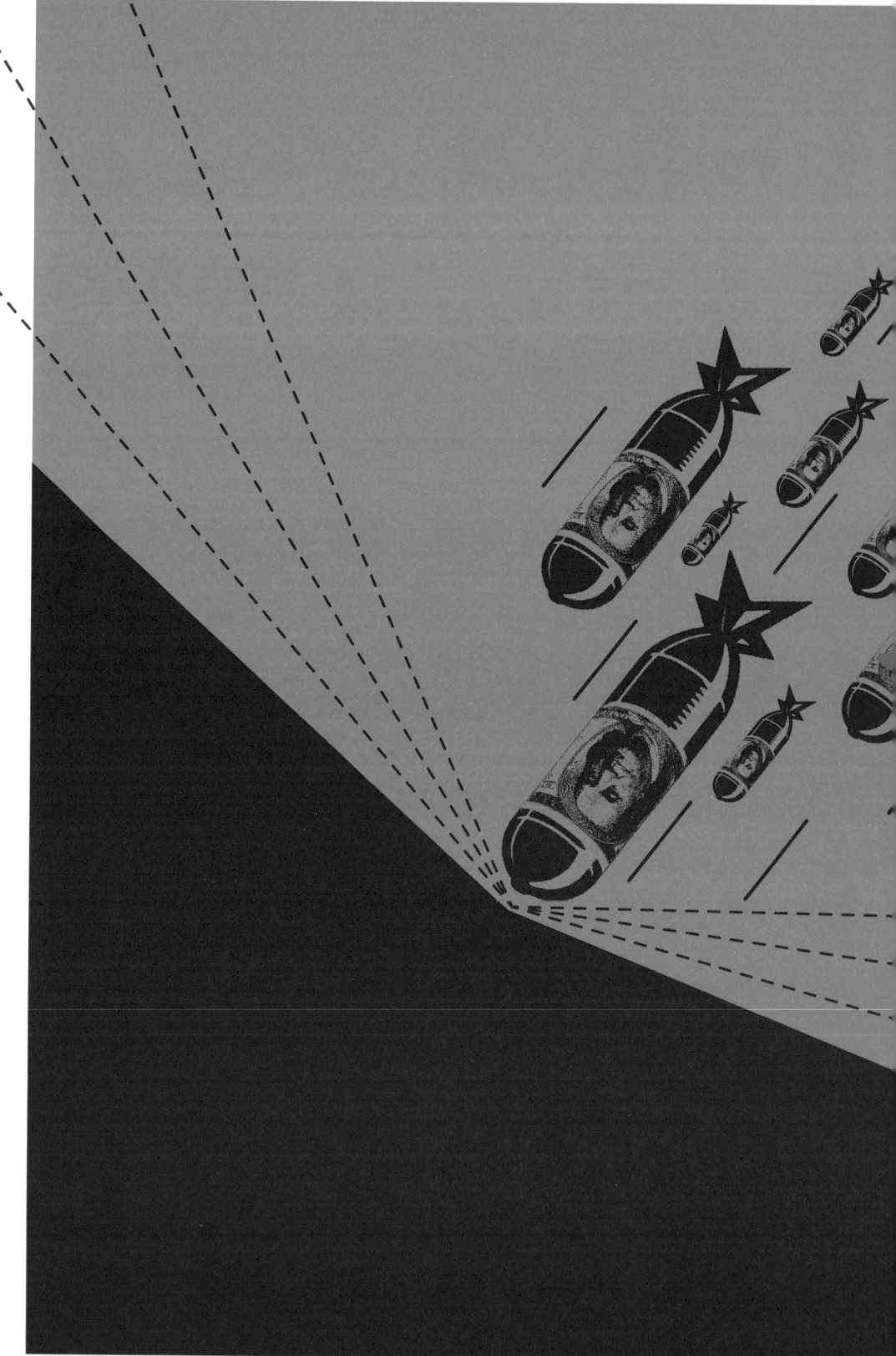

경제위기가 세대전쟁을 부른다

CHAPTER 01

2009년 스탠퍼드 대학교 경영대학원의 짐 콜린스Jim Collins 교수는 『위대한 기업은 다 어디로 갔을까』[i]라는 책을 내놓았다. 지금까지 『성공하는 기업들의 8가지 습관』이나 『좋은 기업을 넘어 위대한 기업으로』 등 성공한 기업의 이야기를 다루었던 그의 기존 저서들과 달리, 한때 뛰어난 기업이었던 회사들이 어떻게 몰락의 길로 들어서는지를 연구한 것이다. 그런데 이 책에 나온 기업의 몰락 과정은 급속한 고령화의 진행으로 세대전쟁이 벌어지고 있는 나라의 그것과도 유사하다.

콜린스는 이 책에서 몰락의 과정을 5단계로 나누어 설명하고 있다. 첫 번째 단계는 자신의 놀라운 성공에 도취되어 자만심이 생기는 단계다. 이 단계에 들어가면 다가오는 위기를 깨닫지 못하고 주변 환경의 극심한 변화조차 알아채지 못한다.

몰락의 2단계는 원칙 없이 더 큰 욕심을 내는 단계다. 자부심과 자만이 가득하지만, 정작 자신이 성공할 수 있었던 근본 이유는 까맣게 잊어버린다. 자신을 키운 성장동력은 잃어버리고, 새로 벌인 사업에는 열정이 없이 외형만 키워나간다. 핵심 위치는 부적절한 사람으로 채우며, 그 부적절한 사람을 보완하기 위해 관료적 절차를 강화하고 뛰어난 인재는 모두 쫓아낸다.

몰락의 3단계는 위험과 위기의 가능성을 부정하는 단계다. 기업 내부에서는 이미 위험신호가 들려오는데도, 그것을 일시적인 것 혹은 그리 나쁘지 않은 것으로 치부하거나 축소한다. 부정적인 데이터는 무시하고 긍정적인 데이터나 결과에만 관심을 보이고, 무엇이 잘못되었는지에 대한 통찰은 없이 무조건 외부 환경만 탓한다.

몰락의 4단계가 되면 위기가 표면으로 드러나 도저히 부정할 수 없는 수준으로 악화된다. 하지만 정작 위기를 가져온 원인은 해결하지 않고 썩은 부분만 도려낸다. 결국 외형은 외형대로 망가지고 근본 원인은 치유되지 않아 더더욱 악화되어간다. 성공으로 얻었던 과실들은 이미 대부분 사라진 상태다. 몰락의 공포에 빠져 허우적거리다 보면 점점 더 깊은 위기의 수렁으로 빠지게 된다.

몰락의 마지막 단계는 '죽거나 나쁘거나'이다. 완전히 망해 사라지거나, 간신히 명맥만 유지하는 그저 그런 회사로 전락하는 것이다.

이 같은 기업 몰락의 5단계는 세대 간 불균형이 심화된 우리나라의 현실과도 맞아떨어진다. 지금 우리나라는 이미 몰락의 4단계에 가까워지고 있지만, 우리는 이를 인식하지 못하거나 부정하고 있다. 이대로 가다가는 몰락의 5단계로 넘어가 우리나라의 회생 가능성은 거의 사라지고 말 것이다.

그러나 짐 콜린스는 절대 포기하지 않아야 한다고 강조한다. 그는 기업의 미래가 거의 끝난 것처럼 보이는 4단계일지라도 여전히 회생 가능성이 남아 있다고 본다. 하지만 그 마지막 기회를 활용하려면 현실을 제대로 인식하고 절치부심하는 노력이 시급하다.

베이비붐 세대 vs 에코붐 세대

지금 한국의 세대갈등은 어디에서 시작되어 어디로 가고 있는 것일까? 그 기원을 찾으려면 한국의 놀라운 경제발전 과정부터 돌아보아야 한다. 한국 경제발전의 구심점이 됐던 세대는 바로 '1차 베이비붐 세대'라고 할 수 있다. 이들은 한국전쟁 이후 결혼과 출산이 급증한 1955년부터 산아제한 정책이 도입되기 전인 1963년까지의 9년 사이에 태어난 세대인데, 그 숫자는 700여만 명으로 전체 인구의 14%가 넘는다.

이렇게 거대한 인구집단이 본격적인 경제활동을 시작한 것은 당시 한국의 경제발전에 중요한 원동력이 되었다. 생산가능인구(15~64세)가 전체 인구에서 차지하는 비중이 1966년 53.0%에서 1989년에는 68.6%로 급증한 것이다.[2] 이는 4인 가족 중에서 두 명만 일하다가 갑자기 세 명이 일하게 된 것과 같으므로 가족당 평균 소득이 늘어나게 된다. 이러한 인구 증가 효과는 한국 경제의 고도성장에 결정적인 역할을 했다.

더구나 도시화가 진행되면서 농촌의 유휴인력이 도시 근로자가 되어 1인당 생산성이 크게 높아진 데다, 여성 노동력까지 활용되기 시작하면서 노동 공급은 더욱 급속도로 늘어났다. 이런 현상은 일본이 1950년대 이후 빠른 발전을 시작한 것이나, 중국이 1990년 이후 인류 역사상 유례가 없었던 빠른 발전을 이룩하는 데 인구 구조의 변화가 결정적인 역할을 한 것과 같은 상황이었다.

더구나 가난한 어린 시절을 보낸 1차 베이비붐 세대는 그 어떤 세대보다 열정적으로 성공을 향해 달렸고, 잃을 것이 없다는 절박한 환경이 이들을 더욱 진취적으로 만들었다. 당시에는 사회안전망이 전혀 없었던 대신 가족과 친족에 의한 가족복지 시스템이 실질적인 안전망 구실을 했다. 이 때문에 새로운 도전을 하다 실패한다고 해도 그들에게는 마지막으로 믿고 의지할 수 있는 최후의 보루인 가족들이 있었다.

또한 일제 치하에서 태어나 한국전쟁을 겪었던 그 부모 세대들은 자신의 끔찍한 가난을 대물림하지 않겠다는 의지로 자식세대의 교육과 도전을 위해 헌신적으로 희생했고, 이것은 베이비부머들이 적극적인 도전을 하는 데 큰 밑거름이 되었다. 이런 세대 간 화합의 환경이 있었기에 베이비부머들은 마음껏 자신의 꿈을 향해 뛰면서 한국 경제발전의 진정한 주역이 될 수 있었던 것이다.

'2차 베이비붐 세대'의 등장은 한국 경제에 새로운 도약을 가져다주었다. 출생률이 다시 높아진 1968년부터 1974년까지 단 7년 동안 태어난 2차 베이비붐 세대는 600만 명이 넘는다. 이러한 대규모 인구 집단이 생산가능인구로 편입된 1990년대 한국 경제는 유례없는 호황을 누리며 최고의 전성기를 누리기 시작했다.

2차 베이비부머들의 부모세대는 한국전쟁을 전후해 태어나 뼈아픈 가난을 경험한 이른바 '전쟁세대'였다. 이들 역시 자녀를 위해 헌신한 데다 경제적 기반이 이전 세대보다는 다소나마 나아졌기 때문에, 2차 베이비부머는 더욱 강력한 인적자본을 쌓을 수 있었고 한국 경제의 경쟁력을 한 차원 끌어올리는 밑거름이 되었다. 이처럼 1970년대 이후 한국 경제는 세대 간 상호 희생과 화합 속에 놀라운 발전을 이루었다.

하지만 1998년 외환위기가 닥쳐오자, 한국 경제성장에 결정적인 역할을 해왔던 세대 간 협력에 금이 가기 시작했다. 당장 베이비붐 세대의 고용이 불안해지자 기업들은 신규 채용을 크게 줄였고, 경기가 호전된 뒤에도 기성세대는 자신들의 월급 회복에만 급급했을 뿐 1970년대 중반 이후 태어난 청년세대의 고용에는 신경을 쓰지 못했다. 그나마 신규 채용을 하더라도 자신들과 같은 정규직이 아닌 시간제 계약직 근로자로 채용하는 경우가 크게 늘어났다.

2차 베이비부머 이후 세대, 즉 '에코붐Echo-boom 세대'의 삶의 경로는 부모세대와 정반대였다. 에코붐 세대는 1979년부터 1992년 사이에 태어난 950여만 명의 인구 집단이다. 부모세대인 베이비부머가 대부분 힘든 유년시절을 보낸 뒤 성공의 사다리를 타고 끝없이 올라갔던 것과 반대로, 에코붐 세대는 비교적 풍요로운 유년기를 보냈지만 사회진출과 동시에 비정규직이나 청년 실업자로의 추락을 경험했다. 이제 막 사회생활을 시작한 그들을 기다리는 것은 이전 세대가 누렸던 발전과 도약의 기회는커녕, 한 달에 88만 원을 받는 비정규직의 굴레였다.

외환위기 이전까지만 하더라도 시장에 진입하는 새로운 세대는 우리 경제에 활력을 불어넣었다. 그들은 축적된 인적자원으로 한국 경제의 생산성을 끌어올리고 새로운 소비시장을 제공했다. 하지만 에코붐 세대는 성장이나 발전 없이 정체된 삶을 사는 첫 세대가 되었다. 이들이 경제적 기반을 갖추는 데 실패하면서 빠르게 성장하던 국내 소비시장의 성장은 둔화되기 시작했고, 기업들은 좀처럼 투자처를 찾기 어려워졌다.

한창 경제활동을 해야 할 에코붐 세대의 고용률은 고작 71.2%에 불과해 이미 은퇴를 시작한 1차 베이비부머의 고용률인 71.7%보다도 낮다. 더구나 비정규직을 전전하고 있는 많은 에코붐 세대는 자신의 집을 마련할 계획조차 세우지 못하고 있고, 마이너스 통장이나 학자금 대출 등으로 열 명 중 여섯 명 꼴로 채무 부담을 안고 있다.[3] 이처럼 안정적인 직장도 없고 자기 집도 마련하지 못한 채 많은 빚을 지고 살아가는 것이 바로 에코붐 세대의 전형적인 삶의 모습이다.

　사정이 이렇다 보니 에코붐 세대에게는 결혼을 꿈꾸는 것조차 사치가 되어가고 있다. 베이비붐 세대는 25세 이전에 결혼한 경우가 전체의 54.5%로 절반이 넘었지만, 에코붐 세대는 고작 8.3%에 불과하다.[4] 더구나 출산을 기피하면서 에코붐 세대의 합계출산율[5]은 베이비붐 세대의 합계출산율인 2.04명의 절반 수준인 1.1명 수준으로 떨어졌다. 결국 에코붐 세대는 연애와 결혼, 출산을 포기한 '삼포세대三抛世代'가 되어가고 있다.

누가 내 밥그릇을 훔쳤을까

한국 경제는 지금 중대한 기로에 서 있다. 가장 큰 문제는 경제성장의 원동력이 되어왔던 생산가능인구의 비중이 급격히 줄어들 것이라는 점이다. 한국의 생산가능인구가 전체 인구에서 차지하는 비중은 2012년 73.2%로 정점을 찍은 뒤, 2013년부터 서서히 줄어들면서 2020년에는 71.1%로 낮아질 전망이다.[6] 그러다 인구가 많은 1차 베이비붐 세대가 처음으로 65세를 넘는 2020년 이후에는 생산가능인구 비중의 감소 속도가 인류 역사상 유례없을 정도로 빠르게 줄어들 것이다. 이렇게 생산가능인구 비중이 줄어들면 경제구조는 송두리째 바뀌게 된다. 노동력을 제공하고 근로소득을 창출하며, 소비와 저축의 기반을 제공하는 생산가능인구 비중이 급격히 줄어들면 그 나라 경제는 급속히 쇠퇴할 수밖에 없기 때문이다.

실제로 생산가능인구가 줄어든 나라에서는 경제위기나 장기불황이 시작되었다. 한때 세계 경제를 장악할 것처럼 놀라운 성장을 보였던 일본도 1990년 초반부터 생산가능인구가 줄어들자 20년이 넘도록 장기불황을 겪고 있다. 미국 역시 2008년 생산가능인구 비중이 감소하기 시작하자 곧바로 집값이 폭락하면서 글로벌 금융위기의 진원지로 전락했다. 스페인 역시 2000년대 후반 생산가능인구 비중이 감소한 것과 동시에 부동산 거품 붕괴로 인한 금융위기를 맞았다. 영국 또한 2007년을 기점으로 생산가능인구가 줄어들자 2000년대 후반 금융위기가 찾아왔다. 1980년대 후반부터 생산가능인구의 비중이 크게 줄어든 이탈리아도 20년 이상 경제성장률이 제자리걸음을 하고 있는 상황이다.

2008년에 찾아왔던 글로벌 금융위기는 우리에게 다가올 위험을 알리는 중요한 경고였다. 생산가능인구 비중이 감소하고 있던 미국과 유럽에 경제위기가 어떻게 일어났는지 살펴보고, 전 세계에서 벌어진 세대전쟁의 양상을 파악함으로써 우리의 미래를 살릴 수 있는 길을 찾아야 했던 시기였지만, 정부는 그런 소중한 기회를 놓치고 말았다.

당시 우리에게 가장 시급했던 경제정책은 생산가능인구 비중 감소에 따른 충격을 완화하고, 청년인구의 감소 속에서 우리 경제를 지켜낼 새로운 성장동력을 마련하는 것이었다. 이를 위해서는 무엇보다 청년 일자리 창출에 경제의 모든 여력을 집중시키고, 교육비와 보육비 부담을 낮추어 출산율을 높이는 데 주력했어야 했다. 당시 우리는 생산가능인구 비중 감소까지 상당한 시간이 남아 있었고, 재정여력도 꽤 많이 있었던 상태였다.

그런데도 우리 정부는 저금리 정책과 고환율, 재정확대 정책 같은 단기적인 경기 부양책을 총동원해 당장 눈앞의 경제성장률을 높이는 데만 급급했다. 또 기업하기 좋은 환경을 만든다며 재벌 기업에 온갖 특혜를 제공했고, 건설경기를 부양한다며 소중한 국가재정을 재벌 기업의 미분양 아파트를 사주는 데 낭비했으며, 4대강과 경인운하 등 불요불급한 토목사업에 국가재정을 쏟아부었다. 장기적인 성장 기반을 확립하기보다 당장 눈앞의 경기 활성화에만 매달렸던 이 같은 정책기조는 20년 장기불황을 불러온 1990년대 일본의 건설경기 부양책을 그대로 답습하는 셈이었다.

정부가 재벌 위주의 경제정책을 펴는 동안 기업이 가져가는 몫이 크게 늘어나면서 국민총소득에서 근로자들의 몫을 나타내는 '노동소득 분배율'은 2006년 61.3%에서 2012년에는 57.9%로 줄어들었다. 이는 OECD 평균인 61.3%에 훨씬 못 미치는 수준이고, 특히 수출 기업의 노동소득 분배율은 40%대까지 떨어져 극적인 하락세를 보였다.

그 결과 근로자들의 월평균 실질임금은 2007년에 1.8% 줄어든 데 이어 2008년에는 1.5%, 2009년에는 3.4%나 감소했다. 근로자들의 임금이 줄어들자 내수시장의 성장이 급격히 둔화되기 시작했고, 그 결과 기업들은 많은 이윤을 얻고도 투자할 곳을 찾지 못하게 되었다. 기업의 투자가 줄어드니 청년들을 위한 양질의 일자리는 지속적으로 줄어들 수밖에 없었다. 고환율 정책과 수출 주도형 경제구조, 친기업정책은 대기업의 이윤만 늘려주었을 뿐, 가계소득을 줄여서 소비 기반의 붕괴를 앞당기는 주요 원인이 된 것이다.

특히 청년 일자리는 급속도로 악화되었다. 2008년 글로벌 위기 당시 우리나라의 25~34세의 청년고용률은 69.6%에 머물러 멕시코를 제외한 OECD 회원국 중 꼴찌를 기록했다. 이 때문에 당시 가장 시급한 대책은 바로 청년들의 일자리를 늘리는 것이었다. 하지만 정부가 내놓은 청년 일자리 정책은 대부분 인턴제 같은 임시직에 집중되어 안정적인 청년 일자리를 창출하기가 어려웠다.

당시 정부는 300만 개의 일자리를 창출하겠다고 했지만 실제로는 연평균 20만 개에 그쳤고, 그나마 남아 있던 안정적인 정규직 일자리마저 불안정한 비정규직 일자리로 대체되었다. 2011년 한 해 동안 주당 근로시간이 36시간 이하인 직장은 91만 7000개나 늘었지만, 36시간 이상인 정규직은 무려 54만 9000개나 줄어들었다. 이처럼 시간제 근로자가 급증했는데도 정부는 이를 '고용 대박'이라며 최고의 치적으로 내세우기까지 했다.

청년들의 숙련도를 높이고 중소기업이 청년인력을 확보하는 것을 돕기 위해 마련한 '중소기업 청년인턴제'도 별 성과를 내지 못했다. 2008년 정부는 인턴으로 청년 한 명을 고용할 때마다 그 급여의 50%를 국가재정으로 지원하는 청년인턴제를 도입했다. 하지만 인턴으로 취직했다가 정규직으로 전환되는 경우는 10%도 채 되지 않았다. 청년들은 청년인턴제를 보다 나은 직장으로 옮겨가는 중간 과정으로 여겼고, 기업은 정부지원 덕에 싼값에 인력을 활용하는 수단으로 생각했다.

청년들에게 필요한 직장은 언제 해고될지 모르는 불안한 저임금 비정규직 직장이 아니라, 자신들이 미래를 꿈꾸고 지속적으로 자신의 생산성을 높일 수 있는 양질의 것이었다. 하지만 정부는 이런 청년들의 본질적인 바람은 도외시하고 어떻게 하면 청년세대의 노동력을 값싸게 이용할 수 있을지만 연구한 셈이다. 지금처럼 청년들이 비정규직 시간제 일자리를 전전한다면 숙련도를 쌓을 기회조차 줄어들 것이고, 이는 한국 경제 전체의 생산성에도 악영향을 미쳐 한국의 잠재성장률을 더욱 하락시킬 수밖에 없다.

더구나 에코붐 세대는 사회에 진출하기도 전에 빚더미를 떠안은 최초의 세대다. 학자금 대출을 받은 학생 수는 2005년 18만 명에 불과했지만 2011년에는 136만 명이 넘었다. 그런데 이 에코붐 세대가 막상 사회활동을 시작할 나이가 되자 청년취업률이 추락하기 시작했다. 글로벌 금융위기 직전인 2007년 4년제 대학 졸업자의 취업률은 평균 70.3%였지만, 2012년에는 55.6%로 떨어졌다.[7] 결국 변변한 직장을 갖지 못한 에코붐 세대는 졸업 후에 경제적 기반을 갖추는 데도 실패했다.

이에 따라 학자금 대출조차 갚지 못하는 젊은층이 급증하고 있다. 2009년 말 3.45%였던 학자금 대출 연체율은 2012년 말에는 6.73%로 높아졌고, 이에 따라 학자금 대출을 받았다가 신용유의자(구 신용불량자)가 된 청년의 수 역시 2009년 2만 2000여 명에서 2012년에는 4만 3000여 명으로 늘었다. 이처럼 젊은 세대가 학자금 대출에 허덕이자, 정부는 최고 연 7% 수준인 학자금 대출 이자율을 2014년 한 해간 한시적으로 연 2.9%대로 전환할 수 있는 길을 터주었지만, 이는 학생들이 빚을 지지 않고 대학을 졸업할 수 있는 근본적인 대책이 아니다. 결국 젊은 세대들은 사회생활을 시작하기도 전에 무거운 빚더미를 짊어져야 할 처지가 되고 있다.

2008년 글로벌 금융위기는 한국 경제의 쇠퇴에 앞서 미리 찾아온 경고였다. 하지만 우리 정부는 일본과 똑같은 건설경기 부양책으로 시간만 낭비하면서, 고령화에 앞서 더 우선적으로 대한민국 경제구조를 개혁해야 할 절호의 기회를 놓치고 말았다. 추락해가는 우리 경제를 되살릴 수 있는 시간은 5년도 채 남지 않았다. 더 이상 시간을 낭비해서는 안 된다.

끝나지 않을 세대전쟁, 출산 파업이 시작되다

2000년대 들어서 한국 경제의 가장 큰 잠재적 위협은 바로 급격한 출산율 하락이었다. 출산율 하락은 당장 경제에 영향을 미치는 것은 아니지만, 이 시기에 태어난 이들이 경제활동을 시작할 시기가 되면 경제를 끝없이 추락시키는 치명적인 결과를 가져올 수 있다. 그럼에도 눈앞에 닥친 위기 요인이 아니기 때문에 저출산 문제의 해결 시기를 놓치는 국가들이 많다.

우리나라의 출산율 저하 현상은 정말 갑작스럽게 찾아왔다. 한국의 합계출산율은 1960년만 해도 여섯 명이나 되어 당시 세계적으로 가장 높은 수준이었음에도 1970년에는 4.5명, 산아제한이 시작되면서 1980년에는 2.8명으로 떨어지더니 2009년에는 1.15명까지 추락해 OECD 국가 중 꼴찌를 기록했다. 1970년대만 해도 높은 출산율 때문에 산아제한 정책까지 써야 했던 우리나라에서 이러한 급격한 출산율 저하 현상이 일어난 원인은 무엇일까?

2012년 보건복지부가 발표한 '저출산·고령화에 대한 국민인식 조사'를 보면 그 원인을 찾을 수 있다. 보건복지부는 전국 성인 남녀 2000명을 대상으로 저출산에 대한 의견을 물었는데 응답자의 60%는 '자녀 양육비와 교육비 부담 때문에 더 이상 아이를 낳지 않았다'라고 대답했고, '소득과 고용 불안정 때문에 아이를 낳을 수 없었다'라는 응답이 24%로 2위를 차지했다. 결국 전체 응답자의 84%가 돈 문제 때문에 아이를 더 낳지 않았다는 셈인데, 더 놀라운 것은 한국 성인남녀가 이상적으로 생각하는 아이의 수는 2.58명이나 되었다는 점이다. 즉, 한국인들은 실제 합계출산율보다 두 배나 더 많은 아이를 낳고 싶어 하지만 경제적 이유 때문에 출산을 꺼리는 것이다.

실제로 한국에서 아이를 낳아 기르는 것은 엄청난 경제적 부담을 각오해야 하는 일이다. 2012년 보건복지부와 보건사회연구원이 부모가 자녀 한 명을 낳아 대학을 졸업시킬 때까지 소요되는 금액을 조사한 결과, 대학을 재수하거나 어학연수를 보내는 비용을 제외하고도 무려 3억 896만 원이 드는 것으로 나타났다. 각 가정이 자녀 한 명을 양육하는데 들어가는 비용은 한 달 평균 119만 원으로, 10년 전인 2003년의 75만 원보다 무려 59%나 늘어났다.

결국 우리나라 경제의 미래를 위해서 가장 시급한 것은 무엇보다도 저출산 극복을 위한 획기적인 지원 대책 마련이다. 그런데 세계 최저 수준의 출산율에도 별다른 대책 없이 사실상 손을 놓고 있었던 정부와 여당이 총선을 앞둔 2011년 12월 31일, 갑자기 영·유아 무상보육 카드를 내놓았다. 소득에 관계없이 만 0세에서 2세까지의 영·유아를 어린이집에 보내는 경우 보육비를 지원하겠다는 방안이었다. 하지만 정작 어린이집 교육이 필요한 3~4세 유아의 보육비는 제쳐 놓고 뜬금없이 0~2세 유아의 보육비만 지원한다는 정책은 졸속행정이라는 비난을 불러일으켰다.

또한 집에서 돌보는 아이에게는 아무런 지원을 하지 않으면서 어린이집에 보내는 0~2세만 지원하는 정책의 불합리성도 지적되었다. 0~2세의 영아는 보육시설보다 부모의 보살핌이 더욱 중요한데도 보육시설에 보낼 때만 돈을 지원한다는 것은 세계적으로 유례가 드문 지원 방식이었다. 게다가 고소득층에게도 예외 없이 보육비를 지원한다는 방침은 그때까지 이명박 정부가 내세웠던 선별적 복지원칙과도 전혀 맞지 않았다.

이처럼 비난 여론이 높아지자 정부는 보름 만에 '3~4세 아동까지 무상보육의 혜택을 확대하고, 0~2세 아동을 키우는 가정에는 어린이집을 보내지 않아도 양육수당을 주겠다'라는 방안을 발표했다. 하지만 재원 마련에 대한 고민도 없이 이런 정책을 발표해 오히려 불신만 키웠다는 점에서 문제가 있었다. 그동안 보육수당은 중앙정부와 지방자치단체가 서로 절반 정도씩 분담해왔다. 그런데 정부와 여당이 덜컥 보육비 지원을 대폭 확대한다는 발표를 하자, 지방자치단체들은 보육비 지원을 위한 예산 마련에 비상이 걸렸다. 생색은 정부가 내고 예산 마련의 고민은 지방자치단체들에게 떠넘긴 셈이었다.

하지만 지방자치단체들 입장에서는 예산을 마련할 재원을 찾기가 쉽지 않았다. 지자체들의 예산은 주로 부동산 관련 세금에 의지하고 있는데, 이명박 정권에서 부동산 관련 세금을 대폭 줄이는 바람에 지자체의 재정은 이미 매우 열악해진 상황이었기 때문이다. 결국 보육비 지원 제도의 발표와 동시에 예산 부족에 따른 보육비 지원 중단 우려가 터져 나왔고, 이 같은 불안감이 지속되면서 보육비 지원 정책은 사실상 거의 효과를 보지 못하고 있다. 언제 중단될지도 모르는 불안한 보육비 지원을 믿고 아이를 가지려는 부부는 거의 없기 때문이다. 보육비 지원은 다른 복지와 달리 대한민국 경제의 미래를 위한 매우 중요한 투자임에도, 지자체에 대한 정부의 예산 지원책 없이 정책만 공표되는 바람에 보육비 중단 우려를 불식시키지 못한 채 돈은 돈대로 쓰고 사실상 아이를 더 낳도록 유도하는 데는 아무런 효과를 거두지 못하고 말았다.

더구나 유아 교육이 대부분 민간에 맡겨져 있는 데다가 수요에 비해 공급이 크게 부족한 상황에서 정부의 불안정한 지원정책은 보육료 인상만 불러올 가능성이 크다. 인구가 밀집된 지역의 어린이집이나 유치원 입학 경쟁은 대학 입시만큼이나 치열하다. 선착순 유치원 등록이 허용되던 2011년까지 많은 부모들은 자녀를 등록시키기 위해 유치원 앞에서 밤을 새야 했고, 급기야는 부모 대신 밤새 줄을 서주는 아르바이트까지 등장하기도 했다. 2012년 이후에는 유치원 선착순 등록을 금지하고 추첨제로 전환했지만, 추첨제라고 해서 입학이 쉬워진 것은 아니다. 서울의 일부 지역에는 100대 1의 경쟁률로 대기자만 수천 명에 이르는 유치원이 부지기수다. 이처럼 영·유아 교육 서비스의 공급이 원활하지 않을 경우에는 보육비 지원 금액이 민간 어린이집이나 유치원비 인상으로 흡수될 수밖에 없고, 이렇게 되면 출산율 제고 효과는 사라지고 민간 어린이집과 유치원만 돈을 벌게 될 것이다.

2013년을 기준으로 국·공립 유치원의 교육비는 한 해 133만 원에 불과했지만, 사립 유치원의 원비는 579만 원으로 국·공립 유치원 원비의 네 배가 넘었다. 입학금을 합쳐 한 해 원비가 1000만 원을 넘는 유치원도 스물한 곳이나 됐고, 그중에는 1688만 원을 받는 곳까지 있었다.[8] 서울 강남·서초·송파·용산·양천구에 있는 사립 유치원의 69.2%는 2013년 1학기 교육비를 전년보다 평균 8.8% 올렸다. 민간 어린이집이나 유치원이 이런 식으로 원비를 올린다면 보육료 지원 효과는 순식간에 사라질 것이다.

정부가 발표한 '2012년 교육기본통계'에 따르면 우리나라에서 국·공립 유아교육기관을 다니고 있는 유아의 수는 고작 17.2%로, OECD 국가 평균인 62.%의 4분의 1에 불과했다. 이 때문에 국가가 유아교육에 투자하는 비용도 OECD 국가 평균에 비해 크게 떨어져, 한국의 유아 공교육비 비중은 GDP의 0.4%로 OECD 국가 평균인 0.6%의 3분의 2 수준이었다. 특히 저출산율 극복에 성공한 스웨덴의 유아 공교육비 지출 비중이 GDP의 1.1%였던 것과 비교하면, 한국의 유아 공교육비 지원은 그것의 고작 3분의 1 수준밖에 안 된다.[9]

사정이 이러한데도 정부는 당장 유권자의 표를 얻는 데 도움이 되는 보육비만 증액했을 뿐, 정작 국·공립 어린이집이나 유치원의 증설에는 뒷짐을 지고 있다. 2012년 정치권은 무상보육 예산에 2조 3913억 원을 배정했다. 하지만 정작 부모들이 애타게 기다리는 어린이집 시설 증·개축에는 전체 예산의 0.005%에 불과한 119억 원만 배정되었다. 그나마 리모델링 예산을 제외하고 어린이집 신축에 들어가는 예산은

20억 원도 안 된다. 대부분의 복지전문가들이 무상보육에 앞서 국·공립 어린이집과 유치원을 대폭 보강해야 한다고 충고하지만 정부는 요지부동이다. 만일 우리 정부가 유아보육의 본질적인 문제를 해결하지 않는다면 한국의 미래를 위한 출산율 제고는 실패하고 말 것이다.

한국의 보육정책의 이러한 현 실태는 이미 출산율 제고에 실패한 일본의 보육정책 방향과 참으로 흡사하다. 일본은 버블 붕괴가 시작된 1989년, 합계출산율이 1.57명으로 떨어지자 이를 '1.57 쇼크'라고 부르면서 사회 전체가 충격적인 현상으로 받아들였다. 하지만 당시 나라 전체가 호들갑을 떨었던 상황과 달리, 일본 정부는 아무런 손도 쓰지 않고 5년 넘게 그대로 상황을 방치하면서 출산율 저하에 대비할 기회를 놓쳤다.

2009년 기준 일본의 아동과 가족을 위한 복지 지출은 모두 합쳐도 GDP의 0.96%에 불과했다. 비슷한 시기에 일본 정부가 노인복지를 위해 GDP의 무려 8.9%를 쏟아부은 것과 매우 대조적이다. 결국 아동과 가족복지에는 노인복지에 쓰는 돈의 9분의 1도 쓰지 않고 있는 것이다. 이 같은 복지정책 방향은 앞으로 세금을 낼 미래세대의 숫자를 더욱 줄여서 중장기적으로 노인복지를 위한 재원 확보가 더욱 어려워질 수밖에 없다.

이와 반대로, 출산율을 끌어올리는 데 성공한 프랑스의 대응은 일본이나 우리나라와는 완전히 달랐다. 프랑스는 출산율이 2.47을 기록했던 1970년부터 이미 출산율 저하가 국가 비상상황에 가까운 위기라고 판단하고 곧바로 출산율 제고를 위한 재정을 대대적으로 투입했다. 2007년 프랑스가 아동과 가족복지를 위해 지출한 금액은 GDP의 3%를 차지했고, 일본의 네 배가 넘는 막대한 국가예산의 투자에 힘입어 프랑스는 2012년 현재 2.0에 달하는 높은 합계출산율을 유지하고 있다.

저출산 현상은 기성세대의 노후에게 심각한 위험 요소가 아닐 수 없다. 우선 부동산 매입의 주체가 사라져 집값이 끝없이 추락할 것이고, 젊은 세대의 주식시장 참여가 줄어들면 주식의 수요 기반이 사라질 것이다. 더 나아가 젊은 세대의 소비가 줄어들어 내수시장이 축소되면 기업의 투자가 급감하고 금리도 낮아질 텐데, 이는 자산 투자나 이자소득으로 살아가야 하는 은퇴세대의 노후생활에 치명타가 될 것이기 때문이다.

결국 젊은 세대의 인구가 줄고 가난해진다면 그 충격은 국가경제의 기반을 무너뜨리고 기성세대 역시 힘든 노후를 보내게 할 것이다. 이 때문에 젊은 세대를 위한 복지투자는 생산가능인구 비중의 축소를 눈앞에 둔 지금 매우 시급하고 중요한 문제가 아닐 수 없다.

그런데도 우리나라의 기성세대는 젊은층이나 미래세대를 위한 복지투자가 '무상복지'라며 매우 인색하게 굴고 있다. 같은 '무상복지'인 노인 지하철 무임승차나 기초연금 지출에 대해 한없이 관대한 것과는 대조적이다. 하지만 미래세대를 위한 복지투자는 장기투자이기 때문에 비록 회수 기간이 길기는 하지만 기성세대가 은퇴 이후에 모두 돌려받을 수 있으므로 결코 '무상복지'가 아니다. 특히 넘쳐나는 자본에 비해 투자할 곳이 줄어드는 성숙한 경제에서는 청년복지가 가장 효율적인 투자다. 심각한 국가적 위기 상황임에도 이처럼 아무런 실익이 없는 '무상복지' 논쟁이나 벌이는 것은 대한민국을 되살릴 수 있는 마지막 기회를 낭비하고 있는 것과 다름없다.

악마와 싸우는 무기, '무상보육'

● 기원전 427년 아테네 최고 명문가에서 태어난 플라톤Platon은 어려서부터 정치에 참여하고자 하는 강한 의지를 가지고 있었다. 하지만 그가 28세가 되었을 무렵, 자신의 스승인 소크라테스Socrates가 사형 선고를 받고 처형되는 모습을 목격한 후, 정치에 대한 환멸을 느끼고 '철학'을 인생의 목표로 삼기 시작했다.

그가 새로운 길을 찾아 나선 이후 40세까지의 행적에 대해서는 거의 알려진 바가 없다. 플라톤은 42세에 아테네로 돌아와, 유럽 대학의 기원이 되는 무상교육기관인 아카데메이아Akademeia를 세웠다. 아카데메이아는 그 뒤 90년간 존속하며 그리스뿐만 아니라 전 유럽 철학의 뿌리가 되었다.

플라톤은 이상적인 국가시민을 양성하는 데 있어서 교육이 가지는 중요성을 역설했다. 특히 출생 직후부터 국가가 보육을 책임지는 '무상보육'을 강조하면서, 국가가 체육, 음악, 문학 등 다양한 교육을 통해 아동의 전인적 발달을 도와야 한다고 주장했다. 그의 뒤를 이은 아리스토텔레스Aristoteles도 영·유아기 보육이 이후의 성장에 중대한 영향을 미치게 된다며 국가의 보육 의무를 강조했다.

그러나 중세 암흑기에는 영·유아의 성장 발달에 대한 인식 자체가 사라지고, 소수의 상류층 자녀들만 선별적으로 교육을 받을 수 있었다. 중세시대 내내 플라톤이나 아리스토텔레스가 강조했던 국가의 보육 의무는 완전히 무시되었던 것이다. 그러다 16세기 독일의 성직자 마르틴 루터Martin Luther의 종교개혁과 함께 무상보육의 중요성이 다시 주목을 받게 되었다.

루터는 국가가 학교를 설립하고 성별과 계급에 차별을 두지 않는 '무상교육'을 전면적으로 실시해야 한다고 주장했다. 그는 한 나라를 번영하게 만드는 힘은 강력한 성벽이나 좋은 가옥이 아니라, 교육을 잘 받은 시민에게 달려 있다고 생각했다. 심지어 악마는 우리로 하여금 교육을 게을리 하도록 은밀하게 획책하기 때문에 '무상교육'은 악마와 싸우는 강력한 무기라고 생각했다.

이같은 '무상교육'에 대한 루터의 신념은 개신교의 기본 철학이 되어 종교개혁과 함께 유럽으로 널리 퍼져나갔고, 현재 유럽의 무상보육 시스템을 완성하는 중요한 밑거름이 되었다. ●

CHAPTER 02

세대전쟁의
주범들 1 :
추락하는 집값

1980년대에 일본과 스웨덴은 부동산 값 폭등을 동시에 겪었다. 일본은 1985년 이후 불과 6년 만에 상업용지 가격이 세 배나 올랐고, 스웨덴 역시 1984년부터 1990년까지 집값 급등이 매우 심했다. 집값이 큰 폭으로 뛰어오르자 두 나라 국민들은 너도나도 빚을 지고 집을 사들이기 시작했고, 이로 인한 가계부채 폭증에 놀란 정부는 모두 1989년을 전후해 긴축정책을 펼쳤다. 그 결과 양국 모두 1990년을 정점으로 부동산 거품이 붕괴되고 금융위기를 겪으며 주가가 폭락하고 부동산 값도 곤두박질치기 시작했다.

이처럼 1990년을 전후해 두 나라를 덮친 금융위기의 시작은 비슷했지만 그 결과는 완전히 달랐다. 일본은 20년이 넘도록 경기불황에서 헤어나지 못한 반면, 스웨덴 경제는 빠르게 회복되었기 때문이다. 더구나 일본에서는 여전히 부동산 값 하락이 진행 중이지만, 스웨덴에서는 2001년 이후 부동산 가격이 다시 회복되기 시작해 2008년 글로벌 금융위기에도 아랑곳하지 않고 여전히 오름세가 지속되고 있다. 도대체 이 두 나라의 부동산 가격은 왜 이렇게 달라진 것일까? 그 차이는 금융위기를 맞이한 양국이 각각 세대 간 화합과 세대 간 전쟁의 중대한 갈림길에서 내린 선택에서 비롯되었다.

황금알을 낳을 어린 거위의 배를 가르다

결혼을 해서 가정을 꾸리려면 주택 매입이나 전·월세 등 어떤 방식으로든 집을 마련해야 한다. 그러나 지금 한국의 에코붐 세대는 제아무리 정규직 직장을 다닌다 해도 자신만의 힘으로 돈을 벌어 번듯한 집을 산다는 것이 불가능에 가깝고, 더구나 서울에서는 괜찮은 집에 세 들어 사는 것조차 쉽지 않다.

우리나라 에코붐 세대의 핵심인 30대 젊은층의 평균 세전소득稅前所得은 3052만 원에 불과하다. 그런데 서울의 평균 집값은 3.3㎡(1평)에 1642만 원이므로, 서울에서 국민주택 규모인 85㎡(25.7평)짜리 아파트를 구입하려면 평균 4억 2000만 원이 필요하다. 이는 평균 소득을 버는 30대가 자신의 월급을 한 푼도 쓰지 않고 14년을 꼬박 모아야 벌 수 있는 돈이다. 30대가 정말 아끼고 아껴서 1년에 자신의 평균 세전소득의 3분의 1인 1000만 원을 모을 수 있다면 42년 후에야 이 집을 살 수 있다. 다시 말해, 이제 막 사회생활을 시작하는 청년들에게 지금의 집값은 사실상 스스로 벌어서 마련하기는 거의 불가능한 수준으로 뛰어오른 셈이다. 이 때문에 부모의 지원을 받을 수 없는 대부분의 에코붐 세대는 주택 구입을 포기한 지 이미 오래다.

더구나 에코붐 세대의 고용의 질까지 악화되면서 가장 빠르게 소득이 늘어야 할 젊은 세대의 소득증가율은 오히려 날이 갈수록 낮아지고 있다. 39세 이하 2인 이상 가구의 2012년 3분기 월평균 소득은 전년보다 2.7% 오르는 데 그친 반면 40대가 세대주인 가구의 월평균 소득은 7.4%나 올랐고, 50대가 전 연령층에서 가장 크게 뛰어올라 8.4%나 높아졌다. 심지어 60대의 소득조차 6.9%나 올라 20~30대가 세대주인 가구의 소득증가율을 두 배 이상 넘어섰다. 이는 현재 한국의 젊은 세대가 다른 세대보다 유독 높은 실업률에 시달리고 있는 데다 임금 상승을 기대하기 어려운 비정규직으로 생계를 꾸려가는 경우가 많기 때문이다. 이처럼 소득증가율조차 노년층에 비해 크게 뒤처지면서 가까운 미래에 더 나은 삶을 살아갈 가능성은 더욱 낮아지고 있으니, 값이 오를 대로 올라 있는 지금의 집값을 젊은 세대가 감당하기란 거의 불가능에 가까울 수밖에 없다.

베이비붐 세대가 주로 집을 매입했던 1980~2000년대 중반은 1인당 국민소득이 세계 경제사에 유례가 없을 정도로 빠르게 늘어나던 시기였다. 이 때문에 베이비붐 세대는 자기 소득으로 감당하기 벅찬 비싼 집을 장만해도 나중에 소득이 늘어났기 때문에 큰 문제가 없었다. 더구나 집값도 계속 뛰어올랐으므로 일단 빚을 내서라도 집을 사두는 것이 이득이었고, 그것이 강력한 계층이동의 사다리 역할을 했던 것도 사실이다. 그러나 지금의 부동산은 계층이동의 사다리는커녕 오히려 젊은 세대의 중산층 진입을 막는 장벽이 되고 있다.

2012년 우리나라에서 처음으로 집을 산 가구주의 나이는 평균 40.9세로 높아졌다. 이는 처음 이 조사를 시작했던 2010년의 38.4세에서 단 2년 만에 2.5세나 높아진 수치인데, 이렇게 시간이 흐를수록 최초 주택구입 연령이 점점 더 올라간다는 것은 결국 젊은 세대가 주택 시장에서 완전히 배제되고 있음을 보여준다.

이처럼 높은 집값은 에코붐 세대가 결혼을 포기하는 데 결정적인 역할을 하고 있다. 한국보건사회연구원은 평균 초혼 연령보다 세 살 이상 많은 미혼 남녀 416명의 결혼관을 조사했는데, 결혼하지 않는 이유로 '집값 등 결혼 비용이 너무 많이 들기 때문'이라고 답한 응답자가 무려 82%나 되었다.[i] 비싼 집값이 청년 세대의 결혼을 막는 심각한 장애물이 되고 있는 데다, 그 여파로 출산율까지 낮아지면서 가뜩이나 생산가능인구 비중 감소로 몸살을 앓고 있는 한국 경제의 활력을 더욱 약화시키고 있는 것이다.

그러나 베이비붐 세대가 보는 부동산은 젊은 세대와 정반대다. 베이비부머 세대에게 부동산은 노후를 지키는 최후의 보루다. 부채를 포함한 총자산의 5분의 4를, 또 부채를 뺀 순자산의 10분의 9를 부동산으로 보유하고 있는 베이비붐 세대는 근로소득이 크게 줄어들게 될 은퇴 시점을 눈앞에 두고도 부동산을 처분하지 않고 있다. 최근에는 경기 둔화로 각종 자산운용 수익률까지 추락하면서 노후생활에서의 안정이 크게 위협받고 있지만, 평생에 걸쳐 자신의 부를 증가시켜준 부동산에 대한 애착을 버리지 못하는 것이다. 따라서 부동산 의존도가 높은 베이비붐 세대에게 부동산 값이 떨어진다는 것은 노후생활에 심각한 타격이 됨을 의미한다.

이처럼 젊은 세대와 기성세대가 부동산 가격을 보는 시각이 완전히 다른 상황에서, 우리 정부의 부동산 대책은 언제나 부동산을 보유하고 있는 기성세대의 입장만을 대변하고 있다. 2013년 정부가 집값 하락을 막기 위해 내놓은 '4.1 부동산 대책'이 대표적인 예다. 이 부동산 대책의 방향은 크게 두 가지로 나뉘는데 하나는 은퇴를 앞둔 세대가 빚을 감당하기 어려운 수준까지 내몰리더라도 집을 팔지 않도록 지원해주는 정책이고, 다른 하나는 소득이 충분하지 않은 젊은 세대가 빚을 내서라도 집을 사도록 유도하는 정책이다.

그중 '생애최초 주택구입자 지원정책'은 후자에 해당한다. 정부는 부부 합산 소득이 6000만 원 이하인 가구가 6억 원이 안 되는 85m²(25.7평) 이하의 주택을 구입하면 최대 2억 원의 대출까지 금리를 낮춰주겠다고 발표했다. 특히 3억 원 이하인 주택을 구입할 경우에는 연 3.5%, 3억~6억 원 사이인 주택을 구입할 때는 연 3.7%의 대출이자율을 적용해주겠다고 했으며, 30년 동안 원리금을 갚아나가도록 대출 상환 기간도 연장해주었다.

하지만 만일 이 같은 정부 시책에 맞추어 부부합산 소득이 6000만 원 이하인 가구가 주택 구입을 위해 2억 원을 빌리면 30년간 매년 1100만 원씩 원리금을 갚아나가야 한다. 그러는 동안 자칫 집값이 떨어지기라도 한다면 젊었을 때부터 은퇴할 때까지 평생 무의미한 대출 원리금을 갚느라 허덕이다 인생을 허비하는 진정한 '하우스 푸어house poor'가 되는 셈이다. 이 정도면 기성세대가 보유한 기존 집값을 떠받치기 위해 젊은 세대가 평생 빚더미에 깔려 인생을 저당 잡히도록 유도하는 것이라 해도 과언이 아니다.

더구나 정부는 '생애최초 주택구입자 지원정책'으로 대출을 받는 사람들에 대해 대출상환액이 소득의 일정 비율을 넘지 않도록 제한하는 '총부채상환비율DTI' 규제를 폐지했고, '주택담보인정비율LTV'도 한시적으로 60%에서 70%로 높여주었다. 이 두 제도는 집값이나 자신의 소득에 비해 너무 많은 돈을 빌렸다가 하우스 푸어로 전락하는 것을 막기 위한 최소한의 안전장치에 해당한다. 그럼에도 상대적으로 젊은 세대인 생애최초 주택구입자들만 이 제도 적용의 예외로 둔 것은 그들을 위한 안전장치마저 없애버린 것과 다름없다.

물론 부모로부터 집을 증여받을 수 있는 일부 부유층 자녀들은 4.1 부동산 대책으로 실질적인 도움을 받을 수도 있다. 저금리로 빚을 내고 집을 사서 일단 증여세를 줄인 뒤, 나중에 부모의 도움으로 빚을 갚아나가는 편법을 통해 조세 회피를 할 수 있기 때문이다. 결국 청년층의 실질 소득을 높여주는 근본적인 해결책 없이 이런 얄팍한 부동산 대책을 남발하는 것은 일부 부유층 자녀에게만 이득을 줄 뿐 대다수 젊은 세대들에게는 하등의 도움이 되지 않는다.

4.1 부동산 대책의 또 다른 정책 방향은 주택 공급을 줄여서 집값 인상을 유도하려는 것이다. 이를 위해 공공분양주택을 한 해 7만 호에서 2만 호 이하로 대폭 축소하고, 민간 주택 착공시기까지 조정하겠다는 반反시장적인 조치까지 나왔다. 하지만 전세나 월세 생활을 하고 있는 대부분의 젊은 세대에게 이런 정책은 치명적이다. 글로벌 금융위기가 일어난 2008년 이후 단 4년여 만에 전셋값은 무려 30%나 폭등했는데, 당장 집값을 다시 올려보겠다고 주택 물량 공급을 줄이면 전셋값 폭등을 막을 기회는 더욱 요원해질 것이기 때문이다.

대출을 얻어 집을 샀는데 그만 집값이 떨어지면서 많은 빚에 시달리게 된 사람들을 위해 정부가 내놓은 이른바 '하우스 푸어' 지원대책의 핵심도 이와 크게 다르지 않다. 하우스 푸어들을 하루빨리 빚에서 벗어날 수 있도록 돕는 것이 아니라 더 많은 빚을 져서라도 집을 팔지 않도록 유도하는 데 그 목적이 있는 탓이다. 정부는 하우스 푸어를 주택보유 희망자와 주택매각 희망자로 구분했는데, 주택보유 희망자에 대해서는 주택담보대출의 상환기간 연장 및 채무조정 등의 각종 지원정책을 통해 당장 집을 팔지 않고도 버틸 수 있게 해주었고, 집을 팔고자 하는 하우스 푸어에게는 부동산투자회사REITs에 자신의 집을 판 다음 임대료를 내고 그 집에서 계속 살 수 있도록 해주었다.

하지만 정부가 노후자금이 필요한 은퇴세대에게 집을 정리하지 않고 버티게끔 유도하는 것은 참으로 위험한 모험이다. 만일 이런 조치로도 집값 하락을 막을 수 없으면 집 하나만 믿고 노후를 계획했던 대다수의 베이비붐 세대는 최악의 상황을 맞이하게 될 것이기 때문이다. 또한 이 같은 정책으로 주거비 비중이 높아지면 은퇴세대는 다른 분야에서의 소비를 더욱 줄일 수밖에 없고, 노인인구가 급증하게 될 가까운 미래에 은퇴세대의 소비가 모두 부동산에 묶인다면 내수시장의 침체가 더욱 가속화될 것은 불을 보듯 뻔하다.

집값 하락을 결코 용인하지 않겠다는 정부의 의지를 더욱 확고히 한 것은 2013년 여름에 나온 '8.28 전월세 대책'이었다. 이 대책의 이름은 '서민·중산층 주거안정을 위한 전월세 대책'이었지만 사실상 기존 주택 보유자들을 위해 집값을 끌어올리려는 의도가 더 강했다. 특히 세수 부족으로 지방자치단체의 재정 상태가 비상인 상황임에도 9억 원이 넘는 고가주택의 취득세를 4분의 1이나 인하한 것은 정부가 집값 상승에 얼마나 목매고 있는지를 보여주는 대표적인 사례다.

가장 파격적인 정책은 주택 매입자에게 1%대의 저금리로 주택 구입자금을 지원하는 것이다. 이 주택자금 지원방안은 수익공유형과 손익공유형으로 나뉜다. 수익공유형은 주택기금에서 집값의 70%까지 연 1.5%의 금리로 최장 20년을 빌리는 대신, 주택을 팔거나 만기가 되었을 때 주택 가격 상승으로 생긴 차익을 주택기금과 공유하는 방식이다. 반면 손익공유형은 집값의 최대 40%까지 연 1~2%로 최장 20년을 빌리고, 주택 가격이 올랐을 때의 차익뿐 아니라 하락했을 때의 손실도 주택기금과 공유하는 방식이다.

정부가 전셋값 폭등으로 신음하고 있는 세입자들을 위해 내놓은 대책이라는 것이 결국은 전세 들지 말고 빚을 내서라도 집을 사라는 것이었다. 더 큰 문제는 젊은 세대의 소득 기반이 그대로인 상태에서 빚을 내서 집을 사게 하는 것은 결국 내일 집을 사려 했던 사람을 오늘 사게끔 유도하는 정책, 즉 현재의 부동산 활성화를 위해 미래의 주택 수요 기반까지 흔드는 위험천만한 정책이라는 점이다.

결국 부모세대인 베이비붐 세대처럼 금융자산은 거의 없이 전 재산을 부동산에 쏟아부은 뒤 정작 쓸 돈이 없어 허리띠를 조여매고 허덕이며 생활해야 하는 것인데, 이렇게 되면 젊은 세대의 소비가 크게 위축되어 경제 전체적으로도 내수시장이 위축되는 부작용을 불러오게 된다. 이것은 황금알을 낳는 거위가 될 젊은 세대의 배를 갈라 기성세대가 그 황금알을 미리 꺼내 쓰겠다는 것과 다름이 없다. 더구나 이처럼 시장을 왜곡하는 정책은 집값 급등기에 정부 정책이 집값 상승을 더욱 부추겼듯이, 오히려 기대한 바와는 다른 반대의 결과를 가져올 가능성이 크다. 이 경우 정부의 정책을 믿고 집을 산 젊은 세대는 평생의 소득을 집에 저당 잡히는 애꿎은 희생양이 되어버린다.

만일 정부의 부동산 정책의 목적이 부동산 값을 다시 끌어올리는 데 있는 것이라면 그 목표는 실패할 수밖에 없다. 집값이 다시 오르려면 적어도 미래세대의 인구가 안정적으로 유지되고 그들의 소득이 지금의 집값을 충분히 감당할 수 있을 만큼 늘어나야 하기 때문이다. 출산율이 떨어지고 임금까지 정체된다면 더 이상 집을 사줄 사람도, 살 수 있는 사람도 없다. 주택시장의 수요 기반이 무너지면 아무리 청년들을 빚더미로 몰아넣어도 집값 추락을 막을 수는 없을 것이다.

정작 부자들은 집을 사고 있을까?

● KB금융지주 경영연구소의 조사 결과, 2012년에 10억 원 이상을 가진 금융자산가는 16만 3000명으로 전년보다 14.8%나 늘어났다. 극심한 경기불황 속에서도 금융자산가가 대폭 늘어난 이유는 부유층이 그만큼 돈을 더 많이 벌어서가 아니라, 부동산 침체가 시작된 이후 부동산을 처분하고 예금이나 채권 등 금융자산으로 보유하는 사례가 급증했기 때문이다.

2013년 하나금융경영연구소는 10억 원 이상의 금융자산가 700명을 대상으로 향후 부동산 투자 계획에 대한 설문조사를 했다. 그 결과 부동산 비중을 줄이겠다고 응답한 비율은 30.6%에 이른 반면, 부동산 자산을 늘리겠다는 응답은 9.2%에 불과했다. 실제로 부자들의 자산 중에서 부동산이 차지하는 비중은 2008년의 51%에서 해마다 지속적으로 줄어들어 2012년에는 45%까지 낮아졌다.

이처럼 부유층이 집을 팔고 현금이나 채권 같은 금융자산으로 갈아타고 있는 상황에서, 정부는 생애 첫 주택 구입을 지원한다는 명목으로 빚을 지고서라도 집을 사라며 청년들의 등을 떠밀고 있다. 만일 부유층의 부동산 매각 추세가 계속된다면 이 같은 정책은 결국 부유층이 비싼 가격에 집을 팔고 나갈 수 있도록 지원하는 셈이 될 것이고, 부동산 가격이 회복되지 않을 경우 청년들은 부동산에 저당 잡힌 인생을 살아가게 될 것이다. ●

빚내서 집 사라고 부추기는 한국 경제의 속사정

우리나라 부동산 시장의 미래를 가늠해볼 때 반드시 참고해야 할 나라가 바로 일본이다. 일본의 인구구조는 25년 정도의 차이를 두고 한국의 그것과 거의 유사하다. 한국에 1955~1964년 사이에 태어난 1차 베이비붐 세대가 있다면 일본에는 군국주의 정권이 인구 증가를 위해 출산장려 정책을 시작한 1929년부터 1938년까지 태어난 베이비붐 세대가 있다. 그때 태어난 일본의 베이비부머들은 당시 인구의 4분의 1이 넘는 2175만 명에 이르렀고, 이들의 풍부한 노동력은 1950년대부터 시작된 고도성장의 원천이 되었다.

1980년대에는 2차 베이비부머 세대인 단카이 세대団塊世代가 경제활동에 가세하면서 일본 경제는 더욱 놀라운 호황을 보였다. 단카이 세대는 제2차 세계대전 직후인 1947년부터 1949년에 태어난 세대로, 그 이후의 다른 세대보다 무려 30%나 출생자 수가 많았다. 이들이 1980년대 안정된 직장을 갖고 자산을 축적해나가면서 1차 베이비부머와 부동산 시장에서 경쟁을 시작하자, 일본의 부동산 시장은 점점 더 과열되면서 가격도 천정부지로 올랐다.

여기에 1985년 플라자 합의Plaza agreement[2] 이후 엔화 가치가 급등하면서 집값 급등에 불을 붙였다. 언제나 수출 위주의 성장전략에만 의존해왔던 일본 정부는 내수경기 진작을 위해 저금리 정책으로의 전환을 결정했지만, 엔화 강세 속에서도 예상외의 수출 호조로 외화가 쏟아져 들어와 시중에는 돈이 넘쳐나기 시작했다. 때마침 일본 정부가 양도소득세 면제 혜택을 늘리는 등 부동산과 관련된 각종 세제혜택을 대폭 확대하자, 갈 곳을 찾지 못하던 많은 돈은 부동산으로 몰렸다. 그 결과 1985년 이후 6년간 일본 주요 도시 상업용지의 땅값은 290%나 뛰어올랐고, 주택용지 가격도 163%의 상승률을 기록했다.

하지만 1989년을 전후해 베이비붐 세대가 은퇴를 시작하자 일본의 경제 상황은 크게 달라졌다. 단카이 세대 이후 일본의 출산율이 급격히 줄어든 탓에 그들이 보유한 자산을 사줄 젊은 세대는 인구가 턱없이 부족했고, 1980년대 거품경제를 거치면서 천정부지로 치솟아버린 값비싼 부동산을 살 수 있을 정도로 소득이 충분하지도 않았기 때문이다.

이런 상황에서 일본이 부동산 값 안정을 위해 1989년부터 13개월간 정책금리를 연 2.5%에서 6%로 인상하자 자산시장은 순식간에 붕괴되기 시작했다. 정부가 부동산업종에 대한 대출증가율을 통제하고, 부동산업자나 건설업자에 대한 각 은행들의 대출상황을 보고하도록 하자 일본 부동산 시장은 한순간에 얼어붙었다. 실제로 일본 주요 도시의 땅값은 1991년부터 지속적인 하락세를 보이면서 2006년까지 15년간 상업용지 가격은 85.2%, 주택용지는 64%나 낮아졌다. 일본의 금리인상과 대출규제는 일본의 인구구조 변화에 따른 부동산 시장의 불황을 몇 년 앞당기는 방아쇠가 되었을 뿐, 사실상 일본의 자산가격 하락은 예정된 일이나 다름이 없었다.

부동산 값 급락으로 다급해진 일본 정부는 1992년부터 경기 부양책을 쏟아내기 시작했다. 1992년부터 1995년까지 일본은 부동산 시장의 붕괴를 막는다며 73조 엔(약 800조 원)이 넘는 막대한 재정을 투입하며 대규모 부양책을 남발했고, 1990년 8월까지 연 6%로 유지했던 정책금리도 1994년까지 연 1.75%로 떨어뜨렸다. 하지만 이미 떨어지기 시작한 일본의 부동산 가격은 그 어떤 부양책으로도 되살리지 못했다.

부동산 가격의 폭락을 근원적으로 막기 위해서는 부동산을 사려는 실질적인 수요를 다시 회복시켜야 했고, 이를 위해서는 청년들의 소득 기반을 지켜주는 것이 가장 중요하고 시급한 일이었다. 하지만 일본 정부는 당장의 집값 하락을 막기 위해 젊은 세대에게 빚을 져서라도 집을 사게끔 유도하는 정책에만 매달렸고, 젊은 세대의 경제적 기반이 무너진 상태에서 이런 정책으로 거둔 것은 모두 단기적 효과뿐이었다. 결국 일본은 경기불황의 근본 원인, 즉 세대 간 경제불균형으로 인한 세대갈등 문제를 해결하려는 시도조차 해보지 못한 채 20여 년의 세월을 낭비한 것이다.

이러한 일본 부동산 시장의 붕괴를 가까이에서 목격하고도 우리는 여전히 안이한 생각에서 벗어나지 못하고 있다. 이명박 정부 말기인 2012년 12월 3일, 기획재정부는 인구구조의 변화가 우리 주택시장에 어떤 영향을 미칠 것인지 분석하는 보고서[3]를 내놓았다. 당시 국민의 관심이 대선에 쏠려 있었기 때문에 대중적인 관심은 끌지 못했지만, 경제 신문들은 이 보고서를 인용해 '(인구 감소가 집값 하락을 가져온다는) 인구 결정론은 허구다'라는 자극적인 제목까지 달아가면서 단정적으로 보도했다. 눈앞으로 다가온 부동산 값 폭락을 애써 부인하며 세대전쟁 진행 과정에 따라 부동산 가격의 향방이 크게 달라진다는 중요한 사실을 간과한 것이다.

기획재정부의 보고서에서 우리나라 주택시장이 침체될 가능성이 크지 않다며 내세운 첫 번째 근거는 '2000년대 중반 우리나라는 각

종 부동산 규제로 주택가격 상승폭을 비교적 완만하게 관리해왔다'
라는 것이었다. 두 번째 근거는 '1인이나 2인 가구가 계속 늘어나면서
2020년까지 40만 호에 이르는 신규 수요가 발생할 것'이었고, 세 번째
는 '수도권 주택보급률이 100%에 못 미친다'는 것이었으며, 마지막 근
거는 '생산가능인구 비중이 줄었다고 해서 모든 나라의 집값이 떨어진
것은 아니다'라는 것이었다. 미국, 영국, 스페인에서는 생산가능인구
비중의 감소와 동시에 부동산 가격이 폭락했지만, 프랑스나 핀란드,
이탈리아, 그리스 등은 생산가능인구가 줄어들 때 집값이 올랐다는 것
이 그 예였다.

기획재정부가 첫 번째 근거로 내세운 것처럼 2000년대 세계적으로
부동산 광풍이 불 때 우리나라가 각종 부동산 규제로 집값 상승폭을
줄여왔던 것은 그나마 다행이다. 그런 규제들 덕분에 부동산 시장의
침체가 금융회사들의 부실로 옮아갈 수 있는 가능성을 조금이나마 줄
일 수 있었기 때문이다.

만일 그 당시 각종 부동산 규제나 부동산 시장 안정을 위한 장치들
을 도입하지 않았다면 지금 우리는 집값 하락세와 더욱 힘겨운 싸움을
하고 있었을 것이다. 다행히 일본처럼 집값 하락의 불씨가 금융회사로
옮겨 붙는 최악의 상황은 면했지만, 이것만으로 우리가 부동산 침체에
빠질 가능성이 사라졌다며 안심하기에는 이르다.

기획재정부가 내세운 두 번째 근거는 앞으로 늘어나게 될 1인 가구
나 2인 가구는 그 거주 방식, 즉 주택소비 방식이 기존세대와는 완전히
달라질 것이라는 사실을 간과했다는 데 문제가 있다. 25년 전 우리와
거의 유사한 인구구조의 변화를 겪었던 일본 주택시장의 변화를 보면

우리 주거환경의 변화를 가늠해볼 수 있다.

일본의 경우에도 1인 혹은 2인 가구가 급증했지만, 같은 1~2인 가구라 하더라도 노년층과 청년층의 주택소비 방식은 완전히 달랐다. 노년층 1~2인 가구는 도심보다 교외에 위치한 집을 선호했기 때문에 그들의 증가는 도시 지역 집값 하락의 원인이 되었던 반면, 청년층의 1~2인 가구는 도심 선호도가 높았기 때문에 도쿄의 1인 가구 비중은 전체 가구의 43%에 육박할 정도로 늘어났다. 하지만 이들 대부분은 낮은 소득 때문에 예전보다 훨씬 작은 면적의 집인 '컴팩트 맨션compact mansion'에 사는 경우가 많았다. 또한 기존 주택을 재활용해 서너 명이 함께 거주하는 코하우징co-housing이나 쉐어 하우스share house 같은 다양한 소형 임대주택도 대거 등장했다.[4] 이 때문에 일본에서 1~2인 가구의 증가는 우리 정부의 기대처럼 집값 상승 요인으로 작용하기보다는 오히려 기존 형태의 집값을 더욱 떨어뜨리는 하락 요인이 되었다.

현재 우리나라에서 나타나고 있는 현상도 일본과 크게 다르지 않다. 2010년 기준 1~2인 가구의 비중은 전체 가구의 48.1%에 이른다. 하지만 1인 가구의 50%는 40m²(12평) 이하의 주택에 살고 있고, 1~2인 가구의 70%가 전·월세 등 임대주택에 살고 있다. 이 같은 변화로 인해 2012년 한 해 동안 공급된 도시형 생활주택 12만 4000세대 가운데 83%가 원룸 형태였다. 소득이 낮은 편인 1~2인 가구가 점점 더 작은 집을 선호하면서 이전과는 주택 개념이 완전히 달라진 것이다.

기획재정부가 집값 하락이 오지 않을 것이라 예측하는 세 번째 근거는 수도권 주택 보급률이 100%에 못 미친다는 사실이다. 하지만 이 같은 주택보급률은 우리나라 부동산 시장의 현실과 동떨어져 있다. 우선 2011년 현재 '신新 주택보급률'로 계산한 수도권의 주택 보급률은 99%다. 100%에서 고작 1%p가 모자란 수치를 집값이 떨어지지 않을 것이라는 기대 요인에 포함시킨 것은 참으로 애처로워 보인다. 더 큰 문제는 '신 주택보급률'이라는 통계가 가지고 있는 한계다. 2008년까지 사용하던 '구舊 주택보급률'로 계산하면 수도권의 주택보급률은 104.9%로 높아진다. 신 주택보급률과 구 주택보급률이 이렇게 큰 차이를 보이는 것은 주택보급률이 떨어지도록 계산 방법을 바꾸었기 때문이다.

2008년 통계청은 주택보급률 산정 방식을 바꾸어, 종전까지 가구 수에 포함하지 않았던 1인 가구를 가구 수에 포함시켰다. 그러나 1인 가구가 늘어나면서 생겨난 여러 가지 새로운 주거 형태는 제대로 포함시키지 않았고, 실제로 1인 가구인 대다수 젊은 세대가 많이 거주하고 있는 곳은 '주택'으로 계상되는 번듯한 아파트 등이 아니라 고시원과 기숙사, 쪽방 등이라는 사실도 간과했다. 그러다 보니 2008년 신 주택보급률이 도입된 이후 주택보급률이 실제보다 훨씬 낮아 보이는 착시 현상이 일어난 것이다. 게다가 실제로 많은 사람들이 주거 수단으로 사용하는 오피스텔이나 하나의 단독 주택에 여러 가구가 세 들어 사는 경우도 제대로 반영하지 못했는데, 이처럼 왜곡된 주택보급률을 집값이 떨어지지 않을 것이라는 근거로 삼는 것은 참으로 불합리한 일이다.

기획재정부가 내세운 마지막 근거는 바로 생산가능인구 비중이 줄어든 나라의 부동산 가격이 모두 하락한 것은 아니라는 점인데, 생산가능인구 비중이 감소했음에도 부동산 가격이 떨어지지 않은 나라들은 어떤 점에서 달랐는지를 이 보고서에서는 전혀 설명하지 않았다. 단지 일부 국가에서 집값이 떨어지지 않았던 사례도 있었으니 한국도 그럴 수 있을 것이라는 주장을 우리나라 경제를 책임지고 있는 경제부처의 분석보고서 내용이라고 하기엔 너무나 안이하고 무책임하다.

실제로 생산가능인구 비중이 줄어드는 것은 그 나라의 경제를 침몰시킬 수도 있는 매우 치명적인 일이다. 특히 그것이 부동산 시장에 미치는 영향은 직접적이고 강력하기 때문에 일본이나 미국, 영국 등 주요 선진국들에서 부동산 값 하락 현상이 나타난 것이다. 그렇다면 이러한 악재 속에서도 프랑스나 핀란드, 그리스 같은 국가에서 부동산 값이 올랐던 이유는 무엇일까?

생산가능인구 비중 감소에도 주택가격이 올랐던 나라들의 공통점은 바로 유럽 국가라는 점이다. 그런데 유럽 국가들의 부동산 가격 변화를 개별 국가의 생산가능인구 비중만으로 단순하게 분석해서는 안된다. 1990년대부터 유럽 국가들의 경제통합이 이루어지자 한 나라의 자본이 다른 나라 부동산에 자유롭게 투자될 수 있었기 때문이다. 따라서 유럽 국가의 부동산 가격을 분석하려면 개별국가보다 유럽 전체의 생산가능인구 비중의 변화를 살펴보는 것이 더 중요하다.

예를 들어 2008년 글로벌 금융위기 이전 그리스가 극심한 부동산 버블 현상을 겪게 된 것은 1999년 유로화 도입과 자본시장 통합의 영향때문이었다. 그리스처럼 국가신용도가 낮은 나라가 유로화를 도입하자 해외 자본이 물밀듯이 몰려들었고, 그 여파로 금리가 급락하면서 너도나도 돈을 빌려 부동산 투자에 나서는 바람에 부동산 값이 급등했던 것이다. 이처럼 유럽연합 안에서 국가 간 자유로운 자본의 이동으로 그리스의 집값이 폭등한 것을 두고 생산가능인구가 감소해도 집값이 오를 수 있는 예로 간주하는 것은 매우 위험한 시각이다.

독일도 생산가능인구 비중의 감소 속에서 부동산 값이 오르고 있는 대표적인 나라 가운데 하나다. 그런데 독일은 집값을 올리기 위해 부동산 부양책을 쓴 적이 없고, 오히려 연방정부와 지방정부가 청년층과 서민들의 주거 안정을 위해 임대주택 보급에 앞장서왔다. 현재 독일에서는 전체 주택 가운데 3분의 1이 넘는 36%가 민간 임대주택이고, 저소득 임대주택 거주자를 위해서는 주택수당까지 지급하고 있다.

그런데도 독일에서 집값이 오르고 있는 이유는 끊임없이 청년층을 지원함으로써 다른 어떤 나라보다 젊은 세대의 경제적 기반을 튼튼하게 구축했기 때문이다. 독일의 기성세대는 미래세대를 끌어안기 위해 노력했고, 기성세대의 이러한 지원을 받은 젊은 세대는 독일의 튼튼한 소비 기반이 됨과 동시에 자산가격을 올리는 주체도 되고 있는 것이다. 이 같은 선순환 구조는 독일 경제가 전 유럽에서 가장 강력하고 튼튼한 기반 위에서 성장하게 된 계기가 되었다.

이처럼 일부 유럽 국가에서 생산가능인구 비중이 감소했음에도 부동산 가격이 붕괴되지 않은 것은 특별한 배경과 세대 간 갈등을 극복하려는 정부의 노력이 성공을 거두었기 때문이라는 점을 결코 간과해서는 안 된다. 그런데도 그것은 배제한 채 예외적인 나라가 있다는 이유만으로 우리나라의 집값 하락 우려를 희석시키려는 기획재정부의 보고서는 지금 세대전쟁으로 치닫는 한국 경제의 위기 상황을 얼마나 안이하게 판단하고 있는지를 여실히 보여준다.

젊은 세대의 인구 증가와 소득 기반의 확충 없이 단지 그들이 빚을 지고 집을 사도록 유인하고 후원하는 방식으로 부동산 가격을 끌어올리려는 정부의 시도는 반드시 실패할 것이다. 기성세대가 자신들의 부동산 가격을 지키고자 청년들을 빚더미로 몰아넣는 세대전쟁을 일으킨다면, 그 빚더미는 젊은 세대를 파괴한 뒤 곧바로 기성세대에게 부메랑처럼 돌아와 그들의 자산가치마저 처참하게 붕괴시킬 것이다.

금융위기 극복을 위한 스웨덴의 비상 대책, 청년복지

세계 최고의 복지국가라고 불리는 스웨덴도 역사에 남을 만한 금융위기를 겪은 적이 있었다. 1980년대 당시 세계를 휩쓸었던 신자유주의 물결에 동참한 스웨덴 정부는 금융산업과 관련된 각종 건전성 규제를 철폐했는데, 그 결과 금융회사들이 무분별한 대출 경쟁에 나서면서 부실대출이 크게 늘어났다. 또 정부는 각종 부동산 관련 세금을 공격적으로 인하하고, 주택담보 대출이자에 대한 소득공제를 80%까지 확대했다. 이는 집을 사기 위해 돈을 빌린 사람들에게 집을 사지 않은 사람들의 세금으로 보조금을 준 것이나 마찬가지였다. 이 같은 신자유주의적 정책에 힘입어 스웨덴 사람들은 너도나도 은행에서 대출을 받아 부동산을 사기 시작했고, 그 결과 집값은 1984년 이후 단 6년 만에 62.8%나 뛰어올랐다.[5] 스웨덴에서 이처럼 집값이 크게 상승한 적은 이때가 처음이었다.

그런데 1985년 이후 가계대출이 4년 만에 두 배로 늘어나자, 당황한 스웨덴 금융당국은 곧바로 긴축정책에 들어갔다. 스웨덴 정부는 주택관련 대출이자에 대한 소득공제 혜택을 40%로 줄였다. 때마침 독일 통일에 따른 독일 정부의 재정지출 확대로 전 세계적으로 금리가 높아지면서 스웨덴 금리도 급등하기 시작했다. 이 같은 금리 인상은 거품이 가득했던 스웨덴 부동산 시장에 치명적인 결과를 가져왔다. 집값이 급락하면서 담보로 잡았던 집값보다 대출금이 훨씬 더 커지자 무리한 대출로 집을 샀던 사람 중에서 빚을 갚지 못하는 사람들이 속출했다. 이는 결국 금융부실로 파급되었고, 부동산 담보대출을 해준 스웨덴 7대 은행의 손실규모는 GDP의 12%에 이를 만큼 불어났다.[6] 더불어 1992년 8월 연 13%였던 시장 금리가 9월에는 연 82%까지 상승하는 등 자금시장은 극도의 혼란 상태에 빠졌다.

이처럼 스웨덴도 일본처럼 부동산 거품이 붕괴되면서 최악의 금융위기를 겪었지만, 그 위기를 극복하기 위한 스웨덴의 비상 대책은 일본과 완전히 달랐다. 그리고 그 접근 방법의 차이는 경기회복 속도는 물론 부동산 시장의 방향까지 송두리째 바꿀 만큼의 엄청난 결과로 나타났다.

20년이 넘는 장기불황을 겪고도 아직까지 좀처럼 경제가 살아나지 않고 있는 일본과 달리, 스웨덴 경제는 위기에서 빠른 속도로 회복되었다. 부동산 가격 또한 일본이 1990년 이후 20여 년 동안 줄곧 하향세를 보인 반면 스웨덴의 경우에는 2000년 이후 빠르게 증가했고, 2008년 글로벌 금융위기에도 아랑곳하지 않고 계속 오름세를 보이고 있다. 도대체 위기를 극복하려 했던 두 나라의 정책이 어떻게 달랐기에 이렇게 큰 차이를 보이는 것일까?

1991년 이후 스웨덴은 정부의 신속한 시장 개입으로 금융부실의 여파를 최소화하고 빠르게 위기를 극복해나갔다. 1992년 9월에는 주식을 제외한 모든 채권에 대해 지급을 보장하는 은행지원보증Bank Support Guarantee 정책을 내놓았다. 은행들이 파산 위기에 몰리자 스웨덴 정부는 대규모 공적자금을 투입하고 주요 은행을 국유화했고, 그 과정에서 부실대출로 금융위기를 불러온 은행의 주주들에게 철저히 그 책임을 물었다. 또한 국유화 과정에서 대주주들이 공적자금 투입의 혜택을 보지 않도록 배제함과 동시에 국유화에 들어간 공적자금과 동일한 금액을 대주주들이 은행에 출자하도록 강제했다. 이처럼 스웨덴 정부는 과감하고 신속한 조치와 책임 규명을 통해 금융 시스템을 신속하게 안정시키는 데 성공했다.

결정적으로 그들은 심각한 경제위기 속에서도 결코 젊은 세대를 위한 실업대책과 각종 복지제도를 포기하지 않았다. 경제위기를 넘어서는 확실한 해법은 결국 일자리가 늘어나 소득 흐름이 정상화되고 내수 시장이 살아나는 데 있으므로 단순히 금융시스템 안정만이 능사는 아니다. 이런 선순환을 이끌어내지 못한다면 멕시코나 남유럽 국가들처럼 금융위기가 반복적으로 찾아오거나 일본처럼 저성장에 늪에 빠지고 마는 것이다.

이를 잘 알고 있었던 스웨덴 정부는 막대한 공적자금으로 재정적자 부담이 크게 늘어난 긴박한 상황 속에서도 오히려 실직자들에 대한 지원을 강화했다. 실업자들의 소득이 일정수준 이하로 떨어지지 않도록 지원하고, 적극적인 구직 알선과 근로자 재교육을 통해 빠른 시간 안에 노동시장으로 복귀할 수 있는 길을 열어주었다. 덕분에 실직자들은 새로운 분야에 조기 재취업함으로써 자신의 노동생산성을 유지할 수 있었고, 그들의 소득이 유지되니 스웨덴 내수시장 역시 빠르게 회복할 수 있었다. 이 같은 복지투자를 통해 스웨덴 정부는 생산, 소비, 금융이 모두 선순환을 이루는 탄탄한 경기회복 국면을 만들어낼 수 있었던 것이다.

더 놀라운 일은 스웨덴 정부가 심각한 금융위기로 재정난을 겪는 중에도 출산율을 높이기 위한 정책을 더욱 강화했다는 점이다. 1960년대까지 스웨덴의 합계출산율은 2.32명으로 높은 편이었지만 1970년대부터는 점차 감소하더니 1985년에는 1.65명으로 줄어들었다. 이처럼 출산율이 크게 하락하자 스웨덴에서는 당장 출산율 제고 정책을 써야 한다는 목소리가 커졌다. 스웨덴 경제의 장기적 안정을 위해서는 그 무엇보다 출산율이 중요하다는 인식이 이미 확산되어 있었던 것이다.

하지만 1991년 금융위기가 시작되자 막대한 예산이 들어가는 출산율 제고 정책은 물 건너간 것처럼 보였다. 당장 경제위기가 코앞에 닥친 상황에서 20년 후의 경제를 위해 국가재정을 투입한다는 것은 결코 쉽지 않은 일이다. 그럼에도 스웨덴은 미래세대를 위해 재정지출을 확대하겠다는 놀라운 용단을 내렸다. 그리고 경제위기가 한창 진행되던 1991년, GDP의 1%가 넘는 재정을 투입해 공공보육 시설을 확대하고 보편적인 무상보육 체제를 확립했다.[7] 현재 스웨덴의 공립 보육시설의 비중은 75%로, 국·공립 보육시설이 전체의 5.2%에 불과한 우리나라의 열네 배가 넘는다.

육아휴직을 철저히 보장한 것도 출산율을 높이는 데 도움이 되었다. 스웨덴 정부는 자녀가 여덟 살이 될 때까지 부모 모두를 합쳐 최고 480일까지 육아휴직이 가능하도록 규정했고, 그중 2개월은 아빠가 반드시 사용하도록 함으로써 남성의 육아 참여를 유도했다. 육아휴직의 사용 시기와 방법 또한 온전히 개인의 선택에 맡겼기 때문에 부모들은 반나절씩 사용하거나 휴가와 함께 묶어서 사용할 수도 있다. 또한 육아휴직 기간의 첫 390일 동안에는 소득의 80%까지 받을 수 있도록 보장해주었다.

더불어 16세 이하의 자녀가 있는 경우에는 한 명당 1050스웨덴크로나SEK, 우리 돈으로 18만 원 정도의 양육수당을 매달 지급하는데, 16세가 넘어도 고등학교와 대학에 진학하면 20세가 되는 해의 6월까지 계속 지급된다. 자녀가 둘 이상이면 추가적으로 대가족 수당이 나오는데, 이 수당은 아이가 둘일 때 150크로나(약 2만 5000원)로 시작하고 자녀가 다섯 명이면 2864크로나(약 49만 원)까지 늘어난다. 따라서 자녀가 다섯 명인 가족은 대가족수당과 각 자녀당 양육수당을 합쳐 매달 8114크로나(약 140만 원) 정도를 받을 수 있다.[8] 자녀가 있는 가정에는 현재 살고 있는 주택의 가격을 고려해 자녀수에 따라 일정액의 주택수당까지 지급한다. 이 같은 강력한 출산 지원 정책으로 1999년 1.5명까지 떨어졌던 스웨덴의 출산율은 극적으로 올라 2010년에는 1.98명으로 늘어났다.

이처럼 1990년대 초반에 겪었던 금융위기 이후 스웨덴은 다른 사회복지 지출은 줄였지만 청년층과 미래세대를 위한 복지 지출은 미래경제를 위한 가장 중요한 투자로 생각하여 오히려 대폭 강화했다. 그리고 이 같은 정책기조가 효과를 발휘해, 1990년대 중반부터 스웨덴은 경제위기를 극복하고 경제성장률도 서서히 회복되기 시작했다.

젊은 세대를 위한 스웨덴 정부와 기성세대의 노력은 이것만이 아니었다. 1998년 스웨덴은 젊은 세대에게 매우 불리한 국민연금 체제를 대대적으로 개혁해 청년층의 부담을 크게 줄여주었다. 기존에는 기성세대가 자신이 낸 것보다 더 많은 연금을 수급하는 체제였기 때문에 젊은 세대는 자신의 노후 준비뿐만 아니라 노년층의 국민연금까지 부담해야 하는 이중고를 겪고 있었다. 그런데 스웨덴은 국민적 합의하에 기성세대도 자신이 낸 만큼만 받아가는 체제로 국민연금을 개혁한 것이다. 특히 인구 감소 등으로 국민연금 적자 요인이 생기면 자동으로 지급액이 줄어들도록 설계했고, 대신 연금소득이 너무 낮은 사람에게는 세금으로 일정액의 노후소득을 보장하는 '최소보장연금'을 도입하여 노인빈곤 문제에도 대비했다.

스웨덴의 합리적인 실업급여 체계도 젊은 세대를 지키는 파수꾼 역할을 하고 있다. 스웨덴은 실직하기 직전 급여의 65~70%를 실업급여로 지급한다. 이렇게 높은 실업수당을 보장하는 대신, 실업 상태에서 두 번 이상 일자리 제의를 거절하면 실업수당을 삭감해 장기실업 상태에 빠져드는 것을 방지했다. 이처럼 효율적이고 든든한 실업 정책은 실직한 근로자들이 빈곤층으로 전락하는 것을 막아 경제위기 속에서도 내수시장을 지키는 방파제가 되었다.

이와 같은 사회복지투자 덕분에 스웨덴은 글로벌 금융위기 직후인 2009년의 경제성장률이 -5.3%까지 떨어졌지만, 이듬해인 2010년에는 5.3%의 경제성장률을 기록하면서 세계적으로 가장 빨리 경제위기를 극복한 나라 가운데 하나로 손꼽히고 있다. 또한 글로벌 금융위기 이후 대부분 국가의 집값이 크게 떨어진 것과 달리, 스웨덴에서는 별다른 부동산 부양책 없이 집값이 안정적으로 유지되었다. 스웨덴이 경제위기 속에서도 높은 집값을 유지할 수 있었던 이유는, 바로 미래세대를 지키는 스웨덴 특유의 세대 간 화합과 협력에 있었다.

스웨덴의 노인인구 증가 속도는 상당히 빠른 편이다. 하지만 출산율 회복에 힘입어 미래세대가 지속적으로 늘어나고 있기 때문에, 다른 나라보다 고령화 문제를 쉽게 극복할 수 있는 기반이 마련되어 있다. 젊은 세대가 많아지면 장기적으로 노인층을 위한 재원 확보가 용이해져, 결국 스웨덴의 은퇴세대도 보다 나은 노후복지 혜택을 받을 수 있게 된다. 결국 젊은 세대를 위한 복지제도는 경제위기 속에서 청년층을 지켜주었을 뿐만 아니라 기성세대의 노후까지 더욱 든든하게 만드는 놀라운 성과를 가져온 것이다.

물론 스웨덴 경제에도 그늘은 있다. 가장 큰 문제는 청년실업률이다. 스웨덴의 전체 실업률은 7.8%에 불과하지만 청년실업률은 23.4%에 이른다. 1970년 청년실업률 문제가 심각하지 않았을 때 만들어진 고용안정법에 따라, 기업의 구조조정이 필요할 경우에는 더 젊은 사람들부터 해고하도록 했기 때문이다. 하지만 스웨덴은 청년 실업자들을 위한 강력한 사회복지 제도를 통해 이러한 법의 허점을 보완하고 있다.

스웨덴이 경제위기 속에서도 미래를 내다보고 이렇게 청년들을 위한 정책을 펼 수 있었던 배경에는 스웨덴 최고의 경제학자인 군나르 뮈르달Gunnar Myrdal과 그의 아내 알바 뮈르달Alva Myrdal의 역할이 컸다. 뮈르달 부부는 이미 1934년에 『인구문제의 위기Crisis in the Popuation Question』⁹라는 저서를 통해 스웨덴이 앞으로 출산율 저하에 시달릴 것이며, 이는 국가생산성을 떨어뜨려 경제성장률을 추락시킬 것임을 예견했다. 그리고 이 같은 출산율 저하에 따른 경제위기를 막으려면 무엇보다 청년과 가족을 위한 사회복지 시스템을 개혁해야 한다고 주장했다.

뮈르달 부부는 양육비와 집값의 상승으로 가까운 미래에 젊은 부부가 아이를 낳기를 꺼려할 것이라고 내다보고, 아이를 키우는 젊은 세대를 위한 각종 복지투자를 강화해 출산을 장려해야 한다고 주장했다. 그중의 핵심은 무상급식과 양육 및 보육수당, 아동수당, 주거비 지원이었다. 특히 무상 공공보육 기회를 늘리면 여성의 노동시장 참여가 크게 증가해 경제 전체의 활력을 높이는 데 큰 도움이 될 뿐만 아니라, 자녀들도 어렸을 때부터 단체생활을 경험해 교육적 효과가 매우 높을 것이라고 생각했다.

그들의 주장에서 가장 주목할 만한 한 가지는 '출산율 제고를 위한 지원정책이 소수의 빈곤계층에만 집중된다면 그 효과가 떨어진다'라는 것이다. 뮈르달 부부는 전 국민을 대상으로 아이를 낳도록 유도해야 인구유지 효과가 있기 때문에, 출산율 제고를 위한 사회복지 정책은 선별적이 아닌 보편적인 것이어야 한다고 주장했다. 1930년대 당시 스웨덴의 출산율이 지금에 비해 매우 높았던 것을 생각하면 그들의 혜안은 정말 놀라운 것이었다. 뒤늦게 그들의 선구적인 혜안을 인정한 노벨상 위원회는 40년이 흐른 1974년에야 귄나르 뮈르달에게 노벨 경제학상을 수여했다.

80년 전에 미래를 내다본 뮈르달 부부와 달리, 한국은 현재 합계출산율 1.3명으로 세계 최하위를 기록하고 있는 상황에 봉착해 있음에도 그 심각성을 깨닫지 못하고 사실상 두 손을 놓고 있다. 출산율이 2.0명 이상으로 비교적 높았을 때부터 저출산을 걱정하며 출산장려 정책을 펼치기 시작한 프랑스나 스웨덴에 비해 우리 정부의 대응은 늦어도 한참 늦었다. 그도 모자라 이제 기성세대의 풍요로운 노후를 위해 젊은 세대의 초라한 호주머니를 터는 세대전쟁까지 벌이고 있다. 우리가 뮈르달 부부의 지혜를 깨닫지 못하고 앞으로도 세대전쟁을 지속하여 미래세대를 위축시킨다면, 머지않아 우리 경제는 참담한 결과를 피하지 못할 것이다.

세대전쟁의 주범들 2 : 흔들리는 국민연금

한국인의 '자식 사랑'은 세계 어디에 내놔도 뒤지지 않을 정도로 유별나다. 2013년 2월, 박근혜 정부가 출범하면서 처음 발표한 17인의 장관 후보자 중 일곱 명은 자녀에게 재산을 물려주는 과정에서 증여세를 회피하거나 편법을 썼다는 의혹이 제기되어 후보 청문회에서 곤욕을 치러야 했다.

한 장관 후보자는 1986년 8세였던 아들 이름으로 10만m²가 넘는 땅을 사고 증여세를 내지 않았다가 장관 후보자가 되자 그제야 27년 만에 52만 원의 증여세를 납부했다. 그는 또 두 아들에게 공동으로 아파트를 증여한 뒤 다시 그 집에 전세 입주하는 방식으로 증여세를 회피했다는 의혹도 제기되었다.

또 다른 장관 후보자는 넘치는 '딸 사랑'으로 눈총을 받았다. 그는 2005년 실거래가가 15억 원이었던 아파트를 딸에게 증여한 뒤, 딸로 하여금 3억 원을 대출받게 하는 방법으로 증여세를 줄였다는 의혹을 받았다. 증여세를 포탈한 것이 아니냐는 비난이 쏟아지자 그는 '딸이 스스로 자립하도록 교육적 차원에서 3억 원의 빚이라도 지게 한 것'이라고 답변했다가 대중의 빈축을 샀다.

사실 '부富의 대물림을 위한 편법'뿐 아니라 '자녀의 병역 기피 의

혹' 등 장관 후보 청문회에서 문제시되는 것들 중 상당수는 과도한 자식 사랑에서 비롯된 경우가 많다. 이렇게 끔찍이 자식을 사랑하는 것은 비단 장관 후보자만이 아닌 우리 국민들 모두의 이야기이기도 하다. 미혼 자녀 두 명을 둔 가구의 소비지출에서 가장 큰 비중을 차지하는 것은 바로 교육비로, 소득의 무려 17%나 되었다. 자녀를 다 키워놓은 세대도 자녀의 결혼 비용, 주거 비용을 대느라 정작 자신의 노후 준비조차 제대로 못하고 있기는 마찬가지다.

그런데 이처럼 자식에 대한 사랑이 각별하고 그들을 위해서라면 기꺼이 희생하는 우리나라임에도, 자녀세대를 위한 복지투자에는 참으로 인색하다. 고령층을 위한 복지 지출에는 비교적 관대한 것과 달리 젊은 세대의 복지를 위한 투자는 꺼리는 기현상이 계속되고 있다.

하지만 청년을 위한 복지는 우리 기성세대의 노후를 지키는 버팀목을 만드는 가장 효율적인 투자라고 할 수 있다. 장관들이 자신의 자식을 끔찍이 아끼는 마음으로 대한민국의 미래세대를 위한 지원에 나선다면 그들은 강건한 대한민국 경제를 이끌게 될 것이고, 기성세대 또한 자녀를 아끼는 마음을 청년 전체로 조금만 더 넓힌다면 훨씬 더 나은 노후생활을 영위할 수 있을 것이다.

누구를 위한 국민연금인가

2012년까지 베이비붐 세대에게 큰 인기를 끌었던 재테크 수단 중 하나는 국민연금이었다. 연금이 곧 고갈되어 나중에 제대로 수급받지 못할 수 있다는 항간의 우려도 있었지만 의무가입 대상이 아닌 사람들까지도 앞다투어 가입한 덕분에, 자발적으로 국민연금에 가입해 보험료를 내는 국민연금 '임의 가입자'는 2008년 2만 7600여 명에서 단 4년 만인 2012년에 일곱 배가 늘어 20만 명을 돌파했다. 당시 국민연금공단 이사장은 '노후준비 수단으로서 국민연금의 장점이 널리 알려진 결과'라며 자축했다.

사실 국민연금에 임의가입자가 몰린 이유는 저금리 시대에 그만한 재테크 수단이 없기 때문이었다. 국민연금에 임의로 가입해 최소금액인 8만 9100원을 10년간 내면 65세부터는 평생 월 16만 5500원을 받을 수 있다. 게다가 물가가 오르면 수령액도 늘어난다. 민영 연금과 비교해보면 이 같은 연금 수령액이 얼마나 많은 것인지 쉽게 알 수 있다.

만일 2013년 5월의 공시이율을 기준으로 민영 보험사의 개인연금에 가입해 똑같이 10년간 8만 9100원의 보험료를 납부한다면 65세부터 한 달에 고작 4만 6000원 정도만을 받을 수 있다. 더구나 아무리 물가가 올라도 민영 보험사의 개인연금액은 오르지 않는다. 이 경우 물가가 한 해에 2%만 오른다고 가정해도 국민연금이 민영 연금보다 최소 다섯 배 이상의 수익률을 낼 수 있는 셈이다.

더구나 의무적으로 국민연금에 가입해야 하는 '당연 가입자'는 자신의 소득액에 따라 강제적으로 연금보험료가 결정되는 반면, '임의 가입자'는 자신의 마음대로 가입금액을 선택할 수 있다. 국민연금이 저소득층에게 유리하도록 누진적으로 설계되어 있는 만큼, 임의 가입자는 가입금액을 조절해 자신에게 가장 유리한 수익률을 택할 수 있는 것이다. 이 때문에 국민연금 임의가입 체계는 자산은 비교적 많지만 소득이 없는 조기은퇴자나 가정주부 등에게 매우 유리하다고 할 수 있다.

그런데 민간연금보다 최대 다섯 배 이상 더 많이 주는 후한 국민연금 구조는 아무리 생각해도 이해가 가지 않는다. 도대체 무슨 재주로 국민연금은 낸 돈보다 훨씬 더 많은 노후연금을 지급할 수 있는 것일까? 이처럼 높은 수익률을 자랑하는 국민연금에는 바로 젊은 세대와 아직 태어나지도 않은 미래세대의 주머니를 털어 베이비붐 세대의 연금을 채우는 세대 간 불공정 구조가 숨어 있다.

2013년 국민연금연구원은 '국민연금 세대 간 회계'[i] 보고서를 내놓았다. 그 결과 2008년 현재 80세인 국민연금 가입자는 자신이 낸 돈의 10.8배에 이르는 국민연금을 받는 것으로 나타났다. 나이가 젊을수록 그 비율이 조금씩 떨어지면서 60세는 자신이 낸 돈의 3.6배를 받아가고 40세는 2.2배, 18세는 2.0배로 떨어진다. 즉, 납부자의 나이에 따라 받는 연금액의 차이가 큰 것이다.

이를 수익률 측면에서 살펴보면 80세인 국민연금 가입자는 연평균 47.9%의 수익률을 기대할 수 있다. 지금처럼 은행 예금금리가 2%대까지 떨어진 상황에서 47.9%는 놀라운 수익률이 아닐 수 없다. 세계적 투자자인 워런 버핏Warren Buffett의 평생 수익률이 24%였던 것을 감안하면, 국민연금에 가입한 한국의 80대는 그의 두 배에 가까운 수익률을 올리고 있는 셈이다. 그러나 60세인 국민연금 가입자의 연평균 수익률은 16.8%로 떨어지고 40세는 8.2%, 18세는 6.5%로 추락한다.

이처럼 우리나라의 국민연금은 지금의 젊은 세대와 앞으로 태어날 미래세대에게 매우 불리한 구조로 되어 있다. 나이에 따른 국민연금 수급 조건이 한국처럼 이렇게 짧은 시간 동안 빠르고 지속적으로 악화되는 나라는 없었다. 우리나라의 국민연금이 이렇게까지 심각한 세대 간 불균형을 야기하게 된 이유는 처음부터 현 세대에게만 유리하게 설계되었기 때문이다.

국민연금은 1988년 1월 전두환 대통령 재임 당시 출범했다. 그런데 미래를 내다보지 않고 너무나 후하게 설계한 나머지, 당시 국민연금 가입자들은 상여금을 뺀 월 급여에서 소득의 3%만 내면 60세 이후 평생 동안 70%를 받을 수 있었다. 쉽게 말해 급여가 한 달에 100만 원인 근로자가 매달 3만 원을 내면 60세부터는 평생 매달 70만 원씩을 받게 되는 구조였던 것이다. 이처럼 말도 안 되는 국민연금 체계는 굳이 복잡한 계산을 하지 않아도 얼마나 허황된 것이며, 미래세대의 주머니를 털어 현 세대에 지급하는 방식이 아니고서는 도저히 유지될 수 없는 체계임을 쉽게 알 수 있다. 출범 당시의 국민연금 구조는 정치권의 인기 영합주의를 뜻하는 '포퓰리즘populism'의 극치였던 셈이다.

이후 김영삼 대통령이 1993년에 이를 총액 기준으로 월 급여의 6%를 내는 구조로 바꾸었고, 김대중 대통령은 1998년에 이를 9%로 인상하고 노후연금 지급액을 소득의 70%에서 60%로 낮추었다. 뒤이어 노무현 대통령은 '더 내고 덜 받는' 개혁을 추진했다. 하지만 '더 내는' 개혁안은 여론에 밀려 실패하고, 우여곡절 끝에 2007년 노후연금 수령액을 40%까지 점진적으로 낮추는 반쪽짜리 국민연금 개혁이 이루어졌다. 이 같은 지속적인 개혁 과정에서 기존 국민연금 가입자의 기득권을 인정해주었기 때문에, 국민연금 가입자의 나이가 어릴수록 손해를 보는 구조가 고착된 것이다.

이처럼 청년세대의 호주머니를 털어서 노후연금을 지급하는 지금의 국민연금 구조를 2060년까지 그대로 방치한다면, 기성세대가 자신의 소득의 9%를 연금보험료로 내고 있는 지금과 달리 미래세대는 그보다 무려 2.5배나 많은 23%를 연금보험료로 내야 한다.

더구나 미래세대가 국민연금 보험료를 지금의 2.5배만 내도 될 것이라는 희망 섞인 기대는 앞으로 우리나라의 합계출산율이 1.42명으로 크게 높아질 것을 가정했을 때만 가능하다. 하지만 한국처럼 출산율 저하 문제에 두 손을 놓고 있는 나라에서 자연스럽게 출산율이 획기적으로 높아진 경우는 세계적으로 거의 없었다. 게다가 29세에서 33세까지 주요 출산연령으로 진입하는 인구마저 지속적으로 줄어들고 있기 때문에, 앞으로 우리나라의 합계출산율이 획기적으로 늘어날 희망은 거의 없어 보인다.

우리가 이렇게 출산율을 높이는 데 실패한다면, 미래세대는 우리보다 서너 배 이상 많은 국민연금보험료를 내게 될 것이다. 이렇게 국민연금의 세대 간 불평등 구조가 계속 유지된다면 결국 우리 경제에서 치열한 세대전쟁은 피할 수 없는 결과다. 앞으로 일어날 세대 간 전쟁을 막으려면 지금 당장 미래세대의 부담을 덜어주기 위한 대대적인 국민연금개혁에 나서야 한다.

연못 안의 고래 신세가 된 국민연금기금

우리나라의 국민연금기금은 2013년 2월에 400조 원을 돌파해, 이제 일본과 노르웨이에 이어 세계 3위 수준으로 커졌다. 게다가 우리나라는 국민연금기금이 어떤 나라보다도 빠르게 늘어나고 있기 때문에, 향후 20년 안에 일본을 제치고 세계 최대 규모의 연금기금을 갖게 될 것이다. 하지만 이것이 반드시 자랑스러운 사실만은 아니다. 경제 규모에 비해 비대한 국민연금기금은 우리 경제에 큰 부담으로 작용하기 때문이다.

국민연금 추계위원회는 국민연금기금이 2043년에 2561조 원이라는 천문학적인 금액을 기록했다가, 17년 뒤인 2060년에는 완전히 고갈될 것으로 내다보고 있다. 하지만 이런 예상은 매우 낙관적인 전망이다. 합계출산율이 지금보다 높은 1.42명으로 늘어날 것이라고 가정한 데다 국민연금기금 운용수익률을 3년 만기 우량기업의 회사채 수익률보다 10%나 높은 수준으로 계산했기 때문이다.

우리나라의 경제성장 속도는 점점 더 둔화되고 있는 데다가 자산 가격이 하향 안정세를 보이고 있는 만큼, 금융위기가 오지 않는 상황에서는 장기적으로 금리가 내려갈 가능성이 크다. 고령화가 가속화되면 소비는 더 줄어들 것이고, 이런 상황에서는 기업이 투자할 곳이 사라져 금리는 더욱 내려가게 된다. 그런데 금리가 1%p만 낮아져도 국민연금기금의 고갈 시기는 5년이나 앞당겨진다. 때문에 우리나라의 금리가 일본과 비슷한 수준으로 낮아진다면 국민연금은 2040년에 고갈될 수도 있다.

경제성장률이나 출산율이 조금만 낮아져도 국민연금의 고갈 시기는 훨씬 앞당겨진다. 실제로 2012년 국회 예산정책처가 내놓은 '국민연금 장기 지속가능성 확보방안'에서는 지금의 국민연금 제도가 그대로 유지된다면 2041년에 재정수지 적자가 발생하고, 2053년에 기금이 고갈될 것이라고 분석했다. 불과 1년 전에 나온 국회 예산정책처의 고갈 시기 예측치가 국민연금 추계위원회의 낙관적인 전망보다 무려 7년이나 더 앞당겨진 것이다.

게다가 국민연금기금은 좀처럼 달성하기 어려운 수준의 높은 목표 수익률을 정하고 위험한 투자에 적극적으로 나서고 있다. 2013년 국민연금기금 운용위원회는 2014년부터 2018년까지 기금운용의 목표 수익률을 6.1%로 정했는데, 이는 시중 금리의 두 배에 가까운 높은 수익률이다.

그리고 이 같은 목표수익률을 달성하기 위해 부동산 등 대체 투자와 주식투자 비중을 대폭 확대하기로 함에 따라, 우선 국내 주식투자 비중을 2012년 말의 18.8%에서 2018년 말에는 20%까지 높이기로 했다. 겨우 1.2%p 차이지만 국민연금기금이 빠른 속도로 불어나고 있는 것을 감안하면, 이는 앞으로 천문학적인 규모의 주식투자가 추가적으로 이루어질 것임을 뜻한다.

즉, 2012년 말 73조 원이었던 국내 주식투자 규모가 2018년까지 133조 원으로 불어나는 것이다. 이는 현재 코스피KOSPI 시장의 전체 시가총액인 1155조 원의 11.5%나 되는 금액으로, 증시의 향방을 좌우할 만큼 엄청난 규모다. 더구나 주식투자 비중을 지금과 같이 유지한다면, 2042년에는 국민연금의 국내 주식투자 총액은 500조 원까지 불어나게 된다.

국민연금이 주식투자 규모를 늘려가는 동안 주식시장에 왜곡이 생기긴 하겠지만, 당장은 큰 문제가 되지 않을 것이다. 문제는 국민연금기금이 줄어드는 2040년대부터 생긴다. 이때 국민연금이 주식시장에서 돈을 빼내기 시작하면 주식시장 안정성에 큰 위협이 될 것이기 때문이다.

국민연금의 주식투자 규모는 워낙 크기 때문에 조금만 팔기 시작해도 국내 주식시장은 말 그대로 녹아내릴 가능성이 높고, 주가가 떨어지면 국민연금기금의 자산은 더 빠르게 줄어들어 국민연금이 더 많은 주식을 내다팔아야 하는 악순환이 시작된다. 그러므로 국민연금은 주식투자를 늘리기에 앞서 당연히 그 출구전략을 동시에 고민해야 한다.

채권시장에서 국민연금에 대한 의존도가 점점 높아지고 있는 점도 문제다. 국민연금은 전체 기금의 60%를 채권시장에 투자할 계획이다. 현재 우리나라 전체 채권시장에서 국민연금이 차지하는 비중은 15%에 가까운데, 앞으로 국민연금 규모가 커지면 이 비중은 점점 더 늘어날 것이다. 문제는 이렇게 국민연금이 채권을 사들이는 동안 채권시장에서 민간 저축을 몰아내, 우리나라 채권시장을 외부 충격에 더욱 취약하게 만든다는 점이다.

더구나 국민연금기금이 줄어들기 시작하는 2040년대가 되면 국민연금은 노후연금을 지급하기 위해 채권을 대량으로 팔아야 한다. 이경우 국민연금을 대신해 채권을 사들일 마땅한 매수주체가 없으면, 채권 가격이 폭락하고 금리는 폭등하면서 채권시장은 극도로 불안해질 것이다.

그러나 국민연금이 곧 대량으로 채권을 팔 것이라는 것을 뻔히 아는 상황에서 대신 채권시장을 떠받쳐줄 시장주체가 있을 리 없다. 오히려 국민연금기금의 매도를 미리 예상한 다른 시장주체들, 특히 외국인 투자자들이 한발 먼저 채권을 팔아치울 것이고, 이 때문에 국민연금이 채권을 팔기도 전에 채권 가격은 폭락하여 국민연금의 자산은 순식간에 줄어들 것이다. 이렇게 되면 1998년 외환위기보다 훨씬 더 파괴력이 큰 금융위기를 불러올 위험이 있다.

국채시장이 거의 전적으로 국민연금에 의존하면 더욱 심각한 문제가 야기될 수 있다. 이명박 정부 5년간 실제로는 나라 빚이 해마다 8.1%나 늘었다. 같은 기간 동안의 경제성장률 2.9%의 세 배가 넘는 수치다. 이에 따라 우리나라의 국가채무는 2007년 말 291조 원에서 2012년 말에는 425조 원으로 46%나 늘어났는데, 향후 우리나라가 고령화 사회가 되는 과정에서 이는 더욱 급속하게 불어날 것이다. 노인층을 위한 복지 지출은 기하급수적으로 늘어나는 데 반해 그 세금을 부담할 청년들은 점점 더 줄어들 것이기 때문이다.

2030년 국가채무는 1191조 원으로 늘어나고, 2차 베이비부머까지 은퇴하고 난 2040년이 되면 2951조 원, 2050년에는 무려 6635조 원으로 폭발적인 증가세를 보이게 된다.[2] 앞으로 정치권이 가장 인구가 많은 노인층의 표를 얻기 위해 노인복지를 강화하는 공약을 내세운다면 국가부채의 증가속도는 이보다 훨씬 빨라질 것이고, 나라 빚이 늘어날수록 우리나라의 국채시장은 점점 더 국민연금에 의존하게 될 것이다.

국민연금은 2012년 정부가 발행한 국채 중 28%를 사들였다. 한국금융연구원은 2025년이 되면 국채시장에서 국민연금이 차지하는 비중이 66.6%까지 치솟을 것으로 내다보았다.[3] 국민연금이라는 단일기관이 혼자서 국채시장을 거의 떠받치게 되는 셈이다.

우리가 기축통화[4]를 발행하는 미국이 아닌 이상, 외국인 투자자들이 한국의 이런 사정을 뻔히 알고도 한국 국채시장에 투자할 리는 없다. 만일 그들이 선제적으로 국채 투매에 나선다면 한국은 국가재정 위기는 물론 외환보유고까지 바닥나는 사상 초유의 위기를 맞이할 것이다. 결국 국민연금기금이 줄어들 때를 대비한 출구전략을 지금부터 세워놓지 않고 이런 방식으로 계속 운영해나간다면, 머지않은 미래에 한국 경제를 파국으로 몰아넣어 미래세대뿐만 아니라 기성세대의 노후생활의 안전도 보장받을 수 없게 될 것이다.

지금처럼 주식과 채권시장을 위주로 투자하는 방식은 결코 지속 가능한 방법이 아니다. 훗날 연금지급액이 연금보험료 수입보다 더 많아지는 시기가 오면, 국민연금이 자금시장을 빠져나갈 때 나타나는 이른바 '퇴장 효과'로 주식시장과 채권시장은 마비되고 연금 적립액도 순식간에 증발할 것이다.

이를 막기 위해서는 당장 눈앞의 수익률에 급급하지 말고, 장기적이고 거시적인 안목에서 한국 경제의 파이pie를 늘리는 투자가 이루어져야 한다. 국민연금은 우리 경제 전체에서 차지하는 비중이 워낙 크기 때문에, 그것을 어디에 투자하느냐는 사실상 한국 경제의 미래를 바꿀 수 있을 정도로 중요한 사안이다. 만일 출산율을 높이고 젊은 세대의 일자리를 확충하는 데 국민연금기금을 투자한다면 미래 경제성장의 선순환 구조가 만들어져 국민연금의 재정 기반도 자연스럽게 확보될 것이다.

청년들의 반격, 국민연금을 흔들다

지금처럼 국민연금에서 세대 간 불평등이 계속된다면 베이비부머와 미래세대 모두 패배자가 될 수밖에 없다. 이대로 가면 앞으로 미래세대는 기성세대의 노후 보장을 위한 국민연금과 공공복지 재원을 감당하느라 지금보다 더욱 힘든 생활을 하게 될 것이다. 이로 인해 미래세대의 가처분 소득이 줄어들면 내수시장이 위축되어 투자가 급속히 감소하고, 이는 경제성장률까지 끌어내려 결국 은퇴한 베이비부머 세대를 위한 복지재원 마련이 더욱 어려워질 것이다. 이러한 악순환을 막기 위해서는 국민연금을 당장 대대적으로 개혁해야 한다.

그런데 이 같은 국민연금의 세대 간 불평등 논란이 불거지자, 국민연금을 아예 폐지하자며 청년층을 선동하는 경우가 늘어나고 있다. 하지만 국민연금이 폐지된다고 해도 미래세대가 짊어질 노인부양 부담은 사라지지 않고, 오히려 더 늘어날 수 있다.

비록 세대 간 불공정성을 가지고 있긴 해도 국민연금의 기본 구조는 자신이 젊었을 때 낸 돈을 받아가는 것이기 때문에, 조금만 바꾼다면 미래세대에 부담을 주지 않는 방식으로 개혁할 수 있다. 하지만 아예 폐지해버리면 대부분의 베이비붐 세대는 은퇴 이후 극심한 빈곤 상태에 빠질 것이고, 미래세대는 노인복지를 위해 더 많은 세금을 내는 처지가 될 수밖에 없다.

실제로 공적인 국민연금을 민영화했던 칠레가 그 대표적인 사례다. 칠레는 국민연금을 폐지하고 민영 보험사에게 맡기면 연금이 더 효율적으로 운용되고 국가 경제도 더욱 활성화될 것이라는 시장주의자들의 주장에 따라, 1981년 국민연금을 스무 개로 쪼갠 뒤 민영 보험사에 넘겼다. 그런데 민영화 이후 전 세계적인 자산 폭등 현상이 일어났다. 그 덕분에 민영 연금의 수익률이 올라가자 미국의 월스트리트와 이를 대변하는 국제기구들이 이를 '민영화의 효과'라며 추켜세웠다.

하지만 그 '민영화의 효과'는 오래가지 않았다. 2000년대 후반 주가와 부동산 가격이 폭락하자, 20개 민영 회사의 연금기금 운용수익률이 동시에 추락했기 때문이다. 2000년대 초반 전 세계적인 자산시장 호황 속에 민영 연금사들이 서로 더 많은 고객을 유치하기 위해 위험한 투자게임을 벌인 탓에, 자산가격 하락에 따른 손실은 더욱 커졌다.

게다가 20개 민영회사가 자산가격 상승기와 금융위기를 겪으면서 치열한 경쟁 속에 여섯 개로 합병되어 사실상 독과점이 시작되었다. 시장지배력이 커진 민영 연금사들은 가입자들에게 부과하는 수수료를 자신들의 입맛에 맞게 조정하기 시작했다. 고객들이 연금가입 조건이나 연금수령 조건을 바꿀 때는 물론, 노후연금을 지급할 때에도 매번 수수료를 부과하는 등 각종 수수료를 신설한 것이다.

이후에는 납부금액에 비례해 수수료를 물리는 방식에서 계약자 1인당 일정액의 수수료를 물리는 정액제 방식으로 바꾸기 시작했다. 민영 보험사들이 정액제 방식을 선호하는 이유는 연금보험료를 적게 내는 저소득층보다 보험료가 큰 고소득층을 고객으로 유치하는 편이 민영 연금사의 이윤 극대화에 도움이 되기 때문이었다.

그 결과, 칠레에서는 가입금액이 작은 저소득층이 가입금액에 비해 더 많은 수수료를 내는 황당한 일이 벌어졌다. 이처럼 수수료 부담이 높아지자 저소득층은 점차 민영화된 국민연금에 가입하기를 꺼리게 되었고, 국민연금에 가입한 칠레 근로자 비율은 민영화 직전인 1980년에는 64%였으나 2006년에는 58%로 줄어들었다. 이 기간 대부분의 나라에서 국민연금 가입자가 늘어난 것과는 정반대의 현상이었다.[5]

민영화된 연금제도에서 소외된 서민들은 노후에 극빈층으로 전락하기 시작하며 심각한 사회 문제로 떠올랐다. 그럼에도 민영 보험사가 이에 아랑곳하지 않고 연금의 최저 가입금액을 더 높이자 연금 가입을 포기하는 서민들은 더욱 늘어났다. 상황이 이렇게 심각해지자, 그동안 칠레를 '연금 민영화의 성공사례'라고 추켜세웠던 세계은행World Bank이 국민연금 민영화의 부작용을 인정하고 칠레에 연금 재개혁을 권고하기에 이르렀다.

결국 2008년 칠레는 연금혜택을 못 받고 있는 가난한 노인들에게 최저 연금액과 같은 금액의 기초노령연금을 지급하기로 했고, 그 재원은 간접세인 부가가치세value added tax를 올리거나 국채를 발행해 충당하기로 했다.[6] 연금 민영화의 실패를 국민들의 세금과 빚으로 메운 것이다.

하지만 부가가치세로 노인들을 위한 기초노령연금 재원을 마련하는 것 역시 많은 문제점을 안고 있다. 고령화가 가속화되면 부가가치세 부담은 점점 더 늘어날 텐데, 이 부가가치세는 고소득층보다 저소득층에게 더 높은 세율이 적용되는 '역진세'라고 할 수 있는 데다 소비 활동이 왕성한 젊은 세대가 상대적으로 더 큰 부담을 지게 될 수밖에 없기 때문이다.

이처럼 젊은이들의 주머니에서 꺼낸 돈으로 노인들의 노후를 보장하겠다는 계획은 그들을 노후에 다시 저소득층으로 전락시켜 빈곤의 악순환에 빠뜨릴 우려가 크다. 결국 국민연금을 철폐하고 민영화를 택했던 칠레는 노인빈곤이라는 또 다른 짐을 다시 젊은 세대에게 안겨준 셈이다.

이처럼 섣부른 민영화로 국민연금 개혁에 실패한 칠레와 달리, 미래 세대의 부담을 획기적으로 줄이면서 은퇴자들의 노후복지를 지키는 데 성공한 나라가 바로 스웨덴이다. 이 책의 앞부분에서 소개한 것처럼 1998년 연금개혁 전까지만 해도 스웨덴의 국민연금은 우리나라와 같이 젊은 세대에게 불리해 세대갈등을 불러일으킬 수밖에 없는 구조였다.

하지만 스웨덴에서 고령화가 가속화되자 1990년대부터 젊은 세대에게 불리한 연금체계를 개혁해야 한다는 주장이 기성세대 내에서 나오기 시작했다. 기성세대 스스로가 자신이 받는 연금을 줄이는 개혁을 시작한 것이다. 국가부도 사태의 심각한 경제위기 속에서조차 자기 세대의 연금만 지키려는 남유럽과는 전혀 다른 모습이었다.

10년에 가까운 국민연금개혁 논의 끝에 스웨덴에서는 1998년 '명목확정기여NDC, Notional Defined Contribution'형 연금제도가 탄생했다. NDC는 개인 생애소득의 18.5%를 연금보험료로 내되, 그중 16%p는 각자의 소득에 따라 연금액이 결정되는 비례연금에 들어가고 2.5%p는 각 개인이 800개의 펀드 중에서 선택하는 방식이다.

비례연금은 우리나라의 국민연금과 비슷하다. 다른 점이 있다면 자신이 낸 돈이 기금으로 적립되는 것이 아니라 현재 노령자에게 바로 지급되고, 자신의 연금계좌에는 가상의 적립금이 쌓이게 된다는 점이다. 그리고 이 가상의 적립금액을 바탕으로 해마다 경제성장률과 인구 전망의 변화를 고려해 노후연금 급여 수준을 결정하게 된다.

이처럼 자신이 낸 연금보험료에 각종 경제 상황을 감안해 노후연금액이 책정되기 때문에 연금이 고갈되어 다음 세대가 못 받게 될 위험은 거의 없다. 단, 자신이 낸 돈에 기반해 노후연금을 받아가는 방식이기 때문에, 우리나라의 국민연금과 달리 소득 재분배 효과가 거의 없다는 단점이 있다.

스웨덴은 이런 문제점을 보완하기 위해 빈곤계층의 노후를 위한 최저보장 연금액을 책정해놓았다. 2003년 기준 독신자의 경우 우리 돈으로 연간 1400만 원 정도, 기혼자의 경우 부부가 합쳐서 2600만 원 정도가 최저보장 연금이다. 물가상승률에 따라 해마다 늘어나게 되어 있고, 그 재원은 모두 세금으로 조달하는 이런 최저보장 연금은 스웨덴에서 매우 효과적인 소득 재분배 방법이 되고 있다.

세금을 통한 소득 재분배가 거의 이루어지지 않는 우리나라에서 스웨덴 방식의 국민연금 제도를 그대로 도입하기는 쉽지 않다. 하지만 미래세대에게 짐이 될 연금보험료 부담을 미리 내다보고 이를 개선하기 위해 10년 가까이 연구한 끝에 미래세대까지 생각하는 국민연금을 만들어낸 스웨덴 기성세대의 노력은 반드시 본받아야 할 것이다.

우리가 국민연금개혁에 실패한다면 우리의 아들 딸들은 우리 세대의 국민연금을 대주기 위해 개인 소득의 4분의 1 이상을 바쳐야 하는 불행한 세대가 되고 만다. 이처럼 높은 연금 부담은 미래세대의 근로의욕을 크게 떨어뜨리고, 한국의 성장률을 둔화시켜 결국에는 기성세대의 노후복지까지 위협하게 될 것이다. 결국 국민연금 개혁은 우리 미래세대가 아닌, 바로 기성세대의 머지않은 미래를 위한 선결 과제라 할 수 있다.

물려받고 싶지 않은 유산, 빚더미 청구서

우리 경제에서 세대 간 불평등을 야기하는 복지제도는 국민연금만이 아니다. 국민연금과 건강보험, 기타 사회보험, 그리고 세금 등을 통해 정부에 내는 돈과 정부로부터 받는 복지혜택 간의 차이를 보여주는 '세대 간 회계' 결과에서, 2008년 이후 태어난 미래세대와 현 세대의 세대 간 불평등도는 125%로 추산되었다. 이는 미래세대가 부담해야 하는 순조세가 현 세대의 2.25배에 이를 만큼 불평등 정도가 심각하다는 뜻이다.

이처럼 세대 간 복지혜택의 불평등이 심각한 이유는 지금의 고령층이 한창 경제활동을 하면서 돈을 벌 때는 사회복지 제도가 거의 없어 복지 관련 세금을 많이 내지 않아도 됐지만, 지금은 고령층을 위한 각종 사회복지 제도가 강화되면서 은퇴 세대가 그 혜택을 보고 있기 때문이다.

그 대표적인 예가 바로 건강보험이다. 처음 건강보험이 도입되었을 때는 보장 범위도 작고 제도도 허술했지만, 최근에는 보장 범위가 넓어지고 역할도 확대되었다. 그런데 확대된 진료비 지출의 상당 부분은 고령층에게 집중될 수밖에 없다. 건강보험공단이 발표한 통계에 따르면 2012년 우리나라 국민들의 1인당 월평균 진료비는 8만 원이었지만, 65세 이상 노년층의 월평균 진료비는 약 25만 6000원으로 전체 평균의 세 배가 넘는 것으로 나타났다.[7]

전체 건강보험 진료비 중 65세 이상 고령층의 건강보험 진료비가 차지하는 비중도 2005년의 24.4%에서 2012년에는 34.4%로 급증했다. 2012년 현재 65세 이상 인구 비중이 11.8%인 것을 고려하면, 인구수에 비해 세 배 이상의 건강보험 진료비를 쓰고 있는 셈이다. 이처럼 각종 사회보장 혜택은 노년층에 집중되어 있는 반면 그들이 복지혜택을 위해 지금까지 낸 세금은 그리 많지 않기 때문에, 연령대가 높을수록 사회보장제도에 기여한 것보다 더 많은 혜택을 받고 있는 것이다.

이런 상황에서 기초노령연금을 기초연금으로 확대하는 정책은 그렇지 않아도 점점 더 심화되고 있는 세대갈등에 불을 붙였다. 기초연금 도입 당시 가장 큰 논란을 불러온 것은 바로 국민연금에서 재원을 마련한다는 방침이었다. 이제 곧 베이비부머들이 은퇴하게 되면 기초연금 지급액이 눈덩이처럼 불어나는 데다 국민연금기금이 고갈될 것이라는 우려까지 나오는 상황에서 이 같은 방침은, 결국 생색은 정부가 내고 그 청구서는 미래세대에게 내밀겠다는 것과 다름없었다.

이 같은 논란이 세대갈등을 더욱 부추기는 도화선이 되자, 정부는 결국 기초연금을 국가재정으로 조달하겠다고 공언했다. 하지만 국가재정으로 하더라도 증세를 하느냐, 정부가 빚을 져서 기초연금의 재원을 마련하느냐에 따라 세대갈등의 불씨는 여전히 남아 있다. 만일 정부가 증세를 하지 않고 기초연금의 재원을 국가채무로 조달한다면, 이 또한 곧 기초연금의 부담을 모두 미래세대에게 떠넘기는 결과를 초래

할 뿐이다.

결국 2013년 9월 정부가 기초연금 최종안을 발표했지만, 이는 한껏 달아오른 세대갈등 논란을 더욱 부채질하고 말았다. 당초 2008년 도입된 기초노령연금은 2013년 기준 지급액이 최고 9만여 원이지만, 2028년이 되면 최고 20만 원까지 점진적으로 높아지도록 설계되어 있었다. 이렇게 기초노령연금을 설계한 이유는 나이가 어릴수록 국민연금 수익률이 큰 폭으로 떨어지는 국민연금의 세대 간 불평등을 조금이나마 해소하기 위해서였다.

그런데 박근혜 정부가 이를 기초연금으로 바꾸면서 그 구조를 정반대로 만들었다. 지금 당장 하위 70%인 노인들에게 20만 원의 기초연금을 지급하는 대신, 국민연금 가입기간이 긴 젊은 세대에게는 10만 원만 지급하게 한 것이다. 이 때문에 노인들은 두 배 많은 기초연금을 지급받게 되었지만 젊은 세대가 받게 될 기초연금은 반 토막이 되고 말았다.

물론 헌신적인 노력으로 한국 경제의 발전을 이끌었던 고령층에게 복지혜택을 제공하는 것은 후세대들의 당연한 의무이므로 세대 간 불균형은 어느 정도 용납되어야 한다. 그러나 미래세대가 견딜 수 없을 정도로 그 부담이 커진다면, 그때는 후손들의 삶만 황폐해지는 것이 아니라 가까운 시일 내에 우리나라 경제까지 큰 위기에 처할 수밖에 없다. 남유럽과 일본이 바로 그 같은 세대전쟁의 과정을 겪으면서 경제위기와 그에 따른 극심한 불황을 겪게 된 대표적인 사례다.

그렇다면 과연 우리 미래세대는 베이비부머 세대들의 복지부담을 감당할 수 있을까? 지금 당장은 큰 문제가 없지만, 지금과 같은 속도로 노령화가 지속된다면 2060년에는 65세 이상 노인인구의 비중이 40%를 넘을 것으로 예상된다. 이들 고령층의 대부분은 경제활동이 끝나 소득이 낮기 때문에 이들을 위한 건강보험료 재정은 소득이 있는 젊은 세대가 거의 감당하게 될 것이다. 따라서 출산율 감소로 젊은 세대 인구가 줄어들면 청년 한 명이 감당해야 할 노인복지 부담이 크게 늘어날 수밖에 없다.

일례로 건강보험료를 지금처럼 소득의 5.89%로 유지할 경우 2060년에는 건강보험 적자가 최대 94조 원에 이르게 되는데, 결국 이런 적자를 막으려면 2060년까지 건강보험료는 지금의 두 배 수준인 소득의 13% 이상으로 높아질 것이다.[8]

사회복지 제도가 더 신설되거나 강화되지 않는다 해도 2060년 무렵이면 우리의 미래세대는 자기 소득의 22% 이상을 국민연금으로 내고, 13%를 건강보험료로 내야 한다는 얘기다. 여기에 박근혜 정부가 도입한 기초연금 부담까지 합치면 미래세대는 소득의 3분의 1 이상을 이전 세대의 노후복지를 위해 내야 한다는 이야기가 된다. 지금 기성세대는 자기 소득의 15% 정도를 국민연금과 건강보험에 내면서도 이렇게 힘들다고 아우성인데, 미래세대가 겪게 될 경제적 부담은 얼마나 클지 상상하기조차 쉽지 않다.

하지만 세계적으로 유례없이 빠르게 고령화되고 있는 한국에서 이 같은 노인복지 혜택이 그대로 유지되기란 쉽지 않을 것이다. 이미 다른 나라들의 사례에서 확인한 것처럼 기성세대를 위한 복지 부담에 짓눌린 미래세대가 거리로 쏟아져 나와 시위를 하며 저항하든지, 아니면 일본 젊은이들처럼 삶을 포기하고 꿈을 잃은 청년으로 전락할 가능성이 크다. 만일 기성세대가 현재 혹은 그보다 더 높은 수준의 복지혜택을 요구하고, 삶이 힘겨워지는 청년들의 처지를 외면한다면, 한국 경제는 세대 간 갈등을 지나 세대전쟁의 파국으로 치닫게 될 것이다.

이 같은 암울한 한국의 미래를 막기 위한 방법에는 크게 두 가지가 있다. 하나는 노년층의 복지 수준에 맞추어 청년층 복지를 강화하는 것이고, 또 다른 방법은 미래의 청년층이 감당할 수 있을 정도로 노년층 복지 수준을 하향 조정하는 것이다.

하지만 지금 한국의 노인층 빈부격차는 OECD 국가 중에서도 매우 큰 편이다. 즉, 한국에는 부유한 노인 자산가들이 많지만 극심한 빈곤에 시달리는 노인들도 그만큼 많기 때문에 그나마 마련된 노인복지 혜택을 줄이는 것은 쉬운 일이 아니다.

결국 그 혜택을 줄일 수가 없다면, 우리에게 남은 선택지는 노년층의 복지 수준에 맞추어 청년 복지투자를 강화해나가는 것밖에 없다. 앞으로 천문학적으로 늘어날 노인복지 지출을 감당할 수 있을 만큼의 경제적 기반을 젊은 세대에게 제공하기 위해서는 젊은 세대를 지원하는 복지투자가 시급하다.

동시에 미래세대의 인구 증가를 유도하기 위해 아동과 가족을 위한 복지투자도 강화해야 한다. 실제로 이러한 복지투자로 성공을 거두어 노인복지와 청년복지가 조화를 이루며 지속적인 경제성장을 이끌고 있는 나라가 바로 독일과 북유럽 복지국가들이다.

하지만 우리는 아직도 미래세대를 위한 복지 지출이 '가장 효율적인 투자'라는 사실을 잘 인식하지 못하고 있다. 특히 젊은 세대의 인구가 점점 줄어드는 데다 기성세대에 비해 정치적 목소리도 약하기 때문에 정치권이 이를 악용할 가능성도 크다. 이런 상황에서 정치권이 세대 간 갈등을 조장하여 이를 정권 유지 수단으로 사용한다면, 우리나라는 남유럽의 경제위기나 일본 장기불황의 수순을 그대로 밟게 될 것이 자명하다.

젊은 세대와 기성세대 간의 세대전쟁이 벌어진 나라에서는 예외 없이 국가 경제가 위기에 빠지는 대재앙이 일어났다. 우리나라의 복지제도가 세대전쟁의 도화선이 되는 것을 막으려면, 지금 당장 사회보장제도의 세대 간 불균형 구조를 근본부터 개혁해야 한다. 만일 이에 실패한다면 한국 경제는 가까운 미래에 극심한 경기침체와 사회적 혼란을 피할 수 없게 되고, 이는 기성세대의 노후에도 치명적인 영향을 미칠 것이다.

CHAPTER 04

세대전쟁의
주범들 3 :
불공정한 세금

공자孔子가 제자들과 함께 태산泰山 근처를 지나던 중 초라한 무덤 앞에서 울고 있는 한 여인을 보게 되었다. 울음소리가 하도 구슬퍼서 공자는 수레에 몸을 기대고 그 소리에 귀를 기울였다. 공자는 제자인 자로子路에게 여인이 우는 까닭을 알아 오게 했다.

여인에게 다가간 자로가 물었다.

"부인이 우는 모습을 보니 슬픈 일을 당하신 것 같은데, 무슨 일이 있었습니까?"

그러자 여인이 답했다.

"이 동네는 정말 무서운 곳입니다. 옛날에는 시아버지가 호랑이에게 물려 돌아가셨고, 뒤이어 제 남편도 그 호랑이에게 희생됐습니다. 그런데 이번에는 제 소중한 아들이 또 호랑이에게 잡혀 죽었나이다."

자로가 그 말을 듣고서 의아해하며 물었다.

"여기가 그렇게 무서운 곳이라면 왜 다른 곳으로 이사를 가지 않습니까?"

그러자 여인은 이렇게 답했다.

"차라리 여기가 낫습니다. 이곳은 관리들이 찾아와 백성을 못살게 굴면서 무거운 세금을 물리지 않기 때문입니다."

당시 노魯나라의 백성들은 조정 실세인 계손자 季孫子가 가혹하게 징수하는 세금으로 고통받고 있었다. 자로에게 이 말을 전해들은 공자는 크게 낙담하면서 제자들에게 말했다.

"잘들 기억해두어라. 가혹한 정치(세금)는 호랑이보다도 더 무서운 것이니라 苛政猛於虎."

예나 지금이나 세금은 언제나 무섭고 두려운 존재다. 더구나 그 세금이 공정성을 잃으면 더욱 고통스럽다.

청년들을 압박하는 세제개편

호랑이보다도 무서운 세금을 누구에게 얼마나 걷느냐 하는 문제는 한 나라의 경제구조를 바꿀 만큼 중요한 일이다. 2013년 8월 우리 정부가 내놓은 '2014년 세제개편안'이 아직 국회를 통과하지 않았지만, 앞으로 우리나라가 조세의 세대 간 형평성 문제를 어떻게 풀어갈지 보여주는 시금석이 되고 있다.

정부가 봉급생활자를 대상으로 '실질적인 세금인상안'을 발표하자 "봉급생활자만 봉이냐?"라는 비판 여론이 들끓었다. 특히 연소득이 3450만 원을 넘는 봉급생활자부터 세금이 늘어나는 것으로 발표되자, 사실상 거액 자산가에게는 세금을 올리지 않고 중산층 봉급생활자를 대상으로 증세한 것이라는 비난이 커졌다.

이 같은 여론에 밀려 정부는 근로소득 세액공제 한도를 높여 세금이 인상되기 시작하는 연소득을 3450만 원에서 5500만 원으로 상향 조정했다. 향후 한국에 닥쳐올 고령화의 충격과 이에 따른 노인복지 부담을 생각해보면 증세가 필요한 것은 분명하다. 정부가 세금을 올려놓고도 증세가 아니라고 우기고는 있지만, 고액 연봉자를 대상으로 증세를 하겠다는 방향 자체는 환영할 만하다. 더구나 소득공제를 상당부분 세액공제 방식으로 전환하기로 한 것도 원칙적으로는 옳은 방향이라 할 수 있다.

그간 우리나라는 대체적으로 과세 대상인 소득에서 미리 일정금액을 공제하는 소득공제 방식을 적용해왔다. 그런데 누진 소득세를 적용하는 나라에서 소득공제 방식을 택하면 소득이 높은 사람들이 상대적으로 더 유리해진다. 즉, 과표 기준으로 소득이 1억 원인 사람이 400만 원의 개인연금저축을 들면, 35%의 소득세율(주민세 제외)을 적용받기 때문에 140만 원을 돌려받는다. 그러나 과표 기준 소득이 4000만 원인 사람은 15%의 세율을 적용받아, 똑같이 400만 원의 개인연금저축을 들어도 60만 원밖에 돌려받지 못한다. 이처럼 연봉에 따라 공제율이 달라지는 소득공제 방식을 12%의 세액공제로 전환하면, 소득의 높고 낮음과 관계없이 일률적으로 48만 원의 세금을 돌려받게 되는 것이다.

이처럼 고소득자 증세와 세액공제 전환이라는 방향은 맞지만, 더 큰 그림에서 보면 이 세제개편은 미래세대를 압박하고 세대갈등을 부추길 위험이 있다. 가장 큰 문제 중의 하나는 이 세제개편으로 다자녀 가구의 세금부담이 크게 늘어난다는 점이다. 정부는 다자녀 추가공제 등 기존의 주요 인적공제를 모두 세액공제로 전환했다. 다자녀 가구가 이번 세제개편안의 주요 증세 대상이 된 셈이다.

정부는 대신 자녀장려 세제를 도입해 연봉 4000만 원 이하인 근로자들에 대해 자녀 1인당 50만 원씩 세금을 환급해주기로 했다. 이 같은 방침은 결국 연봉 4000만 원 이상인 다자녀 가구에서 추가적으로 걷은 세금의 일부를 연봉 4000만 원 이하인 근로자들에게 나누어줌을 뜻한다. 하지만 이처럼 윗돌을 빼서 아랫돌을 괴는 식의 정책으로는 결코 저출산 문제를 해결할 수 없다.

1934년 스웨덴 최고의 경제학자 뮈르달이 주장한 것처럼, 저출산 문제는 결코 저소득층만의 문제가 아니기 때문에 선별적 복지정책으로 해결할 수 없다. 출산율 제고 정책으로 효과를 보려면 모든 계층이 자녀를 갖도록 지원하는 보편적 복지정책을 중심으로 출산율을 높여나가야 한다. 특히 뮈르달이 주장한 것처럼 아이를 세 명 이상 낳는 다자녀 가구에게 더욱 많은 혜택이 돌아가야 한다.

결국 이번 세제개편안은 뮈르달이 제시한 출산율 정책의 원칙을 완전히 역행하는 셈이다. 다자녀 가구를 위한 제대로 된 복지체계가 없는 우리나라에서 다자녀 가구에 대한 소득공제마저 대폭 축소한 것은 사실상 한국 경제의 미래가 달려 있는 출산율 제고 정책을 포기하는 것과 다름없다.

게다가 정부는 교육비 공제까지 크게 축소했다. 한국의 대학 등록금을 포함해 공교육비의 민간부담률은 2010년을 기준으로 GDP 대비 2.8%를 기록해 OECD 회원국 가운데 13년 연속 1위를 차지했다. 이는 OECD 국가의 평균 민간부담률인 0.9%의 세 배가 넘는 수치다. 더구나 이것은 학원비 등 사교육비를 제외한 순수 공교육비 부담만 계산한 것이므로, 사교육비를 포함한다면 한국 학부모들의 부담은 다른 나라와 아예 비교조차 되지 않는다.

　이처럼 과중한 교육비 부담이 젊은 세대가 출산을 기피하는 가장 큰 원인 중 하나임에도, 정부는 한국 가계를 짓누르는 교육비 부담을 줄일 수 있는 교육 지원책을 내놓지 않고 있다. 자국의 국운을 걸고 공교육 투자에 나선 경쟁국들과 달리, 한국의 기성세대는 사교육이 아닌 공교육 투자에는 매우 인색했기 때문이다. 그나마 교육비 공제는 학부모들의 부담을 덜어주는 유일한 정부 지원책이었는데, 정부가 세수 부족을 이유로 그 교육비 공제마저 줄여버린 것이다.

　게다가 증여세 부담은 오히려 크게 낮췄다. 성인이 된 자녀에게 세금을 내지 않고 증여할 수 있는 한도를 10년 동안 3000만 원에서 5000만 원으로 높인 것이다. 다자녀 가구에 대해 증세를 해야 할 만큼 세수 확보가 급박한 상황이라면, 증여세 부담은 왜 낮추는 것인지 도저히 이해되지 않는다.

　이처럼 증여세에만 유독 관대한 세금 정책은 마치 이탈리아의 부의 '세습' 움직임을 떠오르게 한다. 이탈리아의 경우 세대전쟁이 심화되면서 젊은 세대가 경제적 기반을 구축하는 데 어려움을 겪자, 부유층은 부를 물려줌으로써 자신의 자녀만이라도 세대전쟁의 소용돌이에서 건져내려 하고 있다. 하지만 이렇게 부를 세습하려는 경향이 강화되면 될수록 국가 경제는 더욱 빠르게 몰락할 수밖에 없다.

　더 황당한 것은 세수가 부족하다면서 주식투자에 대한 소득공제를 더욱 늘려준 것이다. 정부는 창업한 지 3년 미만인 기업의 신주新株를 직접 매입할 경우 투자액의 30%를 공제해주었다. 그런데 2013년부터는 투자액 5000만 원까지는 50%를, 그 초과분에 대해서는 30%를 소득공제해주기로 했다. 이에 따라 벤처기업에 1억 원을 투자하면 무려 4000만 원의 소득공제를 받을 수 있게 된다. 세수 부족을 이유로 다른 소득공제를 모두 축소한 상황에서, 주로 부유층의 축재蓄財 수단인 주식투자에 대해서 오히려 소득공제액을 늘려준 것이다.

정부는 벤처기업 투자 활성화를 위한 조치라고 주장하고 있지만, 사실 벤처기업을 육성하려면 기성세대의 주식투자에 대한 소득공제를 늘리는 것보다 오히려 '창업 생태계start-up ecosystem' 조성을 위한 투자가 더 시급하고 효율적이다. 청년들이 실패를 두려워하지 않고 새로운 창업을 향해 뛸 수 있도록 복지투자를 강화하는 것이 그 밑바탕이 되어야 하는 것이다. 이처럼 혁신을 이끄는 벤처 환경은 조성하지 않고 부유층의 신주 투자에 대한 소득공제만 늘리는 것은 세수 부족만 더욱 가중시킬 뿐이다.

또한 정부는 다주택자의 양도소득세 등 각종 부동산 관련 세금도 크게 낮추겠다는 계획을 내놓았다. 그런데 지금 지방자치단체는 박근혜 정부가 주요 공약으로 내세웠던 무상보육도 제대로 할 수 없을 만큼 재정이 열악한 상황이다. 2008년 이후 부동산 경기를 활성화시킨다며 지자체의 주요 세원인 부동산 관련 세금을 줄기차게 인하해왔기 때문이다. 아무리 정부가 부동산 경기 활성화를 중시한다고 해도, 이처럼 세수 기반에 대한 고민이 없는 감세 정책은 경제에 심각한 왜곡을 가져올 수밖에 없다.

더구나 땀 흘려 번 돈에는 세금을 계속 높이면서 일하지 않고 버는 불로소득不勞所得[1]에 대한 세금은 계속 낮춰준다면, 상대적으로 젊은 세대에게 불리해질 수밖에 없다. 젊은 세대는 모아둔 자산이 많지 않기 때문에 주로 근로소득에 의지할 수밖에 없고, 나이가 많은 사람일수록 모아둔 자산을 운용해 돈을 버는 자산소득의 비중이 높기 때문이다.

지금까지 우리 정부의 세제개편에는 세대 간 갈등을 불러일으킬 요소가 적지 않았다. 언뜻 보면 지금의 조세체계가 기성세대에게 당장은 유리할지 몰라도, 계속 이런 방향으로 유지된다면 미래세대의 경제적 기반을 약화시켜 기성세대도 그 폐해에서 결코 자유롭지 못할 것이다.

타이타닉 호의 비극이 낳은 소득세

● 1912년 4월 10일, 호화여객선 타이타닉Titanic 호가 영국 사우샘프턴Southampton에서 뉴욕을 향해 첫 항해를 시작했다. 당시 세계에서 가장 호화롭고 큰 배였던 타이타닉 호는 길이가 269m였고, 높이는 20층 건물과 같았다. 그러나 불행히도 출항한 지 나흘 뒤 칠흑 같은 밤에 뉴펀들랜드Newfoundland 섬 근해에서 빙산과 충돌한 뒤, 선체에 물이 차면서 2시간 40분 만에 가라앉고 말았다.

이 사고로 배에 타고 있던 2200여 명의 승객과 승무원 중 겨우 700명 정도만 살아남았다. 그런데 타이타닉 호에서 기적적으로 살아남은 이들의 대부분은 1등실에 타고 있었던 부자들이었다. 1등실은 위층에 몰려 있었기에 대부분 쉽게 탈출이 가능했지만, 많은 이들이 탑승했던 3등실은 배 밑바닥에 위치해 있었기 때문이다.

부자들만 살아남았다는 소식에 많은 미국인들이 분노했다. "죽음의 바다에서조차 어떻게 부자들만 살아 돌아왔는가? 생명에도 빈부격차가 있다는 말인가?"라는 항의가 빗발쳤다. 결국 미 의회에서 1등실과 3등실의 엇갈린 운명에 대한 청문회까지 열려, 부자들의 특권과 부를 합리적인 수준으로 제한해야 한다는 주장에 힘을 실어주기 시작했다.[2]

그 결과, 이듬해인 1913년 미국 역사상 처음으로 연방정부가 국민들에게 소득세를 물릴 수 있게 하는 '수정헌법 16조'가 의회를 통과했다. 타이타닉 호의 비극을 계기로 미 연방의 소득세가 탄생하게 된 것이다. 이 법안은 미 연방정부가 든든한 재정을 확보할 수 있는 길을 열어 후일 강력한 미국을 만드는 데 큰 역할을 했다. ●

공정한 조세가 세대전쟁을 막는 열쇠다

한국에서 가장 큰 비중을 차지하는 세금은 우리도 모르는 사이 내고 있는 '간접세'다. 우리나라에서는 대부분의 물건 값과 서비스 요금에 10%의 부가가치세가 포함되어 있어, 우리가 사 먹는 7000원짜리 점심 한 끼에도 636원의 간접세가 숨어 있다. 특히 휘발유 값 중 52%는 세금이고, 중형 자동차 값에서 세금이 차지하는 비중은 평균 25%에 이른다.

그런데 이런 간접세는 연 소득이 10억 원인 사람이든 1000만 원인 사람이든 똑같은 세율로 내야 한다. 우리나라의 경우 시간이 갈수록 전체 세수에서 간접세 비중이 커지면서, 2007년 전체 조세 부담의 47.3%를 차지했던 간접세 비중이 2010년에는 53.1%로 높아졌다. 이에 비해 30여 개 OECD 국가들의 간접세 비중은 평균 40% 정도에 불과하다.

정부 관계자와 일부 언론은 종종 한국의 부가세율이 10%인 것만 놓고 OECD 회원국 평균 소비세율인 18.5%보다 낮다며 부가세율을 더 올려야 한다고 주장하기도 한다. 하지만 이러한 부가세율의 단순 비교는 사실을 왜곡시킨다. 우리나라 평균 근로소득자의 실질 소득세율은 전체 소득의 평균 3.8% 정도에 불과해, OECD 국가들의 평균치인 11.3%에 비하면 매우 낮은 편이다. 이처럼 소득세율이 낮은 이유는 각종 공제를 통해 세 부담이 크게 낮아지기 때문인데, 이렇게 실질 소득세율이 4%도 안 되는 한국에서 10%에 이르는 부가세율은 매우 높은 편이라고 할 수 있다.

한국 조세제도의 또 다른 문제는 바로 자산에 대한 과세방식이다. 한국에서 자산에 대한 과세는 취득세나 양도세 같은 거래세 중심으로 이루어져 있다. 대신 부동산 보유세의 실효세율은 매우 낮아서 집값의 0.16%~0.33%에 불과하다. 미국의 경우 주州마다 다르기는 하지만 대부분은 집값의 1%가 넘는 보유세를 부담하고 있으며, 뉴저지나 텍사스처럼 2%가 넘는 주도 많다.[3]

우리나라와 같은 거래세 중심의 부동산 과세는 은퇴한 세대보다 사회생활을 시작해 집을 처음 사고 자주 이사를 다니는 젊은 세대에게 더 큰 부담으로 작용할 수밖에 없다. 은퇴한 세대는 젊은 세대보다 상대적으로 더 많은 부동산을 보유하고 있더라도 그것을 사고파는 횟수가 줄어들기 때문이다.

또한 우리나라는 주식투자로 돈을 벌면 일부 대주주를 제외하고는 그 차익에 대해 면세혜택을 주고, 장기저축성 보험에 가입한 경우에도 그 이자소득에 대해 세금 한 푼 물리지 않는다. 이처럼 우리나라는 돈으로 돈을 버는 경우에 면세혜택을 주는 제도가 많기 때문에, 굴릴 자산이 많은 부자들에게 더 유리한 구조다.

이에 비해 프랑스 같은 나라는 보유한 자산 자체에 대해 세금을 물리는 부유세富裕稅를 도입해 근로소득과의 형평성을 꾀하고 있다. 프랑스에서는 부채를 뺀 순자산이 80만 유로(약 11억 원)를 초과하는 순자산에 대해 0.5%의 부유세를 내야 한다. 부동산은 물론 요트와 자동차, 값비싼 보석에 주식과 보험 납입금까지도 부유세 과세대상이다.

재산이 늘어나면 세율도 단계적으로 높아져, 우리 돈으로 140억 원을 초과하는 순자산에 대해서는 해마다 1.5%를 부유세를 물린다. 2013년 현재 프랑스의 국채 금리가 연 1.7% 정도인 점을 감안하면, 해마다 이자로 벌 수 있는 만큼은 세금으로 걷겠다는 취지라 할 수 있다.

이는 비효율적으로 방치되기 쉬운 부유층의 자산을 다시 시장으로 끌어내 경제의 활력을 높이겠다는 계산이기도 하다. 이 같은 과세방식에는 고령화 사회로 치닫고 있는 프랑스의 국가재정을 지키고 미래세대의 부담을 줄이겠다는 의지가 담겨 있다. 이 밖에도 노르웨이와 스위스, 아이슬란드 등이 프랑스와 비슷한 방식으로 자산에 대한 부유세를 부과하는 국가에 해당한다.

지금처럼 우리의 조세체계에서 세대 간 불균형이 계속된다면 고령화가 진행되면서 젊은층의 세수 기반이 붕괴되어 조만간 국가재정이 크게 악화될 것이다. 실제로 1995년을 기점으로 세계 주요나라들의 세대 간 재정 격차 정도와 이후 10년 동안 국가재정 악화 폭을 비교해보니 세대 간 격차가 클수록 재정이 나빠지는 것으로 나타났다.[4]

또한 조세 형평성에서 세대 간 격차가 커지면 갈등 또한 더욱 커질 수밖에 없다. 그 결과는 극심한 대립 양상으로 나타나게 되고, 앞서 살펴본 이탈리아의 사례처럼 이를 이용하는 정치권이 소모적인 세대전쟁을 부추겨 사회를 혼란으로 이끌 가능성이 크다. 더구나 이전 세대를 위해 자신이 낸 금액만큼 이후 세대가 자신을 부양해주지는 않을 것이라는 불신이 커지면, 이는 청년층의 근로의욕 상실로 이어져 국가 전체의 생산성을 낮추고 경제성장률을 둔화시킬 것이다.

'증세 없는 복지'라는 달콤한 거짓말

필요 재원을 마련하기 위해 국가가 취하는 방법에는 크게 두 가지가 있다. 하나는 현 세대로부터 세금을 더 걷는 것이고, 또 다른 방법은 국채를 발행하는 것이다. 그러나 당대에 세금을 올리는 방법은 저항도 거세고 국민적 지지를 잃을 위험이 크기 때문에, 정부는 국채 발행으로 재원을 마련하여 돈을 쓰고, 그 재정 부담을 가급적 뒤로 미루고 싶어 한다. 이렇게 다음 세대로 빚을 전가한 후에도 대부분의 국가에서는 국채를 갚기 위해 새로운 국채를 발행하는 방식으로 만기를 연장하기 때문에 계속 쌓이는 빚더미가 먼 미래세대까지 전가되기도 한다.

이런 식으로 미래세대에 세금 부담을 떠넘긴 나라들은 '감세'나 '증세 없는 복지'라는 달콤한 구호로 국민들을 현혹해왔다. 그 대표적인 사례가 바로 1980년 미국 대선에서 승리한 로널드 레이건 대통령이다. 그는 30%의 세금 인하 공약을 내놓은 덕에 경쟁자였던 민주당의 지미 카터Jimmy Carter 전 대통령을 미국 역사상 드문 압도적인 표차로 누르고 정권을 잡았다. 레이건은 자신의 공약대로 대규모 감세를 단행해 임기 내내 큰 인기를 끌었지만, 그 대가로 미국은 사상 초유의 재정 적자 행진을 겪으면서 미래세대에 천문학적인 빚을 남겼다.

1988년 대통령 선거에서는 레이건 행정부의 부통령이었던 조지 부시George Bush가 출마했다. 공화당 전당대회에서 부시는 미국 납세자들의 귀가 솔깃해질 만한 연설을 했다. 부시는 "제 입술을 잘 보세요. 절대 새로운 세금은 없습니다Read my lips. No new taxes."라고 외쳤다.

그러나 그는 자신의 감세 공약을 지키지 못했다. 레이건 행정부 시절 누적된 천문학적 규모의 재정적자를 더 이상 감당할 수 없었기 때문이다. 1990년 이후 미국의 재정적자 규모가 극심해지자, 부시 행정부는 증세는 절대 없을 것이라던 공약을 파기하고 슬금슬금 세금을 올리기 시작했다. 결과적으로 세금을 동결하겠다던 공약을 어긴 부시는 1992년 재선에 실패하고, 민주당의 빌 클린턴Bill Clinton에게 정권을 넘겨줬다.[5]

감세 공약으로 정권을 잡는 데는 성공했으나 그 약속을 유지하지 못해 권좌에서 물러난 또 다른 대표적인 국가 지도자가 바로 영국의 마거릿 대처Margaret Thatcher 총리다. 그녀는 1979년 영국 총선에서 소득세를 대폭 깎아주겠다는 공약을 내세워 노동당을 제압하고 승리했다. 하지만 자신의 임기 말기에 재정적자가 과도하게 누적되자, 집과 재산을 가진 사람에게만 물리던 지방세 대신 모든 사람에게 똑같이 세금을 부과하는 인두세人頭稅를 도입했다. 이 같은 세제개편으로 이득을 본 사람들은 상대적으로 부유한 800만 명이었고, 손해를 입은 사람은 인두세가 새로 부과된 2700만 명의 중산층과 서민들이었다.

대처 정부 말기에 영국의 민심은 이미 크게 악화되어 있었다. 많은 중산층이 대처 정부의 '빚 권하는 정책'으로 집을 샀다가 대출금을 갚지 못해 길거리로 내몰렸고, 제조업 붕괴와 노동시장의 유연화 정책으로 전체 세대주의 20%가 실직한 상태였다. 이런 상황에서 재산이나 소득에 관계없이 전 국민에게 동일한 액수의 세금을 물리는 인두세를 도입하겠다고 발표하자 영국인들의 분노는 극에 달했고, 전국 곳곳에서 불만이 터져 나오더니 급기야 런던에서는 대규모 폭력 사태까지 발생했다. 이러한 정책으로 측근마저 등을 돌리게 만든 대처는 결국 1990년 11월 22일 총리직에서 전격 사임했다.

고령화 사회로 접어든 많은 국가들이 당장 노인복지의 재원을 마련하는 데 비상이 걸렸는데도 섣불리 증세 카드를 꺼내들지 못하고 있다. 하지만 제때 증세를 하지 않고 고령층을 위한 복지제도를 유지하려다가는 미래세대에게 감당할 수 없이 막대한 국가부채를 물려주고 만다. 특히 젊은 세대의 인구와 소득이 정체되거나 오히려 줄어들고 있는 상황에서, 재원에 대한 치열한 고민 없이 기성세대를 위해 남발하는 달콤한 선심성 공약들은 미래세대들을 비참한 삶으로 몰아넣게 될 것이다.

과거 고성장 시대에는 정부가 아무리 많은 국가부채를 남겨도 지속적인 인구 증가와 경제성장 덕분에 시간이 흐르면 자동으로 문제가 해결될 수 있었다. 현재 100조 원의 국가부채가 있더라도 한 해에 7%씩만 경제가 성장하면 10년 내 경제 규모는 두 배가 되어 국가부채가 절반으로 줄어들게 된다. 이 때문에 젊은 세대가 계속 늘어나고 빠르게 성장했던 2000년 이전까지는 국가부채가 그리 큰 문제가 되지 않았던 것이다.

하지만 이제 출산율 하락과 고령화로 경제성장이 서서히 멈추고 있다. 이런 상황에서 기성세대가 다음 세대에 빚더미를 전가하는 것은 결국 우리의 청년들, 더 나아가 한국 경제를 파산으로 몰고 가는 매우 위험한 선택이다.

2013년 취임한 박근혜 대통령은 중요한 선택의 기로에 서 있다. 그가 공언한 복지 공약에 따르면 임기 5년 동안 135조 원이 필요한데, 이를 위해서는 2017년까지 48조 원의 재원을 더 확보해야 한다. 그런데도 증세 없이 복지 공약을 모두 실행하겠다고 고집한다면, 그 모든 비용을 국가부채로 충당하는 것 외에는 다른 방법이 없다.

현재 한국의 공식 국가부채는 2011년 기준 국내총생산 대비 37.9%로, 80%대인 OECD 평균에 비하면 크게 낮은 수준이다. 하지만 이 수치만 보고 안심하기는 이르다. 한국만의 기형적 특징이라고 할 수 있는 공기업부채 문제가 있기 때문이다. 현재 공기업부채는 정부부채에서 제외되어 일단 나라 빚으로 분류되지 않고 있지만, 궁극적으로는 정부의 부담인 만큼 모두 국가부채라 할 수 있다. 그런데 정부부채와 공기업부채를 모두 합하면 한국의 국가부채는 GDP 대비 75.2%까지 올라가서 위험 수위에 이르게 된다. 만일 공기업부채까지 국가채무에 포함하면 우리나라는 하루아침에 국가채무 위기국으로 분류될 것이다.

케네스 로고프Kenneth S. Rogoff와 카르멘 라인하트Carmen M. Reinhart가 세계 각국의 역사적 자료를 통해 연구한 기념비적인 저서『이번엔 다르다』에 따르면, 국가부채가 GDP 대비 90%를 넘어서는 나라는 경제성장률에서 큰 타격을 받게 된다. 그러므로 정부가 추가 증세 없이 복지공약을 추진한다면 공기업부채를 포함한 공공부채가 2018년 이

전에 GDP 대비 90%를 넘어설지도 모른다.

젊은 세대에게 감당할 수 없을 만큼 막대한 국가부채를 떠넘기기 전에 기성세대는 '우리 세대의 복지는 우리 세금으로 해결한다'라는 원칙을 세워야 한다. 정치권이 지금 당장의 인기만을 좇아 노인복지를 확대하고 그 지출을 빚으로 조달하기 시작한다면, 빚 폭탄은 머지않아 우리 자녀들의 삶 위에 무서운 속도로 떨어질 것이다. 세상에 공짜가 없는 것처럼, 재원 마련이 없는 복지는 허구일 수밖에 없다.

세대전쟁의 주범들 4 : 전리품이 된 일자리

후한後漢 광무제光武帝 때 만족蠻族의 봉기가 일어났다. 광무제는 군대를 파견했지만 전멸에 가까운 패배를 하고 말았다. 이 소식을 들은 명장 마원馬援이 62세의 나이였음에도 출정을 청했다. 광무제가 전장에 나서기에는 너무 늙었다며 주저하자, 마원은 "소신이 비록 나이는 많지만 갑옷을 입고 말도 탈 수 있으니, 어찌 늙었다고 할 수 있겠습니까?"라고 말하며 말에 훌쩍 올라탔다. 마원은 만족의 봉기를 제압하고, 그 뒤 대장군이 되어 흉노匈奴 토벌에도 큰 공을 세웠다.

벼슬을 얻기 전, 그가 초야에서 가축을 키우면서 친구들에게 입버릇처럼 했던 말은 바로 "무릇 대장부가 뜻을 품었으면 어려울수록 굳세야 하고, 늙을수록 건장해야 한다大丈夫爲者 窮當益堅 老當益壯"였다. 그 뒤로 나이가 들었어도 패기가 오히려 굳건해지는 것을 '노익장老益壯'이라고 일컫게 되었다.

고령화가 시작되면서 세계 곳곳에서 노익장을 과시하는 멋진 노인들이 늘어나고 있다. 2011년 영국에서는 주거용품 판매점인 비앤큐B&Q에서 판매사원으로 일하다 97세 나이로 은퇴한 시드 프라이어Syd Prior 씨가 화제에 올랐다.[i] 14세에 일을 시작하여 무려 82년 동안 한 번도 쉬지 않고 일한 그는 "어떤 힘든 일도 마다하지 않았던 것이 바로 장수와 행복의 비결이다"라고 말했다. 그는 앞으로 남는 시간은 친구들과 점심을 먹고 극장에 가는 데 보내겠다며 은퇴 이후 계획을 밝혔다.

그가 97세까지 일했던 이유는 단지 돈 때문이 아니라, 자신의 인생을 더욱 보람차게 살기 위해서였다. 이처럼 자기 삶의 보람과 의미를 찾기 위해 노익장을 과시하며 일하는 것은 정말 멋진 일이다. 하지만 만약 생활고로 인해 남들이 다 은퇴한 이후에도 어쩔 수 없이 일을 해야 한다면 그보다 불행한 삶도 없을 것이다. 지금 한국의 은퇴세대는 부동산과 자식 부양 때문에 일터로 내몰리는 비참한 상황에 처해 있다.

왜 우리는 은퇴를 거부하는가

2012년 핀란드로 취재를 갔던 필자는 최고 명문대 중 하나인 헬싱키대학교 경제학부의 베사 칸니아이넨Vesa Kanniainen 교수를 인터뷰하고, 자국의 경제 상황에 대해 이야기를 나눈 적이 있었다. 칸니아이넨 교수는 핀란드의 경제 사정이 남유럽보다는 훨씬 낫지만, 연금재정의 적자 문제가 큰 부담이 되고 있다고 털어놓았다. 덧붙여 그는 핀란드에서 연금 문제를 풀기 위해서는 정년을 연장하고 연금 수급 시기를 늦춰야 하지만, 은퇴를 앞둔 근로자들이 강력히 반대하고 있어 쉽지 않다고 말했다.

이에 필자가 "한국은 핀란드와 반대로 은퇴를 앞둔 근로자들이 정년 연장을 적극 지지하고 있다"라고 이야기하자 그는 깜짝 놀란 표정으로

"한국의 근로자들은 정말 근면하군요. 미래세대의 연금 재정을 위해 기성세대가 자발적으로 더 일하겠다 한다니 정말 대단합니다. 한국이 부럽네요"라고 말했다. 그러나 그가 정년연장을 원하는 우리나라 기성세대의 실상을 알았다면 아마 한국이 부럽다는 말은 하지 못했을 것이다. 한국의 기성세대가 정년연장에 목을 맬 수밖에 없는 이유는 노후준비가 안 되어 있는 탓이고, 이것이 바로 한국에서 벌어지고 있는 세대전쟁과 밀접하게 연관되어 있기 때문이다.

한국전쟁 전후에 태어난 '전쟁세대'는 선진국의 베이비부머와 비슷한 연령층이다. 그런데 선진국의 베이비부머들이 경제호황 속에서 유복한 청년기를 보내고 지금도 여전히 강력한 경제력을 보유하고 있는 것과 달리, 한국의 전쟁세대는 가난하고 힘겨운 유년기를 보내야 했다. 그러다 1970년대 들어서 본격적인 경제개발이 시작되자 그 어떤 세대보다도 최선을 다해 열심히 살아왔지만, 소득의 대부분을 자녀교육에 투자한 탓에 노후준비도 제대로 하지 못하고 은퇴시기를 맞게 되었다.

2012년 현재 '전쟁세대'라 할 수 있는 65세 이상 노인층의 빈곤율은 49.4%로, 이후 세대인 18~64세의 빈곤율 11.6%보다 네 배나 높다.[2] 이들은 일반적으로 국민연금 같은 공적연금 제도에서 소외되어 있는 데다 개인연금을 들 기회도 갖지 못했다. 실제로 60세 이상의 공적연금 가입률은 14.6%로, 이는 50대의 공적연금 가입률 77.1%의 5분의 1도 안 되는 수준이다.[3] 결국 한국의 전쟁세대 대부분은 사회복지 제도의 도움 없이 노년기를 맞고 있는 셈이다.

전쟁세대의 바로 다음 세대인 1차 베이비붐 세대는 고교 평준화와 같은 기회균등 정책으로 이전 세대보다 폭넓은 교육 기회를 가질 수 있었다. 베이비붐 이전 세대인 1954년 이전 출생자들은 전체 인구의 20%가 초등학교 졸업 이상의 학력을 가지고 있지만, 베이비부머들의 경우에는 86.5%가 이에 해당한다. 베이비부머 중에서 대학이나 대학원 교육을 받은 사람은 34.2%로, 1954년 이전 출생자의 18.7%보다 두 배 가까이 높다.[4] 이처럼 이전 세대보다 더 나은 교육을 받을 수 있었던 베이비붐 세대는 상당수가 정규직 직장에서 고속 승진과 함께 연봉 인상을 경험했다.

하지만 1997년 찾아온 외환위기로 많은 베이비부머들은 자신이 충성을 다했던 기업에서 정리해고를 당했고, 그 뒤 자영업에 도전했던 베이비부머들의 대부분은 사업에 실패해 힘겨운 삶을 살게 되었다. 다행히 정리해고를 피했더라도 바로 옆에서 일하던 동료의 해고를 지켜본 베이비부머들은 불안감에 시달리며 정리해고 이후에도 살아갈 수 있는 재테크 방법을 찾는 데 몰두하기 시작했다. 그리고 외환위기가 거의 극복되었다고 여겨졌던 2003년에 신용카드 버블이 찾아왔고, 은퇴를 얼마 안 남겨둔 2008년에 또 다시 글로벌 금융위기가 강타하는 등 베이비부머들은 안정적인 삶을 살아야 할 장년기에 연거푸 위기를 겪으며 그것을 극복해왔다.

그런데 그 수많은 경제위기를 넘겨왔던 베이비붐 세대가 은퇴를 앞두고 돌이키기 힘든 치명타를 맞았다. 그 첫 번째는 평생을 믿어왔던 '부동산 불패' 신화가 무너진 것이다. 베이비부머 세대가 활발하게 경제활동을 했던 시기는 일단 집을 사두기만 하면 무조건 그 값이 뛰어오르던 때였다. 이는 고도성장기에 있던 한국의 국민소득이 한 해

7~8%씩 증가한 덕분이었다. 여기에 물가까지 7~8%씩 뛴다면, 10년마다 집값이 두 배씩 오르는 것은 당연한 현상처럼 여겨질 수 있다.

베이비부머들의 부동산 투자가 자기강화적self-reinforcing인 성격을 띠면서 집값은 더욱 가파르게 올랐다. 베이비부머의 인구가 워낙 많다 보니 주택 공급은 항상 그들의 수요를 따라잡을 수 없었고, 이러한 대규모 인구집단이 서로 앞다투어 집을 사들이니 집값은 계속 상승했던 것이다. 주요 경제활동기에 이런 집값 상승을 경험한 베이비부머들은 부동산 값은 절대 하락하지 않을 거라고 굳게 믿기 시작했다.

산아제한 정책을 시행했음에도 다시 인구가 늘어나기 시작했던 1964~1974년에는 2차 베이비부머들이 태어났다. 2000년대 들어 이들이 결혼과 출산을 시작하면서 부동산 시장에 뛰어들자, 한국의 부동산 가격은 절정으로 치달았다.

먼저 집을 사들인 1차 베이비부머들은 상당한 시세차익을 기대하고 부동산을 처분할 기회가 있었지만, 시세차익을 볼 때마다 오히려 빚까지 지며 더 크고 비싼 집을 찾아 옮겨 다녔다. 이 과정에서 1차 베이비부머 세대는 한국 경제에서 가장 많은 부채를 짊어진 세대이자 가장 많은 자산을 보유한 세대가 되어버렸다.

모든 자산을 부동산에 쏟아부은 탓에 베이비부머들의 자산구조는 심각하게 왜곡되었다. 한국의 베이비부머들의 평균자산은 3억 9600만 원이지만 그중 6900만 원이 빚이기 때문에 순자산은 3억 2700만 원이고, 이들이 보유한 부동산 가격은 3억 200만 원이다. 즉, 베이비부머의 순자산에서 부동산이 차지하는 비중은 무려 92%에 이르는 것이다.[5] 이는 은퇴를 앞둔 베이비부머들이 자신의 모든 자산을 부동산으로 바꾸어놓는 바람에, 당장 꺼내서 쓸 수 있는 금융자산은 거의 없다는 얘기다.

그전까지는 부동산 값이 계속 올랐기 때문에 베이비부머들은 이런 자산 구조의 문제점을 알아채지 못했다. 집값만 오르면 부채구조는 곧 해소될 수 있다고 여겼던 탓이다. 하지만 2010년을 넘어서면서 부동산 값 상승이 완전히 멈추자 그제야 자신들이 빚에 쪼들리고 있다는 사실을 깨닫기 시작했다. 뒤이어 집값이 하락하자 그들에게는 은퇴를 앞두고 빚까지 져서 어렵게 장만한 집이 여유로운 은퇴생활을 가로막는 가장 큰 짐이 되고 말았다. 하지만 이미 모든 재산을 부동산으로 바꾸어놓은 탓에 그들은 집값이 재상승하기만을 기다리면서 노후를 대비할 수 있는 마지막 기회마저 놓치고 있다.

이처럼 무리한 부동산 투자 행태로 인해 한국은 고령층일수록 소득에 비해 부채비율이 높은 편이다. 20대의 경우 자신의 한 해 가처분 소득 대비 부채비율은 88%에 불과하지만, 연령이 높아질수록 이 비율은 증가하여 30대는 152%, 40대는 178%, 50대는 207%, 60대 이상은 253%에 이르는 것으로 나타났다. 고령층이 은퇴 직전까지 무리하게 부동산을 유지한 탓에 점점 빚더미에 짓눌려가고 있는 셈이다.

집값 상승이 멈춘 이후 정부가 부동산 부양책을 쏟아내자 베이비부머들은 인위적인 부양책을 통해서라도 정부가 집값을 다시 회복시켜줄 것이라는 기대를 품었고, 그 결과 대부분은 집을 팔 기회를 놓치고 금융자산이 거의 없는 상태에서 노후를 맞이하게 되었다. 실제로 베이비부머는 우리나라에서 가장 부유한 세대임에도 그들이 보유한 금융자산은 평균 6000만 원에 불과하다. 30년 가까이 남은 은퇴 이후의 삶을 대비하기는 턱없이 부족한 금액이다. 이런 상황에서 만일 집값 하락이 계속된다면 베이비부머 세대는 은퇴 후 극빈층으로 전락하고 말 것이다.

부동산과 함께 베이비부머를 짓누르고 있는 또 하나의 부담은 바로 자녀를 위한 지출이다. 자녀를 위해 베이비붐 세대가 쓰는 돈은 불과 2년 전에 비해 27%나 늘어났다. 18세 이상 성인 자녀가 있는 베이비부머의 80%는 자녀와 함께 살고 있다. 그들 자녀의 평균 연령은 20대 중반이지만, 취업한 비율은 고작 35%에 불과하다. 결국 베이비부머들은 성인이 된 자녀와 함께 살면서 그들을 부양하고, 한 달 생활비의 평균 27% 이상을 자녀 양육과 교육비에 쏟아붓고 있다.[6]

이처럼 은퇴를 앞둔 베이비부머들이 다 큰 성인 자녀까지 부양해야 하는 이유는 젊은 세대의 경제활동 참가율이 급격히 낮아지면서 경제적 자립도가 떨어졌기 때문이다.

게다가 은퇴세대의 빈부격차 또한 심각한 수준으로 벌어지고 있어 경제적으로나 사회적으로 문제가 되고 있다. 실제로 65세 이상 노년층의 소득 불평등의 정도를 나타내는 한국의 지니계수[7]는 2013년을 기준으로 0.419를 기록해, 34개 OECD 회원국 가운데 멕시코와 칠레를 제외하면 가장 높았다.

결국 은퇴 이후의 삶이 불안해진 한국의 베이비부머 세대는 조기은퇴를 원하는 다른 선진국의 베이비부머와 달리 오히려 정년연장을 바라는 독특한 현상을 보이고 있다. 그러다 보니 노후준비가 안 된 베이비부머들이 생활전선으로 내몰리면서 젊은 세대와 일자리를 놓고 경쟁하는 처지가 되었다. 유럽 선진국에서 벌어진 세대전쟁이 주로 가진 세대인 베이비부머와 못 가진 세대인 젊은 세대의 대결이라면, 한국의 세대전쟁은 베이비부머나 청년 세대 모두가 어려운 상황에서 살아남기 위해 치열한 경쟁을 벌이고 있는 셈이다. 이 때문에 우리나라에서 벌어지고 있는 세대전쟁은 그 해법을 찾기가 더욱 어렵다.

정년연장을 보는 두 개의 서로 다른 시선

아르바이트 전문 포털 사이트인 '알바천국'이 2013년 구직 이력서를 분석한 결과, 커피전문점 아르바이트에 지원한 50대가 3년 전보다 열한 배나 늘어났고, 전화상담은 열 배, 매장관리 지원자는 열네 배나 늘어난 것으로 나타났다. 임시직 일자리를 놓고 젊은 세대와 은퇴세대가 서로 경쟁하는 상황이 벌어진 것이다.

이처럼 은퇴 이후에도 일자리를 찾아나서는 사람들이 늘어나면서 2013년 6월 기준으로 우리나라의 전체 경제활동인구 가운데 50세 이상이 35.6%를 차지했다. 불과 10년 전인 2003년 6월의 24.0%에서 11.6%p나 오른 것이다.[8]

한국의 베이비부머들은 모아둔 재산의 대부분을 부동산에 쏟아부은 데다 빚까지 지고 있기 때문에 당장의 생활비가 아쉬울 수밖에 없다. 모아둔 돈이 있어도 금리가 계속 낮아지고 있어 이자 수입은 점점 줄어드는 데다가, 주가 등 대부분 자산가격이 정체 상태를 보이면서 다른 자산운용 수입도 신통치 않다. 결국 계획했던 은퇴 이후의 노후생활이 무너지면서 베이비붐 세대는 은퇴해야 할 나이임에도 일터로 내몰리고 있다.

고령층의 일자리 참여가 늘어나면서, 2012년에는 정부가 취업 관련 통계를 집계하기 시작한 1963년 이후 처음으로 60세 이상의 고령 남성 취업자 수가 20대 남성 취업자 수를 앞지른 것으로 나타났다. 60대 이상 남성 취업자 수가 2009년 155만여 명에서 2012년에는 180만여 명으로 크게 늘어난 반면, 20대 남성의 경우에는 같은 기간 동안 180만여 명에서 172만여 명으로 줄어들었다.

이 같은 상황에서 2013년에 5월, 정년을 만 60세로 연장하는 법안이 국회에서 통과되자 많은 베이비붐 세대가 환호했다. 금리가 2%대로 떨어지면서 사실상 퇴직금만으로 은퇴생활을 꾸려나가기가 쉽지 않은 그들에게 정년연장은 가뭄의 단비나 다름없었다. 특히 정년연장으로 인해 이들이 부동산을 내다파는 시기도 다소 늦추어질 테니, 부동산 부양책 마련을 위해 절치부심하고 있는 정부 입장에서는 부동산 폭락에 대한 걱정을 잠시나마 덜 수 있게 된 셈이다.

재계는 '정년연장 때문에 한정된 일자리를 놓고 아버지와 아들이 경쟁하는 형국이 될 것'이라는 비판을 제기했지만, 정년연장이 젊은 세대의 일자리를 정말로 줄일 것인가 하는 문제에 대해서는 여러 연구 결과가 서로 엇갈린다. 현재로서는 정년연장이 청년들의 일자리를 줄인다는 실증적인 증거는 찾지 못했다는 연구들이 조금 더 우세하다고 할 수 있다.[9]

일자리를 놓고 베이비부머와 젊은 세대가 경쟁하지 않을 것이라는 연구들이 내세우는 근거는 크게 두 가지로 나뉜다. 우선 정년연장으로 베이비부머가 안정적인 정규직 일자리를 유지하는 기간이 길어지면 소비가 증가할 것이고, 이로 인해 기업의 이윤과 투자가 증가하면서 일자리도 늘어나기 때문에 경제 전체적으로는 청년 일자리가 줄어드는 효과를 상쇄하게 된다는 것이다.

또 다른 근거는 베이비부머 세대의 일자리와 청년들의 일자리는 다르다는 것이다. 베이비부머들은 주로 전통적 제조업의 정규직 일자리를 가지고 있는 반면 청년들의 주된 일자리는 서비스업에서 창출되기 때문에 실제로 두 세대가 같은 일자리를 놓고 경쟁하지는 않는다.

이들의 주장대로 정년을 연장해도 청년 일자리의 개수가 유지될 수는 있다. 하지만 일자리의 질은 더 나빠질 가능성이 높다는 것이 문제다. 실질적으로 정년연장의 혜택을 볼 수 있는 이들은 고용이 안정된 공기업이나 대기업의 근로자들로, 전체 근로자 다섯 명 중 한 명 꼴에 그친다. 그런데 이런 직장은 정원이 정해져 있는 TO제Table of Organization System로 운영되고 있기 때문에 정년연장이 이루어진 만큼 정규직 직원 채용을 줄일 것이고, 정년연장으로 유휴인력이 늘어나 생산성이 떨어지면 그만큼 비정규직 채용을 늘릴 것이다.

또한 청년층에게 새로 창출될 것이라는 서비스업 일자리는 보통 제조업보다 임금이 낮은 비정규직인 경우가 많기 때문에, '정년이 연장되어도 청년들의 일자리 숫자에는 변화가 없을 것'이라는 주장이 맞다 해도 일자리의 질은 더욱 악화될 수밖에 없다.

청년들이 가지는 일자리의 질이 더 나빠지면, 더 많은 청년들이 임시직을 전전하면서 자신의 생산성을 높일 기회를 잃어버리게 된다. 이는 경제 전체의 생산성 향상을 둔화시키고, 청년 세대의 생애소득

또한 줄어들어 소비 기반은 더욱 약해질 것이다. 이러한 생산성 둔화와 내수시장 약화는 경제 전체의 성장 잠재력을 더욱 떨어뜨릴 요인에 해당한다. 정년연장이 고령화에 따른 각종 부작용을 잠깐이나마 완화시킬 수는 있겠지만, 결코 근본적인 해결책이 될 수 없는 이유가 바로 여기에 있다.

더구나 실업 상태와 시간제 비정규직 사이를 전전하는 대다수 청년들에게 정규직을 위한 정년연장은 말 그대로 '그림의 떡'일 뿐이다. 2013년 2월 통계청이 발표한 청년실업률은 9.1%로 전년에 비해 0.8%p나 높아진 반면, 같은 시기 우리나라 전체 실업률은 4%로 전년보다 0.2%p 떨어졌다. 경제 전체의 실업률이 개선되는 동안에도 유독 청년실업률만 급증한 것이다.

겉으로 드러나지 않은 청년층의 실제 실업률은 더욱 암울하다. 현재 국제노동기구ILO 방식으로 실업률을 조사하고 있는 우리나라의 실업률 통계는 허상이나 다름없다. 이 방식으로 계산하면 고작 주당 1시간만 일을 해도 취업자로 분류되어 실업자 통계에서 빠지는 데다, 4주 연속으로 구직활동에 나서지 않은 사람도 실업자 통계에 잡히지 않기 때문이다. 결국 실질적인 실업 상태에 있는 청년들 중 상당수가 통계에서 누락되는 셈이다.

실제로 청년층 실업률이 0.8% 늘어났던 2012년 2월부터 2013년 2월까지의 청년층 고용률은 무려 2.8%나 줄어들어 55.3%로 낮아졌다. 고용률이 무려 2.8%나 줄었는데 실업률이 고작 0.8% 늘었다는 것은 취업을 포기한 청년층이 크게 증가했음을 뜻한다. 구직 포기자들까지 모두 합친다면 한국의 실제 청년실업률은 20%가 넘을 것이라는 비관적인 분석이 나오고 있다.

결국 고령화에 따른 부작용을 해소하려면 정년연장과 함께 반드시 청년들이 보다 나은 직장을 가질 수 있는 기회를 제공하는 종합적인 교육 및 취업 지원정책이 함께 실시되어야 한다. 이미 고령화가 시작된 이상 노년층이나 청년층 모두 힘든 것은 마찬가지다. 그 어느 때보다 세대 간 협력과 연대가 절실한 지금, 당장 힘들다고 내일을 준비하지 않고 우리 경제의 남은 잠재력마저 모두 소진한다면 대한민국의 미래는 돌이킬 수 없는 위기에 봉착할 것이다.

당신의 노후를 위협하는 세대전쟁 시나리오

농장의 칠면조에게 있어 주인은 따뜻한 보금자리와 먹을 것을 주는 고마운 존재다. 1000일간 매일 자신에게 맛있는 먹이를 주는 주인에게 익숙해지면, 칠면조에겐 그것이 생활의 규칙이자 흔들리지 않는 굳건한 고정관념이 된다. 그리고 추수감사절을 앞두고 주인이 모이를 더 많이 주는 것도 자신을 사랑하기 때문이라고 착각한다.

그러나 막상 칠면조가 식탁에 오르는 추수감사절이 되면, 먹이를 주던 그 고마운 주인의 손은 순식간에 자신의 목을 조르는 죽음의 손으로 바뀌고 만다. 하지만 칠면조는 주인이 자신을 사랑하고 보살펴주는 존재라는 오랜 인식 때문에, 주인이 자신의 목을 조르기 직전까지도 이를 깨닫지 못한다. 이 경우 칠면조의 경험은 오히려 변화의 시기에 빠르게 대응할 기회를 놓치게 만드는 치명적인 위험요소가 된다.[i]

오늘날 우리가 사는 세계는 결코 과거의 경험이 미래까지 그대로 적용되는 선형적인 세계가 아니다. 모든 것이 빠르게 변하고 있기 때문에, 완전히 달라진 환경에서 과거 경험을 기반으로 한 섣부른 예측은 자칫 우리를 더욱 위험하게 만드는 독이 될 수 있다. 안타까운 점은 이런 비선형적인 변화의 충격을 분석하기에는 인류의 지식이 아직도 너무나 부족하다는 것이다. 그러나 아무리 분석이 어렵다 해도 기존의 경제학처럼 이런 충격적인 변화를 단지 예외로 치부하는 것은 너무나도 어리석은 일이다.

이미 세대전쟁의 상황에 익숙해져 있는 우리는 우리의 미래를 파멸로 이끌고 있는 세대전쟁을 제대로 인식조차 못하고 있다. 이대로 간다면 우리는 친절하던 농장 주인의 손이 우리의 목을 조를 때까지 이를 알아채지 못하는 칠면조의 처지가 될 수밖에 없다. 다행히 우리에게는 세대전쟁의 충격과 여파를 미리 가늠해볼 수 있는 남유럽과 일본의 선례가 있다. 이들 나라의 선례를 철저히 연구하고 타산지석他山之石으로 삼아 그 괴멸적인 결과만큼은 반드시 막아야 한다.

왜 한국은 실패한 그리스의 길을 택했나

세대 간 갈등으로 국가 경제까지 위협받고 있는 대표적인 나라 중 하나가 바로 그리스다. 일부 언론에서는 그리스가 과도한 복지로 무너졌다며 몰아붙이고 있지만, 그리스는 우리가 흔히 생각하는 복지국가의 개념과 거리가 멀다. 글로벌 금융위기 직전인 2007년 그리스는 GDP 대비 공공복지 지출이 21.3%였는데, 이는 28.4%인 프랑스나 27.3%인 스웨덴 등 다른 유럽 복지국가들에 비해 그다지 높은 수준이 아니었다. 그럼에도 유독 노인복지 지출 비중은 전 세계 최고 수준을 자랑했다.[2]

글로벌 금융위기가 오기 직전까지 그리스는 말 그대로 은퇴한 노인들의 천국이었다. 그리스의 일반 근로자들은 소득의 20~26.6%에 해당하는 연금보험료를 35년간 내면, 퇴직 전 평균 소득의 70~80%를 노후연금으로 받을 수 있었다. 그리스에서 공식적으로 연금을 받을 수 있는 나이는 명목상 65세로 정해져 있지만, 대부분의 국민들은 각종 예외 규정을 이용해 60세가 되기 전에 조기은퇴를 하고 노후연금을 받고 있다.

그런데 문제는 이렇게 후한 노후연금이 바로 젊은 세대의 부富를 미리 끌어다 쓰는 방식으로 유지되고 있다는 점이다. 그리스에 연금제도가 처음 도입되었을 때만 해도 경제활동인구 대비 연금수령자의 비율이 4대 1 정도였기 때문에, 아무리 후한 연금체계를 가지고 있다고 해도 당장 제도를 유지하는 데는 큰 문제가 되지 않았다. 하지만 고령화가 급속하게 진행된 2009년에는 이 비율이 1.7대 1로 추락해 제도 지탱이 어려울 만큼 재정이 악화되었다. 이처럼 과도한 노후연금이 그리스의 국가부도 사태를 불러온 근본 원인 중 하나라는 국제적인 비난이 쏟아지자, 그리스 정부는 그제야 마지못해 연금개혁에 나섰다. 플라톤 티니오스Platon Tinios 같은 그리스 경제학자는 "연금재정 악화가 그리스 경제를 짓누르기 시작한 지는 이미 20년이나 됐다"라며 때늦은 연금개혁을 비판했다.[3]

당시 그리스의 과도한 노후연금 체계를 가장 크게 비난했던 것은 독일인들이다. 독일인들은 은퇴 전에 자신의 소득에서 19.5%를 연금보험료로 내고, 은퇴하면 노후연금으로 은퇴 전 소득의 43%를 받는다. 더구나 독일의 실제 은퇴 시기는 67세로 그리스보다 훨씬 늦다. 그런데 그리스에서 국가부도 사태가 일어나자 가장 많은 돈을 지원했던 나라가 바로 독일이었다. 유럽연합EU을 주도하고 있는 독일이 그리스 경제위기를 두고만 볼 수는 없었기 때문이다. 결국 그리스인들이 노후연금으로 펑펑 쓰면서 낭비한 돈은 그리스보다 훨씬 적은 노후연금을 받는 독일인들이 대신 감당해준 셈이었다.

노인복지에 국가재정을 집중적으로 쏟아붓다 보니, 그리스가 청년과 가족복지에 쓰는 국가예산은 상대적으로 턱없이 적을 수밖에 없었다. 그리스의 전체 복지 지출 중 노인연금과 노년층 의료비 관련비용은 무려 3분의 2를 차지하고 GDP의 14%가 넘어 유럽 최고 수준인 반면, 청년과 가족복지를 위한 지출은 고작 GDP의 3.5%에 불과해 유럽 국가 중 최하위, OECD 국가 중에서 한국과 미국 다음으로 가장 낮은 수준을 기록하고 있다.[4]

2008년 글로벌 경제위기 이후, 그리스의 젊은 실업자는 크게 늘었지만 이들을 다시 취업전선으로 복귀시키려는 국가적 지원은 매우 미약했다. 결국 복지 시스템에서 소외된 그리스의 젊은 근로자들은 경제위기의 직격탄을 맞고 시간당 임금이 최저임금에도 못 미치는 비정규직 시간제 일자리를 전전하는 처지가 되었다. 그리스 근로자 열 명 중 네 명은 한 달 세전소득이 1100유로, 우리 돈으로 160만 원 정도도 되지 않을 정도로 힘겨운 삶을 살고 있다.

특히 그리스의 실업급여 수급 조건은 OECD 회원국들 중 가장 까다롭다는 한국에 버금갈 정도라서 젊은 실업자는 실업급여를 받는 것조차 쉽지 않다. 게다가 해당 조건을 간신히 만족시킨다고 해도 실업 1년차인 근로자가 받을 수 있는 실업급여는 실업 전 소득의 33%밖에 되지 않는다. 이는 스웨덴의 66%나 독일의 64%는 고사하고 OECD 평균치인 52%에도 미치지 못한다. 더구나 실업 2년차인 사람들에 대한 실업급여는 임금의 5%에 불과해 OECD 평균인 40%의 8분의 1에 불과하다.[5] 취업지원이나 실업자 재교육 등에 쓰는 예산도 그리스는 GDP의 0.8% 정도임에 비해 스웨덴은 그보다 무려 여덟 배나 많은 4%를 청·장년층의 취업에 지원하고 있다.

이 같은 그리스 정부의 열악한 청년복지 투자로 청년들의 경제적 기반은 더욱 약화되었고, 그에 따라 노인들의 복지를 위한 세수 확보도 어려움을 겪게 되면서 재정적자가 확대되어 노인복지마저 축소되는 악순환이 시작되었다.

한국 국민연금의 구조도 그리스의 그것과 크게 다르지 않다. 우리나라의 국민연금이 자신의 소득에서 9%를 내고 노후에 40%를 받는 구조라면, 그리스는 자신의 소득의 24%를 연금보험료로 내고 노후에 80%를 받아가는 구조이기 때문이다. 결국 우리가 연금 구조를 개혁하지 않는다면, 자칫 그리스처럼 국민들의 노후를 위해 만들어진 연금제도가 우리나라의 경제를 짓누르는 무거운 짐이 될 것임은 자명한 일이다.

65세 이상의 노인들에게 집중되어 있는 우리나라의 복지정책도 그리스를 꼭 닮아 있다. 2011년을 기준으로 우리 정부는 65세 이상 노인 436만 명에게 3조 7145억 원의 사회보장비를 지출했다. 노인 한 명이 한 해 85만 원의 복지혜택을 받은 셈이다. 이에 비해 844만 명이나 되는 6~12세 어린이 인구에 대한 사회보장비는 고작 1691억 원으로, 어린이 1인당 복지혜택은 한 해에 고작 2만 원에 지나지 않는다. 1인당 복지 비용을 기준으로 보면, 어린이를 위한 복지 비용이 노인복지 비용의 40분의 1도 안 되는 셈이다.[6] 여기에 정부가 2014년부터 기초연금까지 도입하면 그 격차는 더욱 크게 벌어질 것이다.

우리 정부가 아동복지에 투자하는 예산은 전체 GDP 기준 대비 고작 0.46%에 불과하다. 다른 OECD 회원국들과 비교해보면 덴마크는 GDP의 3.3%, 프랑스는 3.0%, 핀란드는 2.8%를 아동복지에 투입하고 있다. 아동복지 지출이 유럽 최저 수준인 그리스도 GDP의 1.1%를 투자하고 있어 한국의 두 배가 훨씬 넘는다.

이처럼 턱없이 낮은 아동복지 예산은 한국의 아동빈곤율을 OECD 회원국 중 최고 수준으로 끌어올리고 있어서, 2001년에 5.4%였던 것이 2006년에는 8.5%로 빠르게 증가했다. 아동빈곤율이 높아지면 잘 먹지 못하니 건강한 어른으로 자라지 못하고, 공부할 기회도 적으니 낮은 학업성취도를 보일 수밖에 없어 결국 성인이 된 후에도 빈곤에서 탈출할 가능성이 크게 낮아진다. 실제로 가난에서 벗어나는 확률을 나타내는 빈곤탈출률은 2006년에 35%였으나 2009년에는 31%로 떨어졌다.

성인에 비해 아동의 빈곤 문제는 오직 사회복지 정책이 아니면 해결이 어렵다. 더구나 아동빈곤율이 높아지면 그것은 단지 아동의 문제에 그치지 않고 경제 전체의 생산성을 낮추게 되어 잠재성장률까지 추락하게 만든다. 결국 아동빈곤 문제의 해결이 우리나라 경제의 미래를 위해 그 어떤 복지정책보다 시급하고 중요한 문제임에도, 우리 정부는 아동빈곤 문제의 해결을 개인에게만 맡기고 있다.

특히 아동빈곤을 해결하는 데 가장 핵심이라 할 수 있는 '아동수당'의 도입은 언제나 후순위로 밀려났다. 2006년 정부는 65세 이상 노인들에게 지급하는 기초노령연금과 함께 아동수당의 도입을 검토했지만, 그중 기초노령연금만 2008년부터 도입했을 뿐 아동수당은 아예 논의 대상에서조차 제외되었다. 2012년에는 또다시 아동수당 도입을 검토했지만 끝내 실패했고, 기초노령연금만 기초연금으로 강화시켰다. 정치권의 논의 과정에서 노인복지와 관련된 지출은 별다른 반대 없이 빠르게 늘어난 반면, 아동복지에 대한 투자는 언제나 무상복지 반대 논리에 밀려 좌절되고 말았다.

한국보건사회연구원은 6세 이상 17세 이하의 모든 아동에게 한 달에 10만 원씩 아동수당을 지급하면 아동빈곤율이 43%나 줄어들 것이라고 보고 있다. 아동수당만 도입하더라도 빈곤 어린이 비중을 거의 절반 가까이 낮출 수 있다. '아동수당'을 제치고 지금 도입 논의 중인 '기초연금'이 65세 이상 노인에게 한 달에 최고 20만 원씩 지급하는 내용임과 비교할 때, 이는 결코 과도한 예산 투입이라 볼 수 없다.

더구나 현재 두 지급 대상의 인구수는 600여만 명으로 비슷한 수준이지만, 시간이 갈수록 노인인구가 기하급수적으로 폭증하는 반면 아동인구는 점점 줄어들고 있는 추세임을 감안하면 예산투입 규모와 그 효과 면에서 봤을 때 정책의 우선순위에서도 절대로 뒤지지 않는다. 아동빈곤율이 낮아지면 미래 청년들의 생산성이 늘어나 한국의 경제성장률을 높일 것이고, 이는 사회복지 전체의 재원이 늘어나는 효과로 이어질 수 있다. 기초연금이 사실상 '비용'이라면 아동수당은 미래의 복지재원을 확대하는 효율적인 '투자'로 보아야 마땅한 이유가 바로 이것이다.

대학 교육에 대한 우리 정부의 투자도 너무나 형편없는 수준이다.

독일은 물론 프랑스, 이탈리아 등 대부분의 유럽 국가에서 대학 교육은 거의 정부 지원으로 이루어지고 있기 때문에 등록금이 전혀 없거나, 있더라도 학기당 수십만 원 정도에 불과하다. 유럽에서 청년복지가 최하위권인 그리스에서조차 대학 등록금은 무료에 가깝다. 이에 비해 한국은 국·공립대학의 등록금이 한 해 5316달러로, 6312달러인 미국에 이어 OECD 국가 중에서 2위를 차지한다. 미국의 1인당 GDP가 한국의 두 배 이상임을 감안한다면, 사실상 한국의 등록금은 독보적인 세계 1위인 셈이다.

한국의 전체 공교육비 가운데 학부모가 직접 부담하는 비중은 평균 40%나 된다. 이는 OECD 평균 국가부담률 16%보다 2.5배나 높은 수준이다. 심지어 신자유주의를 내세우는 미국에서조차 공교육 분야의 민간부담률은 28%에 불과해 한국보다 훨씬 낮은 수준이다.[7] GDP 대비 공교육비의 민간부담률은 무려 3.1%로, OECD 국가 중에서 불명예스러운 1위를 차지했다. 이는 OECD 평균인 0.9%의 네 배를 훌쩍 넘기는 수준이다. 한국에서 초등학교에 들어가 대학을 졸업할 때까지 받는 복지혜택은 다른 나라와 비교할 때 그야말로 처참한 수준이다.

이처럼 한국의 사회복지 정책은 어떤 연령에 속해 있느냐에 따라 심각한 불균형을 보이고 있다. 그리고 이런 불균형은 세대전쟁으로 나라 경제가 무너지고 있는 그리스를 비롯한 남유럽에서 공통적으로 나타나고 있는 현상이다. 우리가 남유럽이 걸어온 길을 그대로 따라가고자 하는 것이 아니라면, 지금처럼 세대갈등을 유발하는 위험한 세대 간 불평등 정책은 당장 멈춰야 한다.

세대전쟁의 여파는 부메랑처럼 돌아온다

한국에서 세대전쟁의 여파는 가장 먼저 젊은 세대의 '출산 파업'으로 나타나고 있다. 복지정책의 심각한 불균형 속에서 아이를 낳고 키우는 비용에 짓눌린 젊은 세대가 아예 아이를 낳지 않거나, 낳더라도 하나만 낳는 선택을 하고 있는 것이다. 이렇게 젊은 세대의 인구 감소가 가속화되면 한국 경제구조에도 큰 변화가 생길 수밖에 없다.

나이가 들수록 젊었을 때보다 소비 지출이 줄어드는 경향이 크기 때문에, 고령화가 진행될수록 1인당 소비는 지속적으로 감소할 것이다. 더구나 고령층 인구가 급속도로 불어나 젊은 세대의 소득으로 노인복지를 감당하게 된다면, 젊은 세대는 자신들이 번 돈이 노인들에게 이전되므로 소비를 크게 줄일 가능성이 농후하다.

또한 젊은 세대의 인구가 지속적으로 줄어들면서 노동력 공급의 감소 또한 문제로 등장할 것이다. 처음에는 노인인구로 청년 노동력의 빈자리를 대신하겠지만, 고령인구가 급속도로 늘어나면 이마저도 쉽지 않을 것이다.

이렇게 내수시장이 축소되고 노동공급이 감소하면 투자까지 동반 하락하는 악순환이 일어나 경제성장률은 더욱 낮아질 것임을 예상할 수 있다. 한국개발연구원은 향후 합계출산율이 계속 1.19명 수준에 머물 경우, 한국의 경제성장률은 2030년대에 1.6%로 낮아지고 2040년 대에는 0.74%로 추락해 사실상 성장이 멈춘 경제가 될 것으로 내다보았다.[8]

세대전쟁으로 가속화될 또 다른 문제는 바로 저축률 하락이다. 가계

저축 성향이 낮은 고령층 인구가 늘어나면 나라 전체의 가계저축률도 지속적으로 하락하게 되는데, 아직 고령화가 본격적으로 시작되지도 않은 한국의 가계저축률은 이미 3% 안팎으로 떨어진 지 오래다. 한국의 경우 자녀양육비와 교육비, 그리고 부동산 대출 때문에 저축이 거의 불가능하기 때문이다.

미래세대를 위한 복지정책이 획기적으로 강화되지 않는 한 한국인들은 평생 교육비와 양육비의 볼모가 될 수밖에 없다. 더구나 지금처럼 청년실업 대책 등의 청년복지가 제대로 확립되지 못하면, 한국의 부모들은 은퇴 직전까지도 백수 생활을 하는 성인 자녀들을 부양하는 데 자신의 소득을 쏟아부어야 한다. 이런 상황에서 은퇴를 맞게 되면 몇 년 지나지 않아 자산은 모두 소비하고 가난에 허덕이는 여생을 보낼 수밖에 없다. 2020년이 넘으면 우리는 가난에 쪼들려 사는 베이비붐 세대의 이야기를 자주 듣게 될 것이다.

저축률이 과도하게 낮아지면 한국의 금융시장은 위기에 취약해질 수밖에 없다. 주로 국민연금기금에 의존하고 있는 채권시장은 민간 저축 기반이 거의 사라졌기 때문에 외국계 투자자의 손쉬운 먹잇감으로 전락할 것이기 때문이다. 채권시장에 대한 국민연금의 투자규모는 이미 완전히 드러나 있기 때문에 이를 이용한 외국계 투자자의 이른바 '치고 빠지기' 전략이 반복될 것이다. 이처럼 변동성이 큰 금융환경은 여러 차례 위기를 불러올 가능성이 높고, 이는 자산을 굴려서 생활해야 하는 은퇴세대를 어려움에 봉착하게 만들 것으로 보인다.

세대전쟁의 또 다른 여파는 바로 자산가격의 끝없는 추락이다. 젊은 세대의 감소로 내수시장이 축소된 경제구조에서는 기업의 이윤도 줄어들 수밖에 없다. 더구나 노동공급이 줄어들면 자본의 한계생산성도 떨어져 기업의 빠른 성장을 기대하기도 쉽지 않다. 이 같은 현상은 결국 장기적으로 한국 주식시장에서 주가를 끌어내리는 압력으로 작용하게 될 것이다.

주식수요 측면에서 봐도 우리나라의 장기적인 주가전망은 그리 밝지 않다. 2012년 12월 결산 상장사 개인주주의 연령별 분포를 살펴보면 향후 한국 주가의 미래를 가늠해볼 수 있다. 개인주주 가운데 20~30대 투자자의 비중은 31.4%에 불과해 글로벌 금융위기 이전인 2007년의 36.7%에 비해 5%p가 넘게 감소했다. 이에 반해 2007년에 19.2%에 불과했던 50대 주식투자인구의 비중은 23%로 4%p 가까이 늘어났다. 60대와 70대 주식투자인구도 각각 1%p 넘게 늘어났다.

이처럼 젊은 세대가 주식시장에서 소외되는 현상이 계속된다면 장기적으로는 주식시장에서 매수주체가 줄어들어 주가하락의 한 원인이 될 것이고, 주가가 계속 오르던 과거에 비해 주식투자로 돈을 버는 일도 훨씬 어려워질 것임을 예상할 수 있다.

가장 큰 문제는 바로 베이비부머가 그렇게 믿고 의지하고 있는 부동산 가격의 전망도 매우 어둡다는 점이다. 정부가 아무리 부동산 부양정책을 쓴다 해도 부동산 가격을 다시 올리기는 쉽지 않다. 앞서 이야기했듯 집을 팔아 은퇴자금을 만들려는 고령층보다 집을 새로 사려는 청년층의 수가 턱없이 부족하고, 소득이 좀처럼 늘지 않는 젊은 세대들은 아무리 돈을 모아도 주택 구입자금을 마련하기가 쉽지 않기 때문이다. 실제로 국제결제은행BIS의 엘로드 타카츠Elod Takáts[9]가 22개 선진국 자료를 토대로 연구한 결과, 고령화는 부동산 가격에 큰 영향을 미치는 것으로 나타났다. 이를 바탕으로 그는 22개 선진국에서 향후 40년 동안 집값이 매우 크게 떨어질 것이라고 전망했다.

한국의 경우 2013년부터 생산가능인구 비중이 줄어들기 시작하는 만큼 부동산 시장의 불안은 계속될 수밖에 없다. 더구나 2015년 이후 에는 1955~1963년 사이에 태어난 1차 베이비붐 세대의 은퇴가 가속 화되면서 집값 하락 압력이 더욱 커질 것이다. 은퇴자들 중에는 생활 비를 마련하기 위해 집을 팔거나 도심을 떠나 교외에 집을 얻는 이들 이 늘어날 것이므로, 본격적인 집값 하락은 대도시부터 시작될 것으로 보인다. 또한 곧 은퇴를 맞이하게 될 베이비붐 세대는 순자산 중 부동 산 비중이 92%를 넘기 때문에 우리나라의 부동산 가격 폭락은 그 어 떤 나라보다도 큰 충격을 가져올 것이다.

문제는 이 같은 부동산 시장의 붕괴를 막을 수 있는 시간이 얼마 남 지 않았다는 사실이다. 만일 일본의 2000년대 초반처럼 부동산 부양 책과 고령층 복지에만 돈을 쏟아붓고 젊은 세대의 소득 기반 구축과 미래세대의 인구 증가를 통한 근본적인 문제 해결을 등한시한다면, 우 리의 미래는 일본의 20년 장기불황보다 훨씬 더 심각한 위기에 빠질 것이다.

더구나 일단 위기가 시작되면, 경제성장이 정체된 상태에서 국가재 정이 순식간에 바닥나 청년복지를 위한 재원 마련은 더욱 요원해지고 만다. 당장 한 표가 아쉬운 정치권은 눈앞의 부동산 가격 하락을 막기 위해 소중한 국가예산을 낭비할지도 모른다. 하지만 이 같은 대증요법 對症療法은 결국 경제성장률 하락과 자산가격 추락을 더욱 가속화시킬 뿐이다.

젊은 세대가 직장을 갖고 결혼을 생각하고 출산을 꿈꿀 수 있도록 돕는 기본적인 복지투자 없이는 결코 지금과 같은 위기 상황을 해결할 방법이 없다. 최악의 악몽이 실현되는 것을 보고 싶지 않다면 지금 당장 문제 해결에 착수해야 한다. 아직도 눈앞에 보이는 이익만 계산하며 미래세대와의 전쟁을 계속한다면, 결국 그 피해는 기성세대에게 고스란히 돌아오고 말 것이다.

PART III

대한민국,
어떻게 세대전쟁을
넘어설 것인가

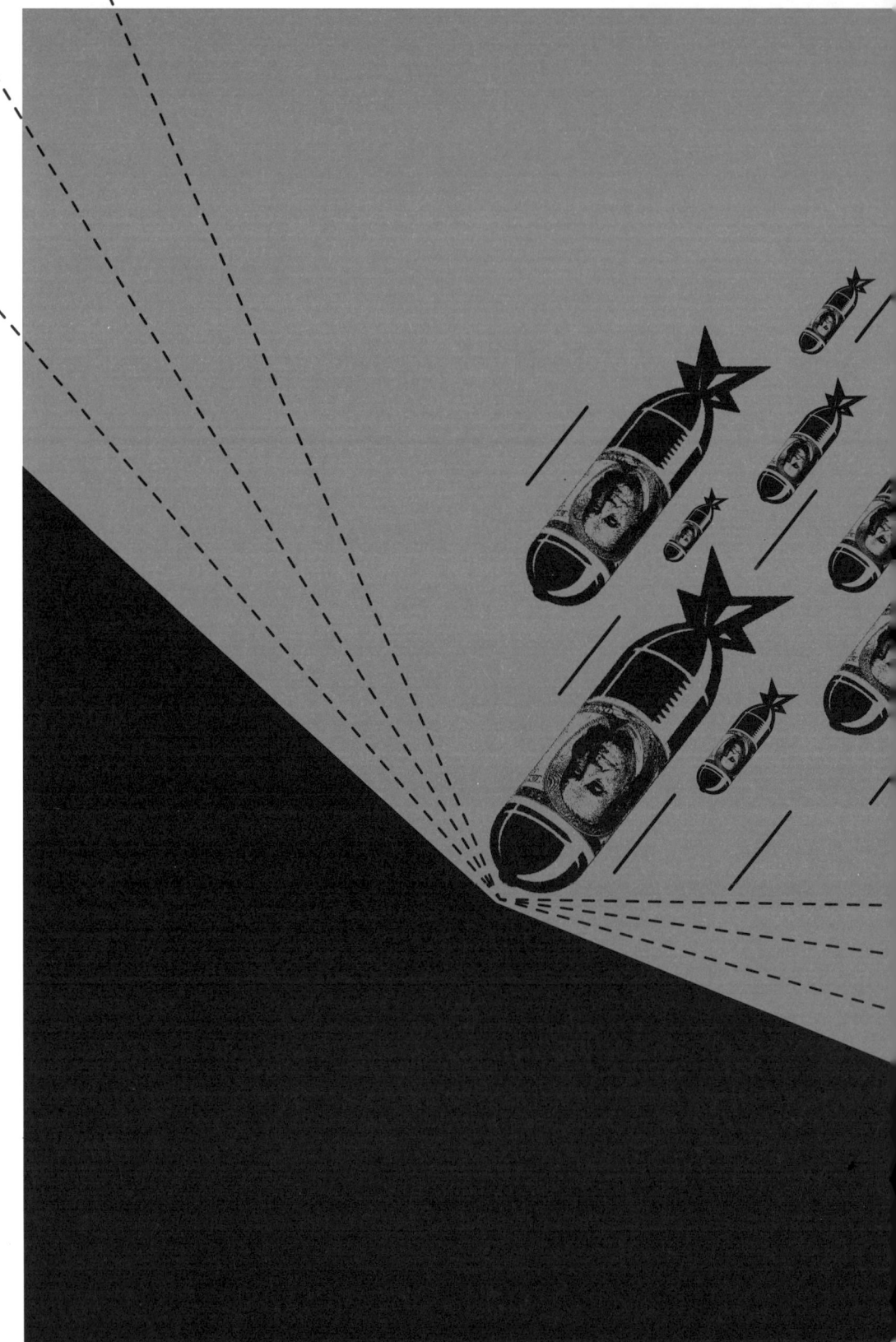

청년의 가치를
먼저 깨닫는 나라만이
살아남는다

CHAPTER 01

1347년 10월, 값비싼 향료와 비단을 싣고 흑해 지방에서 출발한 열두 척의 제노바 상선은 이탈리아 반도 남서쪽에 있는 시칠리아의 메시나Messina 항구에 도착했다. 그런데 이 선박에는 사타구니나 겨드랑이에 계란 크기의 혹이 나 있는 시신 여러 구가 실려 있었고, 살아남은 선원들마저 피고름을 흘리며 극도의 고통 속에 죽어가고 있었다. 그런데 더 큰 문제가 발생했다. 배가 입항한 지 며칠 만에 메시나 시민들이 선원들과 같은 괴질에 걸려 하나둘씩 죽어가기 시작한 것이다. 놀란 시민들은 죽음의 씨앗을 싣고 온 상선 열두 척을 바다로 돌려보냈지만, 이미 죽음의 역병은 메시나 시 전체로 퍼진 뒤였다. 바다로 쫓겨난 상선은 자신의 모항母港인 제노바로 돌아갔고, 결국 무역의 중심지였던 제노바에도 역병이 급속도로 번졌다. 이 역병이 바로 수백 년 동안 유럽을 죽음의 공포에 몰아넣었던 흑사병Black Death이다.

이 사건을 계기로 유럽에서 급속도로 퍼진 흑사병은 1348년에는 프랑스와 스페인 및 영국, 1350년경에는 북유럽까지 번졌고, 그 뒤 18세기까지 계속 재발하면서 400년 가까이 유럽인들을 괴롭혔다. 14세기에는 이 죽음의 병으로 인한 사망자가 최소 7500만 명에서 최대 2억 명에 이르렀고, 17세기에는 런던 대흑사병, 베니스 대흑사병 등으로 불리는 대재앙을 일으켰다. 그 결과 유럽의 인구는 3분의 1 이상 줄어들었다. 하지만 이는 전체적인 통계일 뿐이고 이탈리아나 스페인, 프랑스 남부 등 인구 밀집지역 중에는 인구가 80% 이상 줄어든 곳도 있었다.

이처럼 극적인 인구구조의 변화는 유럽의 경제구조까지 바꾸어놓았다. 흑사병이 돌기 전까지 중세유럽은 농노 체제로 유지되고 있었다. 노예와 달리 농노들은 결혼해서 처자식을 두거나 집과 텃밭 등을 소유할 수 있었다. 하지만 다른 곳으로 이사를 가거나 직업을 바꾸는 것은 불가능했고, 영주에게 각종 세금을 납부해야 하는 것은 물론 일주일 중 2~3일은 영주의 직할지에서 일을 해야 했다. 당시 유럽에서 농노는 매우 풍부한 자원이었고, 영주들은 값싼 농노들을 이용해 부를 쌓을 수 있었다.

그런데 흑사병이 돌고 난 뒤에는 완전히 상황이 달라졌다. 흑사병으로 인한 피해가 계급이나 신분에 따라 큰 차이를 보였기 때문이다. 흑사병이 휩쓸 때 영주나 귀족들은 잠시 영지를 떠나 목숨을 보존할 기회가 있었지만, 거주지를 옮길 자유가 없었던 가난한 농노들은 흑사병 앞에서 속수무책으로 당할 수밖에 없었다. 그 결과 흑사병이 지나간 이후에는 다른 어떤 계층보다 농노들의 숫자가 가장 크게 줄어들었다.

이 같은 변화는 모순적이게도 농노들의 가치를 크게 높여놓았다. 흑사병 이후에도 토지는 그대로 남아 있었기 때문에 토지의 가치는 떨어졌고, 이를 경작할 농노가 중요한 자원이 된 것이다. 결국 영주들은 소중한 농노의 도주를 방지하고 더 많은 농노를 확보하기 위해 경쟁적으로 농노들에게 더 좋은 조건을 내걸기 시작했다. 흑사병은 많은 농노들의 목숨을 앗아갔지만, 살아남은 농노들의 지위를 향상시키는 데 결정적인 역할을 했다. 그리고 가장 흔한 자원이었던 농노가 흑사병 이후 가장 희소한 자원으로 바뀌었다는 사실을 가장 먼저 깨달은 영주나 왕은 근세로 향하는 길목에서 강자로 떠올랐다.

석유보다 더 빨리 사라져가는 청년자원

인류에게 에너지 고갈은 언제나 심각한 위협으로 여겨져왔다. 1881년 유명한 과학자였던 윌리엄 톰슨William Thomson은 당시 가장 중요한 에너지원이었던 석탄의 고갈을 두려워하면서 "재앙이 멀지 않았다. 석탄이 다 떨어지면 영국의 시대는 끝나고, 풍차가 다시 득세할 것이다"라고 경고했다.

하지만 불과 몇 년 뒤에 석유와 천연가스 등 새로운 자원이 등장하면서 세계 경제는 톰슨이 우려했던 재앙이 아닌 호황을 누렸다. 한 세기 뒤인 1957년에는 원자력 에너지 이용에 독보적인 업적을 남긴 하이먼 리코버Hyman Rickover가 2000년을 고비로 화석연료가 고갈될 것이라고 주장했지만, 정작 2000년이 되자 원유 생산량이 1957년보다 무려 다섯 배나 늘어나면서 그의 예상은 보기 좋게 빗나갔다.[i]

석유 생산량이 정점을 기록한 뒤 곧 고갈될 것이라는 이른바 '오일피크Oil Peak' 주장은 지금도 계속되고 있다. 가장 대표적인 주자는 세계피크오일연구협회ASPO, Association for the Study of Peak Oil and gas의 창설자이자 회장인 콜린 캠벨Colin Campbell로, 그는 1980년대부터 세계 석유자원이 곧 오일 피크에 도달해 매장량이 빠르게 고갈될 것이라고 주장했다. 하지만 그의 예상은 번번이 빗나가, 1989년 이후 지금까지 다섯 번에 걸쳐 오일 피크 예상시기를 수정해왔다. 2013년 현재 상당수 석유 전문가들은 2020년을 전후해 석유 생산량이 최대치를 기록하고 점차 줄어들 것으로 보고 있지만 석유 채굴 기술이 발전하고 있으므로 과연 이 예측이 맞을지는 미지수다.

설사 전문가들의 예측이 맞아떨어져 석유 생산량이 정말로 2020년에 정점을 찍은 뒤 점차 줄어든다 하더라도, 석유는 다른 화석연료로 어느 정도 대체 가능한 자원이다. 가장 대표적인 것은 아직까지 본격적인 개발이 이루어지지 않은 오일 샌드oil sand다. 오일 샌드는 말 그대로 '기름이 섞여 있는 모래나 암석'으로, 1875년 캐나다에서 처음 발견되었지만 생산비가 너무 많이 들어가는 탓에 유가가 배럴당 20달러 미만일 때는 전혀 주목받지 못했다. 하지만 원유가격이 50달러를 넘어선 이후부터는 채산성이 높아져 최근에는 석유를 대체할 자원으로 여겨지고 있다.

오일 샌드보다 더 풍부한 미래 에너지원은 셰일 가스shale gas라 할 수 있다. 셰일 가스는 전통적인 일반 천연가스보다 더 깊은 지하 퇴적암인 셰일층에 존재하는 천연가스인데, 이전에는 높은 채굴비 때문에 개발할 엄두도 내지 못했다. 하지만 최근에는 기술의 발달로 생산단가가 크게 낮아진 데다 유가도 크게 높아지면서 개발이 가속화되고 있다. 아직은 개발 초기라고 할 수 있지만, 워낙 매장량이 많기 때문에 셰일 가스 역시 차세대 에너지원으로 주목받고 있다.

석유를 대체할 자원으로는 최근 빠르게 개발되고 있는 태양광, 풍력, 수력 등의 재생에너지도 있다. 지금은 재생에너지의 생산비가 석유보다 비싸기 때문에 대체 속도가 느리지만, 석유 에너지원이 고갈되기 시작하면 유가가 급등해 재생에너지가 화석연료를 대체하는 속도는 더욱 빨라질 것이다. 글로벌 비영리 연구기관인 로마클럽Club of Rome의 요르겐 랜더스Jorgen Randers는 2010년 8%에 불과했던 재생에너지의 사용이 2050년에는 37%로 늘어날 것이라고 내다본 바 있다.[2]

이처럼 석유가 어느 정도 대체 가능한 자원인 데 비해, 결코 대체 불가능한 자원이 바로 미래경제를 짊어질 청년들이다. 이 때문에 앞으로 세계 경제에서 가장 중요한 자원은 석유도 철광석도 아닌 청년이 될 것이다. 14세기 유럽에서 농노를 희소한 자원으로 만들었던 것은 흑사병이었지만, 오늘날 21세기 청년인구를 줄이는 흑사병은 다름 아닌 세계 곳곳에서 벌어지고 있는 세대전쟁이다. 경제적 어려움에 처한 청년들이 자신의 생존을 위해 결혼 파업과 출산 파업을 택하면서 미래세대의 인구가 급속히 줄어들고 있기 때문이다.

현재 가임여성 1인당 출산율이 급속도로 줄어들고 있는 국가는 한국만이 아니다. 가장 극적인 감소세를 보이고 있는 나라는 리비아로, 1990년 일곱 명이었던 합계출산율이 2010년에는 두 명으로 줄어들었다. 전 세계적으로 지난 40년간 여성 1인당 합계출산율은 4.5명에서 2.5명으로 매우 급속히 감소했다.

우리보다 먼저 출산율 감소 현상을 겪기 시작한 많은 유럽 선진국들의 인구는 2015년부터 줄어들기 시작할 것이고, 현재 세계 경제의 마지막 성장동력이 되고 있는 중국의 인구 역시 2020년을 정점으로 감소할 것이다. 흑사병이 창궐했던 14세기 이후 600여 년 동안 인류 역사에서 인구증가율이 이처럼 세계 곳곳에서 동시다발적으로, 이토록 빨리 떨어진 적은 없었다.

많은 유럽 국가들에서는 글로벌 금융위기가 닥쳤던 2008년을 전후해 경제활동을 할 수 있는 생산가능인구가 전체 인구에서 차지하는 비중이 정점을 찍은 뒤 하락하기 시작했다. 후진국은 이보다 다소 늦게 생산가능인구 비중이 줄어들었지만 결국 사정은 비슷하고, 전 세계적으로는 2035년에 최고치를 기록한 뒤 감소세로 돌아설 것이라 보고 있다. 생산가능인구 비중이 급격히 줄어들기 시작한 나라에서는 경제가 급속도로 쇠퇴하는 양상이 나타나고 있으므로, 전 세계적인 생산가능인구 비중의 감소 현상 역시 세계 경제에 큰 충격을 줄 수밖에 없다.

신자유주의로 전환한 1980년대 이후 선진국들은 생산성 추락 현상을 보이고 있다. 1970년대 중반 이전까지만 해도 연평균 2% 이상의 놀라운 증가세를 보였던 미국의 총노동생산성은 그 뒤 40년간 연평균 1%에도 못 미쳤다.[3] 더구나 2000년대 중국이나 브라질 같은 후발주자들이 미국이나 유럽의 생산성을 빠르게 따라잡았던 이른바 '추격 효과'가 한계에 다다르면서, 이들 국가들의 생산성 향상 속도도 점점 둔화되고 있다.

이처럼 1970년대 중반 이후 총노동생산성 향상 속도는 서서히 낮아졌지만, 1970~2010년까지 생산가능인구 비중이 증가하면서 세계 경제는 간신히 성장세를 유지해왔다. 전 세계적으로 볼 때 1970년에는 생산가능인구 한 명이 노인과 어린이 0.6명을 부양했지만, 2010년에는 0.5명을 부양하는 경제구조로 바뀐 덕분이다. 여기에 여성들의 노동시장 진출이 대폭 늘어난 것도 세계 경제 성장에서 중요한 역할을 해왔다. 즉, 1980년대 이후 세계 경제는 생산성 증가보다 노동력의 추가 투입에 의해 성장세를 유지해온 셈이다.

하지만 이제 세계 경제 성장을 지탱해왔던 노동력 추가 투입에 제동이 걸리고 있다. 글로벌 금융위기 이후 대부분의 선진국에서 생산가능인구 비중이 급속하게 줄어들었기 때문이다. 선진국의 여성 노동력 활용은 이미 한계치에 이르렀기 때문에 추가로 투입될 수 있는 여성 노동력도 없다. 그 결과 유럽 국가들의 GDP가 오랫동안 정체되거나 줄어드는, 전례 없던 현상이 일어나고 있다.

그런데 생산가능인구 비중과 GDP가 동시에 급격히 줄어들고 있는 나라들의 공통점이 있으니, 바로 격렬한 세대전쟁을 벌이는 국가라는 점이다. 앞서 설명한 그리스, 이탈리아, 스페인 등이 그 대표적인 예다. 이 국가들은 세계적으로 청년인구가 급격하게 줄어들면서 젊은 세대 한 명 한 명이 가장 희소한 자원이 되고 있음에도 자국의 젊은이들을 보호하고 지키기는커녕 오히려 변변한 일자리 대책도 없이 청년들을 방치하여 밖으로 내몰고 있다.

현재 젊은 세대의 고갈 속도는 천연자원의 고갈 속도보다 빠른 데다, 인적자원은 다른 어떤 것으로도 대체 불가능하다. 젊은이들이 사라지면 노동력뿐 아니라 소비시장까지 동시에 사라질 수밖에 없다. 이 때문에 미래세대의 소중한 가치를 먼저 깨달아 지키고 보호한 나라만이 21세기를 주도할 수 있는 것이다.

앞으로 세계 각국은 젊은 세대를 한 명이라도 더 확보하기 위해 사활을 건 경쟁 국면에 돌입하게 될 것이고, 여기에 노동의 이동이 가속화되면서 뛰어난 청년인재들은 세계 곳곳으로 옮겨 다니게 될 것이다. 그제서야 뒤늦게 청년자원을 확보하려고 나서도 때는 이미 늦었다. 젊은 인재를 끌어모으고 싶어도 그들을 유인할 경제적 여력은 이미 다 소진된 후일 것이기 때문이다. 젊은 세대의 가치를 깨닫지 못한 나라는 이제 쇠락의 길을 면치 못할 것이다.

스파르타의 몰락은 인구 감소 때문이었다

청년 인구가 급격히 줄어들면 제아무리 강력한 국가라도 무너질 수밖에 없다. 강력한 고대 도시국가였던 스파르타Sparta가 몰락한 것도 젊은 세대의 인구 감소와 밀접한 관련이 있다. 본래 활기차고 개방적인 사회였던 스파르타는 아테네처럼 문화와 예술을 사랑하여 화려한 점토 공예 등이 발달했고, 신들을 찬양하는 아름다운 합창경연대회도 자주 열렸다. 그런데 기원전 7세기 무렵, 경쟁관계에 있던 이웃나라 메세니아Messenia를 정복한 다음부터 스파르타의 정치와 경제는 급속도로 변하기 시작했다.

스파르타는 자신들보다 훨씬 인구가 많았던 메세니아를 특유의 용맹으로 제압하고, 포로가 된 모든 시민들을 노예로 삼았다. 그 결과 자유시민이라고 불리는 지배계급과 노예의 비율이 1대 20을 넘어섰다. 지배계급과 노예의 비율이 1대 3 정도에 불과했던 아테네 등 다른 그리스 국가들과는 매우 대조적이었다. 이처럼 압도적인 인구 차이는 스파르타인들에게 언제든 메세니아인들의 반란으로 국가체계가 무너질 수 있다는 공포심을 심어주었다.

이 같은 공포는 자유를 즐기고 인생을 만끽하며 여유로웠던 스파르타인들의 생활 속으로 스며들어 그들의 삶을 폐쇄적으로 바꾸어놓았다. 스파르타인들은 가족에서 분리시킨 어린 소년들을 군사학교에서 엘리트 전사로 집단 양육했고, 혹독한 군사훈련을 견뎌낸 남성만이 자유시민으로 대우받을 수 있었으며, 성인이 되어서도 모든 남성들은 공동식당에서 함께 식사를 했다.

스파르타는 이처럼 정치·군사적으로는 집단주의를 택했지만, 경제적으로는 철저하게 개인주의 원칙을 고수했다. 모든 군사훈련 비용은 물론 전쟁에 참전하기 위해 들어가는 비용까지도 국가가 아닌 개인이 내야 했다. 자신의 재산으로 전쟁 비용을 감당하지 못하는 것은 스파르타 남성에게 큰 수치였을 뿐만 아니라, 자유시민의 지위를 박탈당할 수도 있는 사안이었다.

이와 같은 경제적 환경은 스파르타의 인구가 줄어드는 데 결정적인 원인을 제공했다. 가난한 스파르타인들은 자녀를 낳아도 양육할 돈이 없었으므로 출산을 기피하기 시작했다. 부유한 스파르타인들 또한 자신의 토지를 분할해서 자녀들에게 나누어줄 경우 자식들이 가난해지는 것을 두려워하여, 자손 대까지 부를 유지하기 위해 자녀를 적게 낳았다. 이 같은 인구 변화로 기원후 3세기에는 토지를 소유한 가문이 100여 개로 급감할 정도로 일부 부유층에게 부가 집중되었다.

이에 인구 감소를 두려워한 스파르타 정부는 세 명의 자녀를 낳으면 노동을 면제하고 네 명을 낳으면 세금을 면제하는 강력한 출산장려 정책을 내놓았지만, 어떠한 정책도 스파르타의 인구 감소를 막지 못했다.[4] 출산율 감소의 근본 원인은 극심한 빈부격차 속에서 미래세대의 양육 책임을 모두 개인에게 떠넘긴 탓이었는데 스파르타 정부는 결국 이를 해결하지 못한 것이다. 정부가 제대로 된 대처를 미루는 사이에 가장 소중한 자원인 '청년'들은 스파르타에서 서서히 소멸되어갔다.

전성기의 스파르타는 페르시아의 10만 대군을 격파하고 그리스 도시국가들 중 가장 강력했던 아테네를 꺾을 정도로 강성했다. 사실 용맹한 스파르타인들에게는 적수가 없어 보였다. 그런데 군사적으로는 무적에 가까웠던 스파르타를 페르시아의 대군이 아닌, 젊은 세대의 급격한 감소가 무너뜨린 것이다. '청년자원'을 잃어버린 스파르타는 아테네를 제압하며 맹위를 떨친 지 불과 30년 만에 스스로 쇠락의 길로 들어섰다.

근대에 들어서도 청년자원을 잃어버린 나라는 어김없이 극심한 경제위기를 겪어야 했다. 19세기 당시 대부분 가난했던 아일랜드인들은 삼시 세끼 감자만 먹고 살았다. 별다른 먹을거리가 없었던 그들은 감자 무더기 사이에 소금에 절인 돼지고기 한 점을 두고, 포크로 감자를 찍은 뒤 돼지고기를 바라보며 먹었다고 한다. 굴비를 천장에 매달아 놓고 밥 한 숟가락 먹고 굴비를 한 번 쳐다보았다는 우리나라의 자린고비와 비슷하다.

그런데 1845년, 아일랜드인들의 주식이었던 감자가 거의 다 사라지는 대재앙이 일어났다. '감자 마름병'이라는 병이 퍼져 아일랜드 감자 수확량의 90%가 썩어버렸기 때문이었다. 하지만 영국인 대지주들은 눈앞에서 굶어 죽어가는 아일랜드인들의 참혹한 사정에도 아랑곳하지 않고 감자를 제외한 다른 곡물을 자국으로 계속 공출했다. 결국 아무런 먹을거리가 남지 않은 아일랜드 농민들은 참혹한 굶주림 속에서 죽어갔는데, 이것이 바로 인류 역사상 최대 참사로 꼽히는 '아일랜드 대기근'이다.[5]

당시 아일랜드 인구는 800만 명 정도였는데, 약 100만 명이 아사했고 200만 명이 아일랜드를 떠났다. 그러나 아일랜드를 떠난 이들도 가혹한 운명을 피하지는 못했다. 식량도 없이 무작정 신대륙으로 가는 배를 탄 그들 중 대부분은 대서양에서 생을 마감했기 때문이다.

참혹한 대기근을 겪은 아일랜드에 있어 마지막 치명타는 청장년층이 가족들을 모두 데리고 아일랜드를 떠나버린 것이었다. 젊은이들이 버린 아일랜드는 그 뒤 극심한 빈곤에서 헤어나지 못한 채 유럽에서 가난의 상징이 되었고, 청년들의 빈자리를 채우고 다시 경제를 되살리기까지 무려 100년이라는 긴 세월을 투자해야 했다.

사실 20세기 중반까지만 해도 이렇게 대규모로 젊은 세대가 해외로 빠져나가는 현상은 국가적 재앙 상황에서만 일어났다. 하지만 최근에는 국경 이동이 잦아지면서 애써 키워낸 소중한 청년자원이 나라 밖으로 떠나는 일이 훨씬 빈번해지고 있다. 게다가 청년자원에 목마른 선진국에서는 앞다투어 고급 인재를 받아들이고 있어 국경 간의 장벽도 매우 낮아지고 있다. 만약 우리가 세계적인 청년 확보 전쟁에 대한 대비를 조금만 소홀히 해도 애써 키운 아까운 인재들이 언제든 국외로 빠져나가 한국 경제에 치명타를 안겨줄 것이다.

현재 인재 유출 1위라는 불명예를 기록하고 있는 나라는 바로 멕시코다. 2005년 세계은행이 발표한 '국제이민, 송금, 두뇌유출'이라는 제목의 보고서에서 192개국의 대졸 이상 학력자의 해외이민을 조사한 결과, 멕시코에서 빠져나간 대졸 이상의 인재는 한 해 78만 명으로 OECD 국가 중 최고치를 기록했다.[6]

이렇게 멕시코를 빠져나간 인재들의 대부분은 미국에 자리 잡은 뒤 미국 경제의 중요한 기반이 되고 있다. 반면 대학 등록금이 모두 국비로 지원되는 멕시코에서 국민의 세금으로 키운 인재들이 하나둘씩 미국으로 빠져나가자 멕시코의 인적 기반은 심각하게 약화되었다. 더구나 뛰어난 인재일수록 소득도 높기 때문에, 이들이 미국으로 빠져나가면 내수시장의 기반도 무너질 수밖에 없다. 결국 세계 최대 경제대국인 미국과 국경을 마주하고 있다는 것이 멕시코에게는 가장 큰 축복임과 동시에 가장 위험한 저주가 되고 있는 셈이다.

우리 역시 앞으로 더욱 희소하고 중요해질 한국 청년자원에 대한 인식이 너무나 부족하다. 기성세대들은 귀한 젊은 인재들을 보호하고 지키기는커녕 공멸로 가는 세대전쟁을 벌여 청년자원을 더욱 줄이고 있고, 그것도 모자라 애써 키운 인재까지 해외로 내몰고 있다. 이러한 세대전쟁을 계속하다가는 우리의 소중한 젊은 인재들을 모두 잃고 말 것이다. 청년자원을 잃는 순간, 페르시아의 10만 대군을 물리친 용맹한 스파르타조차도 자멸했다는 사실을 결코 잊어서는 안 된다.

CHAPTER 02
21세기 자원전쟁, 청년을 확보하라!

지금으로부터 2500년 전, 춘추전국시대 초나라의 제후였던 섭공 葉公 심제량沈諸梁은 백성들이 밤만 되면 자꾸만 인접한 나라로 도망가는 탓에 인구가 급감하고 세수가 줄어들어 걱정이 컸다. 초조해진 섭공은 공자를 초빙해 후한 대접을 한 뒤 다음과 같이 물었다. "백성들이 자꾸 다른 나라로 도망을 가서 걱정입니다. 백성들이 도망가지 못하도록 성벽이라도 쌓아야 하는 것 아니겠습니까?" 그러자 공자는 '근자열원자래近者悅 遠者來' 라는 여섯 글자를 남기고 떠났다. 가까이 있는 사람에게 선정善政을 베풀면 멀리 있는 백성들도 그 소문을 듣고 자연히 몰려오게 될 것이라는 뜻이었다.

지금 치열한 세대전쟁이 벌어지고 있는 남유럽은 젊은 세대가 나라를 버리고 독일이나 미국으로 떠나고 있어 머지않아 인구 감소와 세수 부족이라는 큰 고민에 빠지게 될 것이다. 반대로 자국의 젊은 세대에게 '선정'을 베푸는 국가는 자연스럽게 세계의 인재가 몰려들어 더욱 융성해질 수 있다. 국경의 이동이 춘추전국시대보다 자유로운 21세기에는 청년자원 전쟁이 더욱 가속화될 텐데, 여기에서 살아남기 위해 한국은 과연 청년을 위한 '선정'을 베풀 준비가 되어 있을까?

냉전에서 패한 러시아, 청년 확보 전쟁을 시작하다

1990년대 초반 구소련이 무너지고 러시아가 탄생했을 당시 러시아 인구는 1억 4800만 명이었다. 그런데 20여 년이 지난 2013년에는 1억 4250만 명으로 오히려 감소했다. 또한 1990년에 2.08명이었던 러시아의 합계출산율은 2005년에 1.17명까지 줄어들어, 같은 시기에 다른 나라들의 인구가 크게 늘어난 것과 대조되는 기현상이 일어났다. 최근 들어 다시 1.3명까지 회복되기는 했지만, 해마다 70만 명씩 인구가 감소하는 현상을 막기에는 역부족이다.

이처럼 러시아 출산율이 떨어진 이유는, 1991년 소련 붕괴 이후 몰아닥친 경제난으로 젊은 세대의 소득이 출산을 계획할 만큼 충분하지 않기 때문이다. 더구나 2000년대 이후에는 부동산 값 폭등까지 겹치면서 주택 구입비나 임대비가 없는 많은 젊은 세대들이 아예 결혼까지 포기하고 말았다. 이 때문에 21세기 말에는 러시아 인구가 반으로 감소할 것이라는 우려가 커지면서 러시아 망국론까지 나오고 있다. 러시아가 극복해야 할 가장 큰 위협은 오랜 기간 적대적 관계였던 미국이나 북대서양조약기구NATO가 아닌 인구 감소가 되어버린 것이다.

과거 냉전시대 소련은 미국보다 많은 인구를 유지하며 세계를 양분하는 대국으로 경쟁할 수 있었다. 하지만 냉전시대가 끝나면서 미국과 러시아의 상황은 크게 달라졌다. 미국은 러시아보다 높은 출산율을 유지하고 있었던 데다 몰려오는 이민자들 덕분에 총인구 3억 명을 돌파했다. 이제 미국 인구는 러시아의 두 배를 넘어섰고, 이런 추이대로라면 2050년에는 러시아의 네 배가 넘을 것으로 보인다.

출산율 감소와 함께 러시아를 괴롭혀온 또 하나의 문제는 고급 인재의 대규모 해외 유출이었다. 1990년 이후 경제가 어려워지자 러시아 정부는 가장 먼저 과학기술연구 인력에 대한 지원과 미래세대를 위한 교육투자를 대폭 삭감했다. 이때 해외로 빠져나간 러시아 고학력자의 수는 무려 300만 명이 넘고, 그중 첨단 과학기술 분야 종사자만 50만 명에 이른다. 냉전시대에 러시아가 미국과 겨루기 위해 모든 국력을 기울여 길러낸 우수한 인재들이 자신들을 홀대하는 조국을 등지고 미국이나 유럽으로 이주한 것이다.

그 결과 1994년 110만 명을 넘었던 러시아의 연구개발 인력은 2008년 76만 명으로 줄어들었다. 이 같은 상황을 참다못한 러시아 과학자 170여 명은 2007년 말 러시아 정부에 '기초과학 분야의 환경이 끔찍한 수준'이라는 공동서한을 보내 자국의 인재 유출을 경고했다.[i]

러시아의 고급 두뇌 유출은 사실 여러 분야에서 참담한 결과로 이어졌다. 러시아는 미국과 함께 세계 최고라 자부하던 우주개발 분야에서 밀려나기 시작했고, 2012년 8월에는 추진 장치가 제대로 작동하지 않아 인도네시아 통신 위성 2기를 실은 프로톤-$M_{proton-M}$ 로켓 발사에도 실패했다. 러시아는 2011년부터 2년간 이러한 로켓 발사에서 무려 열 차례나 실패를 거듭하고 있다. 우주과학 분야에서의 인재 유출이 심해진 데다 차세대 과학자 양성에도 실패했기 때문이다. 우리나라가 러시아와 함께 진행했던 나로호 발사에서 두 번이나 실패했던 것도 러시아의 우주개발 경쟁력 약화와 무관하지 않다.

이처럼 청년인구가 줄어들고 인재 유출이 시작된 러시아의 경제구조는 서서히 후진국형으로 변해갔다. 한때 미국과 자웅을 겨루던 첨단 과학 분야의 기술은 점점 사라지고 지하자원에 의존하는 경제로 전락한 것이다. 현재 러시아의 전체 수출에서 석유와 가스 분야의 수출은 3분의 2를 차지할 정도로 늘어났고, 이로 인해 러시아 경제는 원유 가격에 따라 경제가 호황과 불황을 반복하는 상황에 처했다.

러시아가 이처럼 몰락하게 된 이유는 지하자원보다 훨씬 중요한 청년자원을 기르고 지키는 데 완전히 실패했기 때문이다. 뒤늦게 참담한 실패를 깨달은 러시아는 적극적인 미래세대 육성정책에 돌입했다. 다소 늦은 감이 있기는 하지만, 2006년 국정연설에서 블라디미르 푸틴 Vladimir Putin 러시아 대통령은 출산 장려와 국방력 강화를 2대 중점과제로 선정했고, 2007년 1월 1일부터 야심찬 '국가 인구 증가 프로그램'을 시행했다.

우선 '어머니 자금mother capital'을 신설해 둘째 아이를 낳는 산모에게 주택담보대출이나 아이 교육에 사용할 수 있도록 우리 돈으로 1100만 원 정도의 돈을 지원해주었는데, 이는 러시아의 출산율을 높이는 데 큰 역할을 했다.[2]

러시아에서는 금융회사가 발달하지 않아 신용구매가 어렵고, 주택이나 자동차 구입을 위한 대출을 받기도 쉽지 않다. 이 때문에 우리 돈으로 1000만 원이 넘는 '어머니 자금'은 아이를 낳을지 말지를 고민하던 중산층 이하 일반 러시아 가정에게 매우 효과적인 유인책이 되었다. 인구 증가 정책의 효과가 서서히 나타나기 시작하자 자신감이 붙은 푸틴 대통령은 셋째 아이를 낳는 산모에게는 더 많은 액수의 자금을 지원하겠다고 나섰다.

또한 러시아 정부는 둘째 아이에게 유치원비의 50%를, 셋째 아이에게는 70%를 지원하는 정책을 내놓으며, 둘째를 낳은 여성에게 매달 우리 돈으로 12만 원 정도의 양육수당도 지원했다. 러시아 정부가 인구 증가를 중점 국책과제로 선정하고 이렇게 대대적으로 지원에 나선 것은 역사상 유례없는 일이었다.

이 같은 인구 증가 프로그램에는 GDP의 1%에 이르는 막대한 예산이 필요했지만, 푸틴 대통령은 가족의 가치에 대한 사회 전체의 태도를 바꾸고 출산율을 획기적으로 끌어올리기 위해 이 같은 투자를 거침없이 감행했다. 그 결과 1991년부터 20년이 넘게 줄어들기만 하던 러시아 인구는 2012년부터 다시 증가세로 돌아섰고, 그 덕분에 2050년 이후 러시아는 인구 1억 명 이하의 소국小國으로 전락할 것이라는 우려에서도 일단 벗어나게 되었다. 더불어 글로벌 금융위기 이후 유럽과 미국에서 직장을 잃은 과학자가 늘어나자, 지난 20여 년간 자국을 등졌던 고급 인력을 다시 유치하기 위한 각종 인센티브를 제시함으로써 자국을 떠났던 30만 명의 과학자들을 다시 불러들일 계획이다.

러시아의 인구 증가 프로젝트나 자국 출신 인재들의 복귀를 유도하는 정책이 과연 성공할지는 아직 미지수다. 하지만 한 가지 분명한 것은 출산율 제고와 차세대 인재 확보에 거의 손을 놓고 있는 우리나라와 달리, 러시아 정부는 근본적인 문제를 인식하고 국가의 미래를 위한 대대적인 복지투자를 시작했다는 점이다. 러시아까지 청년자원을 확보하기 위해 뛰기 시작한 지금, 우리는 과연 어떤 대비책을 세우고 있는지 자문해볼 일이다.

인구대국 중국, 청년자원에 목마르다

1970년 중국에서는 한 여성이 가임기간 동안 낳는 자녀수를 의미하는 합계출산율이 무려 5.5명에 이르렀다. 이처럼 높은 출산율은 중국의 인구가 빠르게 늘어나는 데 기여했지만, 산업화가 본격적으로 시작되자 오히려 중국을 가난에서 벗어나지 못하게 하는 걸림돌로 작용했다. 여섯 명의 자녀를 둔 부부라면 아무리 맞벌이를 한다 해도 두 명이 벌어 여덟 명이 나눠 써야 하는데, 이런 구조에서는 저축은커녕 먹고살기에 급급해 빈곤 상황에 묶일 수밖에 없다. 이를 전체 국가 경제의 시각에서 보면 초기 산업화 단계에 필수적인 자본 축적이 이루어지기 어렵다는 것을 의미한다.

이 같은 문제를 해소하기 위해 중국 정부가 1979년부터 시행한 '1가구 1자녀'라는 강력한 산아제한 정책은 1980년부터 중국의 핵심 국가 정책으로 자리 잡았다. 이 정책으로 도시 지역의 가구는 원칙적으로 한 명의 자녀만 허용되었고, 만일 두 명의 자녀를 낳는다면 부부 합산 총 연간 수입의 여섯 배에 이르는 과중한 벌금을 내야 할 뿐 아니라 자칫 직장을 잃거나 사회적으로 지탄받을 위험도 있었다.

중국의 산아제한 정책은 1980년대 이후 기적적으로 경제가 도약하는 데 큰 역할을 했다. 1964년에는 14세 미만 인구가 무려 41%에 이르러 생산가능인구가 55%에 불과했다. 그러나 1980년대 산아제한 정책이 시작된 이후 14세 이하 인구 비중이 1990년에는 28%, 2000년에는 23%로 급격히 줄어들었고, 2000년 이후 중국의 생산가능인구 비중은 70%를 넘어 2010년에는 74.5%라는 놀라운 수치를 기록했다.

한 부부가 돈을 벌어 여섯 명의 자녀를 키워야 했던 경제구조에서 갑자기 자녀 한 명만 키우는 구조로 바뀌었다고 가정해보자. 두 명이 번 돈을 여덟 명이 나누어 썼던 가정이 두 명이 벌어 세 명이 나누어 쓰는 구조로 바뀌면 그 가정의 1인당 평균소득은 크게 늘어난다. 또한 저축이 늘어나면 자본 축적을 통해 투자가 증가하고, 이로 인해 경제성장은 더욱 가속화된다. 중국은 이런 인구 효과를 토대로 세계에서 유례없는 빠른 성장을 이룰 수 있었던 것이다.

하지만 이렇게 중국 경제를 끌어올리는 데 가장 큰 역할을 했던 '1가구 1자녀' 정책은 2011년을 고비로 오히려 중국 경제에 독이 되고 있다. 2011년 중국의 생산가능인구는 74.4%로 전년보다 0.1%p 줄어들었다. 생산가능인구가 감소한 것은 중국이 개혁·개방에 나선 이후 처음이었다. 더구나 경제발전 단계가 더 빠른 우리나라보다 2년이나 먼저 생산가능인구의 비중이 감소하기 시작한 셈인데, 아직은 그 속도가 더디기 때문에 2020년까지는 72% 수준을 유지할 것으로 보이지만 이후에는 빠르게 급감하여 2030년에는 64% 이하로 추락해 중국 경제의 발목을 잡게 될 것이다.

2012년 중국의 공식적인 합계출산율은 1.18명으로, OECD 국가 중에서 최저 수준인 한국보다도 낮다. 1970년 5.5명에 이르렀던 것이 40여 년 만에 거의 4분의 1 토막이 난 것이다. 중국의 인구통계가 매우 허술하다는 점을 감안해도 이 정도의 출산율은 매우 낮은 수준이다. 유엔UN 경제사회위원회는 현재 1억 2000만 명에 이르는 중국의 20~24세 청년 인구가 향후 10년 내에 20% 이상 줄어들 것으로 보고 있다.

이러한 현상이 가속화되면서 중국에서는 '미부선로未富先老', 즉 미처 부유해지기도 전에 늙어가고 있다는 말이 나오고 있다. 과거 선진국에서는 1인당 국민소득이 최소 1만 달러가 넘었을 때 고령화 문제가 발생했지만, 중국은 일찌감치 정부가 나서서 산아제한 정책을 쓰는 바람에 1인당 국민소득 4000달러 수준임에도 벌써 인구 고령화 현상이 나타나기 시작한 탓이다.

문제가 심각해지자 중국에서는 1가구 1자녀 정책을 포기해야 한다는 목소리가 높아지고 있다. 하지만 30년 이상 중국 경제성장을 이끌며 지속되어온 정책을 단번에 폐기해버린다는 것은 쉬운 일이 아니다. 때문에 중국 정부는 우선 2013년 연말부터 부모 중 한 명이 독자獨子일 경우 1가구 2자녀를 허용하겠다는 단계적인 완화 방안을 내놓았고, 2015년부터는 모든 가구를 대상으로 1가구 2자녀를 허용하는 방안도 모색하고 있다.

그러나 중국이 산아제한 정책을 완전히 포기하기란 어려워 보인다. 현재 중국에서는 1가구 1자녀 정책을 감시하는 데만 50만 명의 공무원이 매달리고 있기 때문이다. 즉, 실직을 두려워하는 이 담당 공무원들은 산아제한 정책을 포기하는 데 있어 가장 큰 걸림돌이 되고 있다. 게다가 중국은 아직 고령화에 대처할 수 있는 시간과 자원이 남아 있기 때문에, 청년자원이 급속히 감소하고 있음에도 여유를 부리고 있는 상황이라 할 수 있다.

중국은 산업화가 시작된 지 얼마 되지 않았기 때문에 도시화, 즉 도시로의 인구 이동이 여전히 진행 중이다. 현재 중국의 도시인구 비중은 50%가 채 되지 않아, 80%를 넘는 한국이나 일본에 비해 현저히 낮은 수준이다. 이처럼 도시화 정도가 낮기 때문에 중국의 농촌에는 아직도 유휴인력이 많이 남아 있고, 도시가 이 농촌 인구를 흡수하는 동안에는 생산인구비중 감소를 상쇄할 수 있기에 잠시나마 고령화에 따른 충격을 완화할 수 있을 것이다. 하지만 도시화가 마무리되는 2020년대 중반 이후에는 중국도 더 이상 생산인구 감소의 부작용을 막기는 힘들어질 것으로 보인다.

이러한 문제를 인식하기 시작한 중국은 우선 해외에 나가 있는 자국의 우수 인재들을 끌어들이는 대대적인 인재 유치 작전을 시작했다. 해외 유학을 갔다가 중국으로 돌아온 인재들에게는 최고 50만 위안(약 9000만 원) 정도의 창업자금을 지급하고, 임대아파트 등 각종 혜택을 제공하고 있다. 이런 전략 덕분에 2000년대 이후 중국으로 돌아온 유학생은 109만 명에 이른다.

자국 인재들을 끌어들이는 전략이 예상 밖의 성공을 거두자, 중국은 2008년부터 국적에 관계없이 우수한 인재들을 끌어들이는 이른바 '천인+人 계획'이라는 인재 유치 프로그램을 시행했다. 세계 각국의 최고 인재들을 유치하는 데 중국 중앙정부가 직접 주관하고 나선 것이다. 인재들에게는 100만 위안(약 1억 8000만 원)을 일시불로 지급하고 영주권을 제공함은 물론, 중국에서 번 돈에 대해서도 각종 세금공제 혜택을 적용하고 자녀교육도 중앙정부가 나서서 적극적으로 지원한다.

하지만 이런 계획만으로 중국의 청년자원 고갈 문제를 모두 해결하기는 어렵다. 도시화와 해외인재 유치를 통해 인구 고령화 시기를 조금 늦출 수는 있겠지만, 청년자원 감소가 가속화되면 생산성 증가 속도가 떨어지고 소비시장이 위축되어 결국 경제구조 자체가 저성장 체제로 바뀔 수밖에 없기 때문이다. 결국 중국도 근본적인 인구구조의 악화를 막지 못하면 세계 2강의 문턱에서 그 마지막 장애물을 넘지 못하고 쓰러질지 모른다.

인구대국인 데다 도시화 과정이 여전히 진행 중이고 엄청난 화교들의 인적자원이 남아 있는 중국조차 이렇게 청년인재 확보에 혈안이 되어 노력하고 있는데, 우리나라는 여전히 청년자원 감소에 너무나 둔감하다. 한국의 정치권은 아직도 청년자원이 남아도는 것처럼 여유를 부리고 있고, 재계는 청년이라는 자원이 마치 공기처럼 무한한 것으로 취급한다. 그러나 대한민국이 전 세계에서 청년자원의 감소 속도가 가장 빠른 나라가 된 지금은 청년자원을 지켜내기 위한 방안을 최우선 과제로 삼고 우리에게 남은 모든 자원을 집중해야 할 때다.

미국의 비밀병기, 이민 정책

필자가 미국 스탠퍼드 대학교에서 객원연구원 생활을 할 때, 아이가 초등학교에 입학할 나이가 되어 입학 서류를 내기 위해 초등학교를 찾아갔던 적이 있다. 아이가 취학연령이 되면 입학 통지서를 집으로 보내주는 한국과 달리, 미국에서는 부모가 직접 학교에 찾아가 입학 자격을 증명하는 각종 서류를 제출해야 하는데 학교 주변에 실제로 살고 있다는 거주지 증명을 위한 여러 서류들은 특히 필수적이다.

미국 공립학교에 거주지 증명을 하기 위해서는 월세 계약서와 본인의 주소지로 청구된 전기요금 고지서와 전화요금 고지서 등이 필요하다. 이 때문에 주재원이나 연수 목적으로 미국에 머무는 사람들 중에는 자녀를 학교에 등록하기 전까지 전기요금과 전화요금 고지서가 미처 집으로 배달되지 않아 애를 먹는 경우도 많다. 도대체 첨단 정보통신 기술을 보유한 미국이 왜 이렇게 불편한 시스템을 사용하고 있는 것일까?

그 이유는 학교가 입학생 학부모의 주민번호에 해당하는 사회보장번호Social Security Number는 물론 국적조차 물을 수 없도록 규정되어 있기 때문이다. 학생의 경우도 마찬가지라서 국적은 어디인지, 심지어 불법체류자인지 아닌지조차도 따로 확인해볼 수 없다. 다만 좋은 학군으로의 위장전입을 막기 위해 학교 주변에 산다는 사실을 증명할 수 있는 학부모 명의의 전세 계약서와 각종 요금 고지서만을 요구하는 것이다.

미국은 불법 이민자들을 엄격히 단속하는 나라로 알려져 있지만, 사실 미국만큼 불법체류자에게 각종 공공 서비스를 제공해주는 국가도 흔치 않다. 심지어 불법체류자에게 미국인들의 가장 큰 부담 중 하나인 의료비를 지원해주는 경우도 있다. 2011년까지만 해도 미국의 많은 주에서는 극빈자 의료비 지원 시스템인 메디케이드Medicaid 프로그램을 통해 불법체류자에게 무료 치료의 길을 열어주고 있었다.

더구나 불법체류자의 자녀라 하더라도 미국에서 태어난 아이라면 미국 시민권자가 되기 때문에, 부모는 시민권자인 자녀를 보호하기 위해 합법적으로 체류할 권리를 갖게 된다. 캘리포니아의 경우에는 이처럼 시민권자 자녀를 둔 불법체류자들이 저소득층 가정에 제공하는 복지혜택인 캘웍스Calworks뿐만 아니라 주택융자 등 비정부기구에서 제공하는 다양한 복지혜택을 받을 수 있다. 이 때문에 캘리포니아는 270여만 명의 불법체류자를 위해 한 해 60억 달러(약 6조 7000억 원)이 넘는 예산을 쓰고 있다. 불법이민에 대한 엄격한 단속을 표방하는 미국이 뒤로는 이처럼 다양한 복지혜택으로 불법이민자들을 지원해온 것이다.

2013년에는 불법이민자에 대한 미국 정책 방향의 실체를 보여주는, 깜짝 놀랄 만한 법안이 나왔다. 1100만 명에 이르는 미국의 불법이민자들에게 합법적으로 체류할 기회를 주는 법안이 제출된 것이다. 겉으로는 인도주의에 입각해 불법체류자에게 사면救免의 기회를 주는 것처럼 보이지만, 더 큰 목적은 젊고 유능한 불법이민자들을 새로운 청년 자원으로 확보해 미국 경제 활성화에 활용하는 데 있다고 할 수 있다.

1100만 명의 미국 불법이민자 가운데 40%는 합법적으로 입국한 뒤 체류기간을 넘겨 불법이민자가 된 사람들로, 그중 상당수는 영어에 능통하고 교육 수준도 높은 전문직 종사자나 기술자들이다. 특히 뛰어난 정보통신IT 전문가들 중에도 미국에서 체류기간을 연장하려다 상황이 여의치 않아 불법체류자가 된 사람들이 많다. 이 때문에 불법이민 합법화 법안의 통과를 위해 가장 적극적인 로비를 펼치는 사람은 바로 페이스북Facebook의 창업자인 마크 주커버그Mark Zuckerberg다. 여기에 스티브 잡스Steven Jobs의 아내 로렌 잡스Laurene Jobs는 물론 구글Google과 마이크로소프트Microsoft의 거물들도 이 이민법 개혁안을 통과시키는 데 앞장서고 있다.

이 법안이 통과되면 1100만 명의 불법체류자들은 합법적인 체류권한을 얻기 위해 그동안 내지 않았던 세금과 이민 수수료를 소급해서 납부해야 한다. 따라서 미 연방정부는 한 사람당 적게는 수천 달러에서 많게는 수만 달러까지의 세금과 벌금을 걷을 수 있게 된다. 더구나 불법체류자가 합법화되면 그들의 소득 모두가 과세대상으로 잡혀 향후에도 더 많은 세금을 걷을 수 있게 되니, 이는 재정적자에 시달리고 있는 미국 연방정부에 가뭄의 단비 같은 역할을 하게 될 것이다. 미 의회예산국은 새로운 이민개혁법으로 앞으로 10년간 1970억 달러, 20년 후에는 7000억 달러의 재정적자가 줄어드는 효과가 생길 것으로 내다보았다.

이처럼 엄청난 인구 증가는 글로벌 금융위기 이후 뚜렷한 성장동력을 찾지 못하던 미국에 새로운 기회를 제공할 것이다. 숨어 살던 청년 불법체류자들이 양지로 나와 합법적으로 일을 시작하면 생산성이 높은 일을 찾을 수 있고, 이는 미국 전체의 생산성 향상에 큰 도움이 된다. 또한 1100만 명의 불법체류자들이 소득 기반을 확충하면 미래의 새로운 소비주체가 될 수 있기 때문에, 청년자원이 갖고 있는 놀라운 잠재력을 간파한 미 정부는 하루빨리 경제불황을 탈피하기 위해 그간 미루어왔던 이민법 개혁에 나선 것이다.

미국이 불법체류를 합법화한 것은 이번이 처음이 아니다. 1986년 레이건 행정부는 불법체류자 300만 명에게 합법적인 신분을 부여했는데, 그 뒤 5년이 지나자 그들의 임금은 15%나 올랐고 세수와 소비도 늘어나 당시 미국 경제 활성화에 큰 도움이 되었다. 일반적으로 경기불황이 오면 이민자들을 더욱 배척하는 다른 나라들과는 정반대의 정책이었다.

경제위기 상황에서는 일반적으로 출산율이 크게 떨어진다. 2011년 미국의 출산율은 인구 1000명당 63.2명에 불과해, 1929년 시작된 세계 대공황 시대보다도 더 낮아졌다.[3] 이 같은 불황기의 출산율 저하는 자녀들을 위한 소비 지출마저 줄여 경제활력을 더욱 떨어뜨리는 악순환의 고리를 만들고, 자녀가 성인이 되었을 때는 청년자원의 감소를 가져와 다시 미래의 잠재 경제성장률마저 낮추는 요인이 된다.

하지만 미국은 불황기 때마다 이민 정책을 탄력적으로 조절해 이 같은 출산율 저하 현상을 극복해왔다. 이민 정책을 경제위기의 극복 수단으로 활용해온 셈이다. 미국은 고령화로 인해 미래세대를 착취하는 세대전쟁이 일어나더라도 다른 나라와 달리 그 충격을 비교적 손쉽게 흡수할 수 있다. 이민자의 나라인 미국은 해외에서 몰려드는 젊은 인재들 중 필요한 만큼의 이들에게만 시민권을 부여하면 되기 때문이다.

특히 글로벌 금융위기로 경기침체의 골이 깊었던 만큼, 이번에 미국은 그 어느 때보다 더 의욕적으로 세계의 인재들을 자국으로 모두 빨아들이겠다는 계획을 내놓았다. 가장 대표적인 것이 바로 수학과 과학기술STEM: Science, Technology, Engineering, and Mathematics을 보유한 인재들에게 적극적으로 영주권을 부여하겠다는 계획이다.

미국은 지금까지 수학 및 과학 분야의 외국 인재들에게 특별히 취업 비자를 제공하되, 그 숫자는 엄격하게 제한해왔다. 하지만 제한된 숫자의 취업비자만으로는 미국의 경제발전에 필요한 인재들을 모두 고용할 수 없다는 지적이 계속 제기되어왔다. 특히 2008년의 글로벌 금융위기 이후 성장동력을 회복하기 위해 더 많은 인적자원을 확보해야 한다는 목소리가 높아지자, 미 정부는 마침내 수학과 과학 인재들에게 영주권을 제공하는 법안을 검토하고 있다. 미국뿐 아니라 외국에서 석·박사를 받은 인재들까지 무제한 취업을 허용하고, 영주권까지 준다는 내용이다. 또한 영주권 제공 대상자의 분야도 정보과학, 통계학, 생물학 등으로 대폭 확대할 계획이다. 앞으로 21세기를 주도할 모든 과학기술 인재들은 미국이 싹쓸이하겠다는 야심을 드러낸 셈이다.

이 같은 미국의 이민 정책 개혁으로 당장 비상이 걸린 것은 바로 인도다. 인도는 정보통신 분야의 세계적인 인재들이 많은데도 경제 시스템의 비효율성과 더딘 산업화로 그들을 제대로 활용하지 못하고 있다. 이 때문에 인도에서는 자국의 뛰어난 정보통신 인력을 미국 기업과 연결해주고 수수료를 챙기는 아웃소싱 업체들이 큰 호황을 누렸고, 미국 기업들은 이 업체들을 통해 인도의 기술자들에게 일감을 주고 낮은 임금을 지불하는 방식으로 비용을 절감하고 있었다. 이 같은 아웃소싱 산업의 매출은 한 해 1080억 달러(약 120조 원) 정도로 인도 GDP의 6.4%나 차지한다.

이런 상황에서 미국의 이민 개혁으로 취업비자와 영주권 취득 기회가 대폭 확대되면, 미국은 인도의 우수 인재들을 미국 땅에서 직접 고용하는 방식으로 전환하는 효과를 얻을 것으로 보인다. 그 대신 미국은 인도 현지에 살고 있는 근로자의 간접 고용을 금지하고, 미국 내 거주 근로자의 고용을 의무화해나갈 계획이다. 이에 따라 해외에 살고 있는 근로자를 간접 고용하는 방식의 해외인력 하도급은 크게 줄어들 전망이다. 이번에 미국 이민법이 개혁된다면 인도는 21세기에 가장 중요한 자원이 될 청년자원, 그것도 고급 기술을 가진 젊은이들을 고스란히 미국에 빼앗길 위험에 처하게 되는 셈이다.

미국의 이러한 정책은 한국에게도 치명타를 안겨줄 수 있다. 미래를 짊어질 청년들에게 우리가 밝은 미래를 보여주지 못한다면, 애써 키운 인재들은 미국으로 빠져나갈 것이기 때문이다. 청년자원 자체를 스스로 고갈시키는 것으로도 모자라, 남은 청년자원마저 다른 나라에 빼앗긴다면 한국의 미래에는 더 이상의 희망이 없을 것이다.

고령화를 향해 가는 미국에서도 미래세대를 착취하는 세대전쟁이 벌어지고 있지만, 세계 최강대국의 지위를 가진 국가인 만큼 한국과는 완전히 상황이 다르다. 자국의 청년들이 아무리 소득 기반을 잃고 미래세대의 인구가 줄어도 해외에서 새롭고 뛰어난 인재들이 끝없이 유입되기 때문이다. 미국은 세계 최강대국의 지위를 현명하게 활용하는 국가이기 때문에 우리나라 같은 소규모 개방국가가 그들의 정책을 그대로 따라했다가는 오히려 망국의 지름길이 될 수 있음을 유념해야 한다.

청년 해외 취업 프로젝트의 허상

2008년 이명박 정부는 청년들의 해외 취업을 확대하겠다는 목적으로 '글로벌 청년리더 양성사업'을 벌였다. 일자리가 없는 청년들이 해외에서라도 취업할 수 있도록 지원하겠다는 것이 주요 내용이었다. 이런 대책이 나올 만큼 우리나라의 청년실업 문제는 심각하다. 20대 청년의 고용률은 58% 정도에 불과하여 20대 태반이 백수라는 뜻의 '이태백'이라는 말도 등장했다. 2013년 2월 기준으로 통계상 청년실업률은

9.1%였지만, 구직 포기자가 워낙 많아 실제로는 20%가 넘을 것으로 보인다.

이처럼 심각한 청년실업 문제를 해결하기 위해 정부가 짜낸 방법이 바로 청년들을 해외에 취업시킨다는 '글로벌 청년리더 양성사업'이었다. 이를 위해 이명박 정부는 2012년 한 해에만 2222억 원을 투입하며, 이 같은 지원을 통해 10만 명을 해외에 취업시켜 청년실업 문제를 해결하겠다는 장밋빛 청사진을 내놓았다. 하지만 아무리 돈을 쏟아부어도 그 목표를 달성하기는 쉽지 않았다. 결국 정부는 당초 10만 명이었던 목표량을 4만 116명으로 대폭 줄였지만 해외 취업, 해외 인턴 및 해외 봉사까지 다 합쳐도 해외 진출에 성공한 청년들은 3만 6433명에 그쳐 그조차도 달성하지 못했다.

게다가 국회예산처의 사업평가 결과, 이 실적마저도 정부의 부풀리기에 불과했던 것으로 드러났다. 정부의 예산 지원이 아닌 민간의 노력으로 해외 취업에 성공한 경우도 실적에 포함시키거나 국내에서 취업한 청년을 해외 취업자로 둔갑시켜 자료에 넣는 등 여러 편법을 동원했기 때문이다. 그나마 해외 취업에 성공한 경우도 사후관리가 부실해 대부분 초단기 취업에 그쳤다.

이렇게 사실상 실패에 가까운 정책이었음에도 2013년 출범한 박근혜 정부는 이를 더욱 확장한 'K-무브K-move 정책'으로 글로벌 리더 양성사업을 계승하겠다고 밝혔다. 청년들의 고용시장을 국내라는 좁은 범위로 제한하지 않고 일자리 영토를 넓히겠다는 거창한 목표와 달리, K-무브 정책은 산업인력공단이 해외 취업 희망자를 모집해 영어교육과 직무연수를 시킨 뒤 조기에 해외 취업을 할 수 있도록 지원하는 정책에 불과하다.

더구나 2013년 고용노동부는 18세 이상 34세 이하 청년이 해외 취업에 성공하면 300만원의 취업 장려금을 주겠다고 발표했는데, 이때 단순노무직은 해외 취업 장려 취지에 맞지 않으므로 장려금 지급 대상이 아니라고 밝혔다. 결국 우리 정부는 단순노무자가 아닌 고급 인력이 해외로 많이 나가 취업하도록 장려하겠다는 얘기다.

경제발전 초기인 1970년대에는 우리나라에 유휴인력이 워낙 많았기 때문에 해외 인력 송출을 통해 외화를 벌어들이고 실업난도 해소할 수 있었다. 하지만 지금처럼 고령화로 인해 생산가능인구가 줄어들고, 그로 인해 세계 강대국들조차 청년자원 유치에 혈안이 되어 있는 이때에 왜 유독 우리나라만 국가의 세금까지 써가면서 우리의 소중한 청년자원을 해외로 내보내려는 것인지 쉽게 이해되지 않는다.

청년인재들을 해외로 송출하는 정책이 지금 당장은 청년실업률을 낮추는 효과가 있을 수도 있다. 하지만 뛰어난 청년인재들의 유출은 결과적으로 국내 생산성 저하와 이어져 성장동력의 약화와 소비시장의 위축을 가져오게 된다. 즉, 장기적으로 한국 경제를 더욱 위축시키는 역효과를 일으킬 것이라는 뜻이다. 물론 청년들이 해외에서 성공을 거두고 한국으로 돌아올 수도 있지만, 이를 위해서는 그들이 한국에 돌아올 유인誘因을 가질 수 있을 만큼 한국 경제가 건전해져야 한다.

하지만 21세기의 가장 강력한 자원인 청년들이 급속도로 줄어드는 우리 경제가 그런 유인을 가질 만큼 성장성을 회복할 가능성이 있을지 참으로 의문이다. 지금 우리나라는 시급히 세금을 써야 할 곳이 한두 곳이 아닌데, 이렇게 한국 경제를 더욱 약화시키는 사안에 예산을 쏟아붓는 것은 너무나 안타까운 일이다. 국가 경제의 미래를 위해서는 힘들고 시간이 걸리더라도 양질의 일자리를 창출해 오히려 해외에 나가 있는 뛰어난 청년들까지 불러들일 수 있는, 그런 장기적인 안목의 청년실업 대책이 절실하다.

CHAPTER 03 세대전쟁은 뺏고 뺏기는 제로섬 게임이 아니다

웬만큼 성공한 대통령이라 해도 임기 말기가 되면 대부분 지지율이 떨어지기 마련이다. 그런데 퇴임 직전까지 87%라는 경이적인 지지율을 기록한 대통령이 있었으니, 바로 2010년 퇴임한 루이스 이나시오 룰라 다 실바Luiz Inacio Lula da Silva 전 브라질 대통령이다.

룰라 다 실바 대통령이 집권한 2003년부터 2010년의 브라질 경제는 연평균 4%가 넘는 높은 성장률을 기록했다. 이는 이전보다 두 배 이상 높은 수치였는데, 특히 그의 재임기간 중에 계속 뛰어오른 경제성장률은 임기 마지막 해인 2010년에 무려 7.5%를 기록했다.

룰라 다 실바가 경제적 성공을 거둔 비결은 무엇보다도 '성장과 분배의 조화'였다고 할 수 있다. 그는 극단적인 좌파나 우파를 제외한 모든 정당과 정책 연합관계를 구축하면서 '소통과 통합'의 정치를 이루어냈고, 이 같은 정책연합 덕분에 중도실용 노선의 강력한 추진력을 얻어낼 수 있었다.

특히 저소득층과 젊은 세대를 지원하는 복지정책을 통해 2800만 명을 빈곤에서 구제했고, 3600만 명을 중산층에 편입시키는 크나큰 성과를 이루어냈다.[i] 하지만 그도 이런 복지정책을 처음 도입할 당시에는 브라질 부유층과 보수 야당의 거센 반발에 부딪쳤다. 브라질의 가난한 젊은 세대를 구제하는 데 드는 '비용' 부담이 너무 크다는 이유에서였다.

이 같은 비판에 대해 룰라 다 실바는 다음과 같이 물었다. "왜 부자들을 돕는 것은 '투자'고, 가난한 이들을 돕는 것은 '비용'인가?" 실제로 가족과 젊은 세대를 위한 복지는 예산만 낭비하는 부동산 부양책보다 훨씬 효율적인 투자다. 그런데도 우리는 당장 눈앞의 이익만을 계산하기에 급급하여 미래세대를 위한 투자보다 단기적 효과밖에 없는 건설경기 부양에만 집착하는 우愚를 범하고 있다.

2년 만에 실업률을 낮춘 나미비아의 놀라운 기적

나미비아Namibia는 독일의 식민 지배를 받다가 1990년 3월에야 독립한 늦둥이 신생국가다. 영토의 대부분이 사막인 나미비아는 독립 후 각종 재건사업에도 불구하고 여전히 심각한 가난과 질병에서 헤어나지 못하고 있다. 특히 소수의 백인들에게만 경제권이 집중되어 있어, 전체 인구의 10%도 안 되는 백인이 전 국토의 80%를 소유하고 있는 상황이다. 이에 반해 흑인들은 50%라는 높은 실업률에 시달리고, 그나마 직장을 가진 흑인들도 대부분 극히 낮은 임금을 받으면서 단순 노동에 종사하고 있다. 인종 간의 극심한 빈부격차로 사회 불안이 심화된 탓에 폭동이 일어나는 일도 잦다.

나미비아에서도 오치베로-오미타라Otjivero-Omitara는 가장 가난한 마을 중 하나였다. 2007년 11월 당시 오미타라에서 제대로 먹지 못하는 가구는 전체 가구의 75%에 이르렀고, 어린이 영양실조 비율도 무려 42%에 달해 가난한 나미비아 내에서도 매우 높은 편에 속했다. 당시 오미타라 주민들은 절망의 늪에 빠져 있었고, 주민들은 돈만 생기면 현실의 괴로움을 잊기 위해 술을 마셨다. 때문에 60세 이하 인구가 930명밖에 안 되는 자그마한 이 마을에는 무려 여덟 개의 무허가 술집이 있었다.

어린이들은 돈을 벌기 위해 농장 일을 하다가 몇 주씩 결석하는 일이 잦았고, 돈을 벌러 가지 않는 아이들은 만성적인 영양실조에 시달리고 있었기 때문에 수업조차 받을 수 없었다. 학교 역시 돈이 없어 제대로 된 교육 서비스를 제공하지 못한 탓에 많은 어린이들이 글을 읽거나 쓰지 못했다. 이처럼 부실한 교육을 받고 자란 아이들은 어른이되어서도 제대로 된 근로계약을 할 수가 없었고, 법적 다툼이 일어나도 자신의 권리조차 제대로 지키지 못했다.

그런데 2008년 1월, 오미타라 마을에서 놀랍고 획기적인 실험이 시작되었다. 나미비아의 시민단체가 세계 여러 나라의 도움을 받아 60세이하의 주민들 930명 모두에게 아무런 조건 없이 한 달에 100나미비아달러, 우리 돈으로 1만 5000원의 기본 소득을 지급하기로 한 것이다. 21세 이하 어린이들의 몫은 그들의 보호자에게 지급했다. 이 계획은 근로세대에 대한 복지정책이 어떤 효과를 가져오는지 실험하는 기본소득 프로젝트the Basic Income Grant pilot project로, 그 영문 앞 글자를 따서 '빅 프로젝트BIG Project'라는 애칭으로 불렸다.[2]

처음 이 제도를 도입할 당시, 나미비아의 백인 부자들은 "가난한 오미타라 마을 주민들에게 무상으로 돈을 주면 그 돈을 모두 술 마시는

데 써버릴 것"이라며 격렬히 반대했다. 특히 가난하고 젊은 근로계층에게 복지혜택을 주면 아무도 일하려 하지 않을 테니 그 돈은 외려 가난한 자들의 인생을 더욱 망칠 것이라는 비난도 나왔고, 마을 주민들이 받은 돈을 낭비하지 않도록 돈을 어디에 쓰는지 감시해야 한다는 주장까지 등장했다.

그러나 많은 우려와 달리, 프로젝트가 시작되자 놀라운 기적이 일어났다. 안정적인 소득이 보장되자 오미타라 주민들은 더 잘살 수 있다는 희망을 갖고 더 나은 일자리를 찾아 나섰다. 밀가루와 이스트를 사서 빵을 굽거나 옷감을 사서 옷을 만드는 사업을 시작한 이들이 있었는가 하면, 한 청년은 가게를 연 지 2년 만에 직원 두 명을 고용할 만큼 성공했다. 이처럼 젊은 세대가 좌절과 절망에서 벗어나 일자리를 갖고 창업을 시작하자, 마을 전체의 경제가 놀라울 정도로 활력을 찾기 시작했다.

그 결과, 60%였던 오미타라 마을의 실업률은 실험을 시작한 지 단 2년 만에 45%로 낮아졌다. 가난한 사람들에게 돈을 주면 놀고먹는 사람들이 늘어날 것이라는 부정적인 전망이 보기 좋게 빗나간 것이다. 전체 마을 주민 중에서 당장 먹을 것이 없어서 굶는 '식량 빈곤선food poverty line'에 있는 사람들의 비중은 72%에서 16%로 기적적인 감소세를 보였고, 먹고사는 데 급급해 학교를 포기했던 아이들도 다시 학교로 돌아오기 시작했다.

가장 놀라운 점은 시민단체가 제공한 기본소득을 제하고도 마을 주민들의 소득이 크게 늘어났다는 것이다. 빅 프로젝트가 시작되기 직전 118나미비아달러에 불과했던 마을 주민들의 월평균 소득은 빅 프로젝트로 지급된 돈을 제외하고도 152나미비아달러로 늘어났다. 마을 주민들의 소득이 단 2년 만에 29%나 증가한 것이다.[3] 마을 사람들은 태어나서 처음으로 저축이란 것을 경험했고, 자신의 힘으로 돈을 벌어 가난에서 벗어나는 부모들을 목격한 어린이들은 절망에서 벗어나 더 나은 삶을 꿈꾸는 기적이 일어났다.

결국 근로세대를 위한 복지는 비용이 아니라 경제 전체의 파이를 늘리는 놀라운 기적의 씨앗이 되었다. '복지투자는 비용'이라는 고정관념을 가진 비관론자들은 이 프로젝트가 소규모 마을이었기 때문에 성공했다고 믿고 싶을지 모른다. 하지만 인구 2억 명이 넘는 나라에서도 비슷한 실험이 성공했다면 이것은 어떻게 설명해야 할까? 청년과 가족을 위한 '복지투자'가 경제를 되살리는 밑거름이 된 대표적인 사례는 바로 브라질에서 일어났다.

브라질 역사상 가장 인기 있는 대통령이었던 룰라 다 실바는 2003년 대통령에 취임하자마자 빈곤가정에 현금을 주는 복지제도인 '보우사 파밀리아Bolsa Familia' 정책을 도입했다. 이 제도는 브라질의 모든 저소득층 가구에게 가정형편과 자녀수에 따라 한 달에 22~200헤알(약 1~10만 원) 정도를 생활비로 지급하는 정책이었다.

브라질의 극우파들은 이 복지정책이 GDP의 0.5%에 이르는 막대한 '비용'이 들어가는 '돈 낭비'라며 극렬히 반대했지만, 룰라 다 실바는 세계에서 유례없는 대규모 복지정책을 강행했다. 2003년 12월 처음 시작할 당시 이 정책으로 혜택을 받은 가구는 380만 개에 불과했지만, 점차 지원 대상을 넓혀나가면서 2010년에는 1300만 가구를 돌파해 전체 브라질 가구의 25% 이상이 이 복지제도의 수혜자가 되었다.

보우사 파밀리아의 혜택을 받으려는 가구는 일정 조건을 충족해야 했다. 반드시 자녀에게 예방접종을 시키고 학교에 보내야 했고, 만일 자녀의 결석률이 15%가 넘으면 수당 지급을 중단했다. 이 같은 정책은 학업을 포기하고 일터로 향했던 저소득층 어린이들을 학교로 돌아가게 하는 계기가 되었을 뿐 아니라 그들의 건강까지 증진시켰다.

이 제도가 도입된 2003년 이후 5년간 브라질 상위 10% 부유층의 소득은 해마다 평균 3.9%씩 늘어났지만, 하위 10%의 소득은 평균 9.6%가 증가했다. 그 결과 브라질 인구의 5분의 1에 가까운 3600만 명이 저소득층에서 중산층으로 편입되었고, 가혹한 노동환경에서 저임금에 시달리던 어린이들은 학교로 돌아가 미래를 기약할 수 있게 되었다. 이처럼 가난의 대물림을 끊겠다는 목표가 힘을 발휘하기 시작하면서 보우사 파밀리아는 브라질의 가정과 미래세대를 지키는 든든한 복지제도로 자리 잡았다.

중산층이 늘어나자 소비 기반도 강화되어 브라질의 내수시장은 더욱 확대되었고, 투자가 증가하고 일자리가 늘어나면서 브라질 시민들의 소득도 더욱 상승하는 선순환이 일어났다. 그 결과 룰라 다 실바 재임 기간 내내 브라질은 높은 경제성장률을 보였고, 전 세계가 글로벌 경제위기에서 헤매던 2010년에도 브라질의 경제성장률은 7.5%라는 놀라운 수치를 기록했다.

젊은 청년들과 아이를 키우는 가정에 대한 브라질 정부의 복지는 '비용'이 아니라 '투자'였고, 다른 어떤 경기 부양책들보다 투자 대비 성과가 매우 즉각적이고 효과도 훨씬 더 강력했다. 이 같은 복지투자에 힘입어 브라질은 러시아, 인도, 중국과 함께 브릭스BRICs라 불릴 정도로 크게 성장했고, 보우사 파밀리아는 폴 울포위츠Paul Wolfowitz 전 세계은행 총재가 "효과적 사회정책의 모범"이라고 할 정도로 세계적인 인정을 받았다.

지금 한국에서 벌어지고 있는 치열한 세대전쟁은 내가 원하는 만큼을 상대에게서 빼앗아야 하는 제로섬 게임이 아니다. 청년을 위한 복지는 결코 비용이 아닌 '투자'이기 때문에, 이를 어떻게 풀어가느냐에 따라 한국 경제 전체의 파이를 키우는 놀라운 기적을 만들어낼 수도 있다.

다시 건설경기 부양에 매달린 브라질

● 보우사 파밀리아의 성공으로 놀라운 성장을 이루어냈던 브라질은 지금 그 초심을 잃어가고 있다. 2011년 취임한 지우마 호세프Dilma Rousseff 대통령은 경기가 둔화되자 우리 돈으로 155조 원에 이르는 엄청난 규모의 건설경기 부양책을 쓰기 시작했지만, 기대와 달리 경제성장률의 추락은 막지 못한 채 물가만 끌어올리고 말았다.

건설경기 부양책의 실패로 재정적자가 가속화되고 있는데도, 브라질 정부는 부유층에 대해 관대한 조세정책을 적용해서 세수부족 현상을 점점 심화시키고 있다. 지금 브라질에서는 우리 돈으로 한 달 평균 소득이 50만 원 이하인 가구의 경우 소득의 48.8%를 세금으로 내지만, 750만 원 이상인 가구는 소득의 26.3%만 세금을 납부하는 황당한 일이 벌어지고 있다.[4] 개인 소득에 부과되는 소득세율은 매우 낮고, 물건이나 서비스 가격의 일정액을 내는 간접세율은 터무니없이 높아 저소득층에 매우 불리하기 때문이다.

게다가 GDP의 20%가 지하경제일 정도로 부유층의 탈세가 만연해 있다. 이처럼 왜곡된 조세 체계와 지하경제 탓에 국가재정이 위태로운 상황으로 빠져들고 있는데도, 브라질 정부는 2014년 브라질 월드컵 개최에 천문학적인 예산을 쏟아붓고 있다.

청년과 가족을 위한 복지투자에 성공해 한때 브릭스 국가 중 으뜸으로 꼽힐 만큼 놀라운 발전을 이룩했음에도 지금의 브라질은 스스로 만든 기적의 원동력을 잃어버리고 부동산 부양책에만 의지한 채 국가부도 위기국가로 몰락해가고 있다. ●

독일은 어떻게 유럽 경제의 중심이 되었을까

2007년 여름, 독일 중부의 헤센Hessen 주에서 대학생들이 고속도로와 철도를 봉쇄하는 사건이 벌어졌다. 헤센 주 최대의 경제도시인 프랑크푸르트Frankfurt 도심 곳곳에 설치된 바리케이트에서는 불길이 치솟았고, 학생들은 헤센 주 주요 대학의 총장실을 점거했으며, 슈투트가르트Stuttgart에서는 막아선 경찰병력을 돌파해 주 의회로 돌진했다. 이처럼 헤센 주의 대학생들이 격렬한 시위에 나선 것은 바로 대학 등록금 인상 때문이었다.

독일의 대학 등록금 문제의 시작은 1960년대로 거슬러 올라간다. 제2차 세계대전 직후 모든 것이 무너진 독일에서는 대학을 다닐 수 있는 사람들이 극히 소수에 불과했다. 하지만 1960년대 들어 경제발전이 시작되자, 전문 인력이 부족해진 독일은 보다 많은 젊은이들에게 대학의 문호를 개방했다. 당시 독일 대학들은 청강료 명목으로 소액의 등록금만을 받고 있었다. 현재 물가로 환산하면 200유로 정도(약 30만 원)이 조금 넘는 돈이었다.

그런데도 당시 독일 대학생들은 '대학 등록금이 사회적 약자의 대학 입학을 불가능에 가깝게 만들었다'라고 비판했다. 급기야 1970년에는 함부르크Hamburg에서 대대적인 등록금 반대 운동이 일어나고, 대학생들은 등록금 납부 거부 운동을 시작했다. 함부르크 주정부는 고심 끝에 등록금 폐지라는 놀라운 결단을 내리기에 이르렀다. 독일에서 무상 대학 교육의 새 역사가 시작된 순간이었다. 그 뒤 다른 주들도 함부르크 주를 따라 등록금을 폐지하면서 무상 대학 교육은 독일 전체로 확산되었다.

그러나 그로부터 30여 년이 지난 2000년, 독일의 보수정당은 선거에서 승리한 바이에른Bayern 주 등을 중심으로 대학 등록금을 재도입하는 방안을 추진했다. 대학 교육도 일종의 서비스이므로 시장원리에 따라 돈을 받아야 대학의 경쟁력도 더 올라간다는 논리였다. 이에 대해 독일 연방정부가 대학 등록금 도입 금지 법안을 제정해 일부 자치주의 등록금 재도입 계획을 막으려 하자, 보수정당이 집권하는 7개 주정부는 연방정부를 상대로 소송을 걸었다. 3년에 걸친 법정 공방 끝에 독일 연방헌법재판소는 2005년 1월 26일, 대학 등록금을 신설하려는 주정부의 손을 들어주었다.

이 판결로 등록금 결정의 자율권을 확보한 7개 주는 차례로 등록금 도입을 시도했고, 이에 따라 2007년 이후 새로 입학하는 대학생들은 최고 500유로(약 70여만 원)의 등록금을 내야 하는 처지가 되었다. 그 대신 등록금을 부활시킨 자치주들은 대학생을 대상으로 하는 장학금을 대폭 늘리고 학자금 대출도 확대하여, 등록금 마련이 어려운 대학생들이 조건 없이 등록금을 빌릴 수 있도록 주정부가 지원하고, 졸업 이후 최고 25년 동안 저금리로 돈을 갚아나갈 수 있도록 했다.

하지만 그 어떤 유인책도 보편적 대학 교육 원칙을 지키려는 독일 대학생들의 움직임은 막지 못했다. 2008년 헤센 주에서 대학생들의 항의 시위가 격렬하게 벌어지자 결국 헤센 주정부는 대학 등록금제를 시작해보지도 못하고 등록금 폐지를 전격적으로 결정했다.

이 사건 이후 항의 시위가 들불처럼 번지면서, 2009년에는 독일 전국에서 27만 명의 대학생들이 그에 동참했다. 시위에 나선 대학생들은 '독일의 기본법인 헌법에는 경제적 능력이 있든 없든 교육을 받을 권리가 명시되어 있다'라며, 대학 등록금 때문에 헌법에 명시된 권리가 제한되어서는 안 된다고 주장했다. 이들은 또 '경제 능력이 있는 계층만 교육을 받을 수 있게 된다면 저소득층 학생들은 교육의 평등권을 빼앗기게 될 것'이라고 외쳤고, 투표에도 적극 참여해 등록금 폐지를 찬성하는 정당에 표를 몰아주었다.

이러한 독일 청년들의 외침이 기성세대들의 마음을 움직이면서, 극히 일부 보수정당을 제외한 대부분의 정당들은 등록금을 폐지하는 쪽으로 방향을 잡았다. 그 결과 2008년 가장 먼저 등록금 도입 계획을 포기한 헤센 주를 포함해 독일의 5개 주정부가 등록금을 폐지했다. 2013년 상반기 기준으로 독일의 16개 주 가운데 등록금을 받는 곳은 바이에른 주와 니더작센Niedersachsen 주가 전부인데, 이 2개 주도 2014년 안에 모두 등록금을 폐지할 전망이므로 독일은 다시 대학 등록금이 없는 나라로 돌아갈 가능성이 크다.

그런데 독일 청년들의 강한 의지와 노력으로 만들어낸 대학 등록금 철폐가 글로벌 금융위기 이후 독일을 유럽 교육의 새로운 중심지로 만들고 있다. 2013년 1월, 영국 일간지 《텔레그래프The Telegragh》[5]는 '왜 영국 학생들이 독일로 몰려가는가'라는 제목의 기사에서, 그 주요 원인 중 하나로 독일의 무상 등록금을 지목했다. 독일 대학은 내국인과 외국인을 차별하지 않고 대학 등록금을 받지 않기 때문에, 외국인도 학생복지를 위한 최소한의 학생회비만 내면 대학에 다닐 수 있다. 이에 비해 영국은 글로벌 금융위기 이후 등록금 상한을 세 배나 올려, 우리 돈으로 최고 1600만 원에 이르는 등록금을 내야 한다. 이 같은 등록금 차이 때문에 영국 대학생들이 독일로 몰려들자 독일 대학은 영국의 뛰어난 학생들을 선별해 받아들이고 있다.

문제는 독일에서 대학 교육이나 석·박사 과정을 마친 영국의 인재들이 고국으로 돌아가기보다 독일에 남는 경우가 점점 늘어나고 있다는 것이다. 그들은 글로벌 금융위기 이후 제조업 기반이 무너져 더 이상 청년들에게 일자리를 제공하지 못하자 그 피해를 떠넘기고자 하는 자국을 버리고, 독일을 새로운 보금자리로 택하는 것이다. 덕분에 독일은 글로벌 금융위기 이후 청년을 버린 유럽 각국의 인재들을 빨아들이는 블랙홀이 되고 있다.

젊은 세대가 독일로 몰려드는 것에는 청년을 위한 일자리 정책도 큰 역할을 하고 있다. 2008년 글로벌 금융위기가 왔을 때 다른 나라들과는 달랐던 대처방법에서 그 차이를 엿볼 수 있다. 미국은 글로벌 금융위기 이후 대표적인 자동차 업체인 제너럴모터스GM가 위기에 빠지자, 정부가 직접 대규모 구제금융 지원에 나섰다. 이때 미국 정부의 조건은 대량 감원과 일부 공장의 폐쇄를 통한 대대적인 구조조정이었다. 그 결과 GM은 14개 미국 공장을 폐쇄하고 2만 1000명을 해고했다.

이처럼 위기가 오면 대량감원을 통해 기업 경쟁력을 회복하는 것이 공식처럼 여겨지고 있지만, 감원당한 사람들은 일자리를 잃고 경제위기 속에서 큰 어려움을 겪게 된다. 게다가 모든 기업이 일시에 이런 대량 감원을 택한다면, 경제 전체적으로는 내수시장이 더욱 침체되어 위기 극복에 오랜 시간이 걸린다. 특히 미국처럼 이민자들에 의해 새로운 소비수요가 계속 창출되는 경우가 아니라면, 이런 구조조정은 현세대뿐만 아니라 미래세대까지 고사시켜 일본처럼 장기적인 경제 침체의 늪에 빠뜨릴 수 있다.

그런데 글로벌 금융위기가 왔을 당시 독일의 선택은 흔히 보던 신자유주의적인 구조조정과 너무나 달랐다. 2009년 독일은 노동시간 단축 프로그램을 통해 '일자리 나누기' 정책을 추진했다. 근로자와 기업이 합의하여 근로시간을 50% 줄이면, 임금의 최대 30%를 정부가 지원하기로 한 것이다. 결국 근로자들은 절반만 일하고도 종전 임금의 80%를 받을 수 있었고, 기업은 임금을 절반만 지급해도 되었기 때문에 굳이 구조조정을 위해 근로자를 해고할 필요가 없었다.

독일의 대표적인 가전업체인 지멘스Siemens는 2008년 경제위기를 거치면서도 1만여 명에 이르는 근로자를 단축 노동 프로그램에 참여시켜 위기를 넘겼다.[6] 기업이 구조조정을 통해 근로자를 해고해야 구제금융을 지원했던 다른 나라들과 달리, 독일 정부는 고용을 유지해야 지원을 해주는 정반대의 정책을 택한 것이다.

이런 정책은 독일에서 일자리의 기적을 가져왔다. 2009년 독일 경제성장률은 -4.7%에 이를 만큼 나빠졌지만 실업률은 거의 오르지 않았다. 근로시간을 줄이면서 인건비가 절반 가까이 줄어든 탓에 별도의 구조조정이 필요하지 않았기 때문이다. 더구나 이 같은 '일자리 나누기' 정책 덕분에 새로 취업전선에 뛰어드는 청년들도 보다 쉽게 일자리를 구할 수 있어서, 실제로 2013년 3월 독일의 청년실업률은 7.6%로 유럽 전체 청년실업률의 3분의 1 수준에 불과했다.

일자리 나누기 정책은 경기불황 속에서도 내수시장을 견인해주는 역할을 했다. 실직 위험이 없어진 근로자들은 보다 안정적으로 소비를 유지할 수 있었고, 졸업과 동시에 일자리를 얻는 청년들이 늘어나면서 내수시장의 새로운 기반이 생겨났기 때문이다. 또한 이 정책은 불황기에도 기업의 노동생산성을 유지할 수 있다는 장점이 있었다. 불황기에 대량해고를 한 기업은 후에 경기가 좋아지면 비숙련 근로자를 고용해 다시 교육시키는 데 시간과 비용을 투입해야 하지만, 일자리 나누기를 택한 기업들은 숙련된 근로자들을 고스란히 유지할 수 있기 때문에 경기회복에 보다 빨리 대응할 수 있다.

기업의 생산성을 단절시키지 않고 다음 세대에게 고스란히 물려줄 수 있다는 것 또한 이 정책의 장점이다. 졸업한 청년들이 곧바로 취업하지 못하면 생산성을 올릴 기회를 잃어버려 경제 전체의 생산성 측면에서 손해를 보게 되지만, 기성세대가 일자리 나누기를 통해 청년들에게 직장을 제공하면 청년들은 생산성을 향상시킬 기회를 갖게 되어 전체 경제의 생산성도 높아진다. 이는 미래의 경제성장률을 끌어올리기 때문에 젊은 세대에게 기회를 제공했던 기성세대에게도 그 혜택이 돌아오게 된다.

이러한 정책에 힘입어 독일의 고용률은 2009년의 70.3%에서 해마다 꾸준히 올라 2012년에는 72.8%를 기록했다. 글로벌 금융위기 속에 고용률이 4년 연속 오른 나라는 전 세계에서 독일이 유일무이하다. 그나마 경기회복 속도가 빠르다는 미국도 비슷한 기간 동안 고용률이 5% 넘게 하락했고, 2013년 우리나라의 고용률은 65% 수준에 불과해 독일에 크게 못 미치고 있다. 이는 15세 이상 64세 이하 생산가능인구 중에서 실제로 일하는 사람이 우리나라는 100명 중 65명 꼴인 반면, 독일은 100명 중 73명 꼴임을 뜻한다.

현재 독일의 고용시장은 사실상 완전고용 상태를 넘어, 일자리에 비해 오히려 사람이 부족한 상황이다. 2011년 4월 우르줄라 폰 데어 라이엔Ursula von der Leyen 독일 노동부 장관은 "독일은 50만 개의 일자리를 채울 인력이 필요하기 때문에 다른 유럽 국가의 고급 인재를 더 많이 받아들이고 싶다"라고 밝혔다. 일자리가 없어서 고통받고 있는 타 유럽 국가들에 비하면 참으로 배부른 고민이다. 이에 일자리가 없어서 허덕이던 그리스나 스페인, 이탈리아 등의 뛰어난 인재들은 일자리가 풍부한 독일로 몰려들었고, 그 결과 2011년 한 해 동안 독일로 이주한 외국인은 전년보다 20%나 늘어난 95만 명에 이르렀다.

이처럼 세계 각국에서 인재들이 몰려들자, 독일은 엔지니어와 의사 등 자국에 필요한 고급 인재를 중심으로 이들을 받아들이고 있다. 특히 독일 최고의 연구소인 막스플랑크Max-Planck-Gesellschaft 연구소의 경우, 2만 5000명의 연구원 중 40%에 해당하는 1만여 명이 외국인일 정도로 해외 두뇌들은 독일의 첨단과학 분야에서 큰 역할을 담당하고 있다. 다른 나라는 인재가 빠져나가서 걱정인데, 독일은 몰려드는 인재에 즐거운 비명을 지르고 있는 것이다.

이처럼 우수한 인재가 독일로 옮겨 가면 남유럽 등 주변국들은 당장의 실업난을 해소할 수 있겠지만, 장기적으로는 산업 기반이 더욱 약화되고 생산성도 추락할 것이다. 더구나 숙련된 인재가 줄어들면 세계적으로 경기회복이 시작되어도 그 기회를 잡지 못하고 낙오될 가능성이 커질 수밖에 없다.

결과적으로 근로세대와 미래세대를 위한 일자리 나누기 정책은 독일의 경제성장을 이끄는 새로운 동력이 되었다. 미래세대를 끌어안으려는 기성세대의 노력이 독일을 유럽 경제의 중심지로 만들고 있는 것이다. 이러한 독일의 현 상황은 세대전쟁은 제로섬 게임이 아니라는 사실을 보여주는 실증적 사례에 해당한다.

고령화가 시작된 중요한 시점에 서 있는 지금, 한국은 세대 간 화합을 이루어 다시 성장해가는 독일이 될 것인가, 아니면 처절한 세대전쟁으로 기성세대와 미래세대가 모두 공멸해가는 남유럽이 될 것인가? 답이 명백하다면 이제 주저 없이 바로 행동할 때다.

CHAPTER 04

누가 감히 이 땅의 청년들을 모함하는가

2010년 필자는 지하자원을 둘러싼 전 세계 국가들의 패권 다툼 취재를 목적으로 호주 스프링베일Springvale에 있는 탄광을 찾았다. 채굴 현장을 카메라에 담기 위해 우리 일행은 두꺼운 작업복과 안전모를 써야 했고, 지하를 달리는 특수 차량을 타고 미로처럼 어두운 지하 탄광을 20분 넘게 달린 끝에 겨우 채굴 현장 입구에 도착했다. 그곳에서부터 채굴 현장까지는 다시 20분 가까이를 더 걸어가야 했는데 중간부터는 탄광 높이가 낮아져 거의 기어가다시피 했고, 좁은 탄광 통로의 천장에서는 가끔씩 석탄 부스러기들이 떨어져 깜짝 놀라기도 했다. 드디어 도착한 탄광 깊숙한 채굴 현장에서는 광부들이 큰 장비를 들고 요란한 소음을 내며 석탄을 캐내고 있었다. 채굴 장비가 켜져 있을 때는 너무 시끄러워서 전혀 대화가 되지 않을 정도였다.

우리 취재진이 찾아간 광산은 그나마 작업환경이 좋은 편이었지만, 이곳 광부들의 일은 분명히 더럽고dirty 위험하며dangerous 힘든difficult, 이른바 3D 업종임이 틀림없었다. 그런데도 호주에서는 많은 젊은이들이 앞다투어 광부가 되고 싶어 한다. 호주의 젊은이들이 한국과 달리 3D 업종을 마다하지 않는 이유는 무엇일까?

2011년 11월 《월스트리트저널》[i]은 서호주 지역 지하광산에서 일하는 제임스 디니슨James Dinnison이라는 광부를 소개했다. 그는 8000만 원짜리 셰비Chevy 픽업트럭과 주문 제작한 5000만 원짜리 고가의 오토바이를 타고 다니며 취미활동을 하고 있다. 고등학교 중퇴 후 곧장 광부 일을 시작해 7년이 지난 지금 그는 한 해에 무려 20만 달러, 우리 돈으로 2억 3000만 원이나 되는 고소득을 올린다. 호주 광부들의 평균 연봉은 약 1억 2000만 원 정도로, 이는 호주 전체 근로자 평균 연봉의 두 배에 가까운 수준이다. 이처럼 안정적인 생활을 누릴 수 있기 때문에 광부는 3D 업종임에도 불구하고 '꿈의 직업'이 된 것이다.

한국의 기성세대들은 청년들이 힘들고 어려운 일은 기피하고 편하고 폼 나는 일만 선호한다며 청년실업을 모두 '나약한' 청년들의 탓으로 돌린다. 하지만 대한민국 청년들이 3D 직종을 택하지 않는 이유는 단지 일이 힘들고 고되기 때문만이 아니다. 한국에서 3D 직업으로 인생을 시작하면 사무직의 절반 수준인 낮은 임금을 받으며 평생 비정규직으로 불안하게 살아야 한다. 그런데도 청년들에게 3D 직종을 택하라고 강요하는 것은 결국 젊었을 때부터 꿈과 희망을 버리고 살아가라며 등을 떠미는 것과 같다.

사회생활을 시작하는 젊은이들이 보다 나은 삶을 향한 꿈을 버린다면 대한민국의 미래도 사라지고 만다. 한국의 기성세대는 청년들에게 희망을 포기하고 현실의 고통을 감수해야 한다며 강요할 것이 아니라, 더 큰 꿈을 갖고 이를 향해 뛸 수 있는 풍부한 기회를 주어야 한다. 그것이 기성세대의 풍요로운 노후를 위한 길이기 때문이다.

3D 산업을 기피하는 청년을 욕하지 마라

2013년 6월, 한국의 고용시장이 다소 회복되자 취업자 수도 36만 명 정도 늘어났다. 하지만 20대 청년 취업자는 3만 5000명이나 줄어들어 1년 2개월 연속 하락세를 기록했고, 30대 취업자 수도 2만 3000명이나 감소했다. 이에 반해 50대 취업자 수는 27만 명, 60세 이상도 15만 명이나 늘어났다. 이처럼 다른 연령대에 비해 청년 취업자 수만 크게 낮아지자 청년 고용에 비상이 걸렸다.

그런데 이러한 한국의 높은 청년실업률을 놓고 기성세대는 그것이 청년들의 3D 업종 기피 현상 때문이라고 쉽게 단정 짓는다. 청년실업자들이 더럽고 위험하며 힘든 3D 업종을 피하려 하기 때문에 40만 명의 외국인 근로자들이 그 자리를 채우고 있다는 것이다. 기성세대는 이처럼 청년실업 문제를 그저 그들의 책임으로 돌리면서 대책 마련에는 두 손을 놓다시피 하고 있다.

일부 언론은 청년실업률이 높은 이유가 대부분의 청년들이 대학 교육을 받는 바람에 일자리를 고를 때 눈만 높아져서 3D 직종을 선택하지 않기 때문이라고 주장하기도 한다. 그렇다면 청년들이 덜 배우면 청년실업이 해소된다는 말인가? 청년들이 스스로의 가치를 높이기 위해 더 많이 배우고 더 높이 도전하는 것이 정녕 잘못된 일일까?

한국의 청년들이 3D 업종을 기피한다는 주장은 모함에 불과하다. 자신의 미래를 꿈꿀 수 있는 직업이라면, 적어도 안정적인 미래의 삶을 보장해줄 수 있는 직장이라면, 아무리 더럽고 위험하고 힘든 일이라 해도 청년들은 그것을 마다하지 않는다. 호주의 광부처럼 고용의 질이 높은 3D 업종을 우리나라에서 찾기는 어렵지만, 가끔씩 우리 청년들의 절박한 도전을 엿볼 수 있는 경우들이 있다.

조선소에서 선박을 용접하는 것은 보통 힘든 일이 아니다. 두꺼운 보호복을 입고 용접을 하면 봄이나 가을에도 땀을 비 오듯이 흘려야 한다. 하지만 4~5년 정도 경력이 쌓이면 한 달에 300~500만 원에 이르는 높은 급여를 받을 수 있기 때문에 용접 훈련 과정에는 항상 수많은 젊은이들이 몰려든다.

남들이 잠든 새벽에 골목을 누비며 냄새나는 쓰레기를 치우는, 대표적인 3D 업종이었던 환경미화원도 최근 10년 사이 엄청난 경쟁률을 보이며 주목받고 있다. 일반 직장인과 달리 밤에 근무를 시작하고, 힘을 쓰는 현장근무를 하다 보니 체력적으로도 무리여서 모두들 기피해왔던 이 환경미화원 채용시험에 지금은 평균 15대 1 수준의 높은 경쟁률을 보이며 젊은이들이 도전한다. 초임 연봉이 3000만 원을 훨씬 웃도는 데다가 공무원과 동일하게 만 60세 정년까지 보장해주니, 경제난에 취업난까지 더해지면서 대학을 졸업하고도 시간제 아르바이트를 전전하는 젊은 세대들에겐 평생직장을 꿈꿀 수 있는 직업이 된 것이다.

청년들이 원하는 것은 보다 안정적인 직장에서 보다 나은 내일을 향해 살아갈 수 있는 희망이다. 그들이 기피하는 것은 단순히 힘들고 더러운 3D 업종이 아니라 저임금에 시달리며 더 나은 삶을 꿈꿀 수도 없을 정도로 불안한 비정규직이다. 사정이 이러한데도 기성세대가 청년들을 3D 업종에 종사하는 외국인 근로자들과 비교하면서 그 자세를 비난하는 것은 참으로 부당한 일이다. 만약 저임금의 외국인 근로자들을 불러들이지 않았다면 3D 업종의 임금은 한국의 인력사정에 걸맞게 높아졌을 것이다. 실제로 외국인 근로자들의 국내 취업을 비교적 엄격하게 관리해왔던 호주에서는 광부뿐만 아니라 3D 업종 근로자들의 임금이 전반적으로 사무직 근로자들보다 훨씬 높다. 남들이 기피하는 힘든 일의 임금이 많은 사람들이 선호하는 일의 임금보다 더 높은 것은 당연한 일이다.

하지만 안타깝게도 우리나라의 고용시장은 외국인 근로자들로 인해 크게 왜곡되어 있다. 3D 업종이나 단순생산직에 한정해 외국인 근로자들을 받아들이는 바람에 이들 업종의 임금만 한국의 경제 상황에 맞지 않게 저평가되어 있는 것이다. 이렇게 외국인 근로자들의 유입 때문에 후진국 수준으로 낮아진 3D 업종의 왜곡된 임금을 받아들이지 않는다며 청년들을 비난하는 것은 옳지 않다.

또한 단순근로나 3D 업종의 비정규직 직장을 선택하는 청년들이 늘어나는 것은 우리 경제의 미래에도 바람직하지 않다. 한시적으로 한국에서 일하다 자국으로 돌아갈 외국인 근로자들이 비정규직으로 일하는 것은 우리 경제의 미래와 관계가 없다. 하지만 청년들이 비정규직으로 시작해 2년마다 직장을 옮기게 된다면 그 일에서 아무리 숙련도를 높여봤자 다음 직장에서 도움이 되지 않는다. 결국 비정규직을 전전하는 젊은이들은 한 분야에 특화된 숙련도를 높이기보다는 토익TOEIC처럼 보편적인 인적자본을 쌓는 데 자신의 시간을 투자하게 된다.

그러나 기업의 생산성 향상에 진정으로 도움이 되는 것은 토익과 같은 보편적 능력이 아니라, 특정 업무에 특화된 숙련도라고 할 수 있다. 이 때문에 비정규직으로 전전하는 청년들이 많을수록 그 나라 전체의 생산성도 동반 추락할 수밖에 없는 것이다. 결국 기성세대가 청년들에게 불안하고 열악한 3D 업종이나 비정규직 시간제 근로를 선택하라고 강요하는 것은 한국 경제의 생산성을 더욱 끌어내리는 매우 위험한 일이다.

그 뜨겁던 '아이러브스쿨'이 사라진 이유

2012년, 필자는 한국 경제의 미래를 이끌 혁신의 열쇠를 취재하기 위해 미국 메릴랜드Maryland 주에 있는 미국국립보건원NIH, National Institutes of Health을 찾아갔다. 75개 건물로 이루어진 거대한 국립보건원은 미국에서도 가장 철저한 보안검색으로 유명한 곳이라 우리는 주요 건물들과 멀찍이 떨어져 있는 경비초소에 차를 세우고 한 명 한 명의 신원을 확인받았고, 우리가 타고 온 차량은 바닥부터 내부까지 위험물질이 있는지 철저한 수색을 거쳐야 했다. 이렇게 엄격히 검문검색을 하는 이유는 이 국립보건원에서 이루어지는 연구들이 그만큼 중요하기 때문이다.

미국국립보건원은 130명이 넘는 노벨상 수상자를 배출해 단일기관으로는 세계 최다 기록을 가지고 있는 연구기관이다. 2012년 한 해 예산만 307억 달러(약 35조 원)에 이를 정도로 엄청난 연방 예산을 쓰고 있으며, 1990년대 이후에는 미국의 제약산업과 의학기술을 세계 최고 수준으로 끌어올리는 데 결정적 역할을 했다.

필자는 여기에서 '물질대사metabolism' 연구소장을 맡고 있는 프랭크

곤잘레스Frank J. Gonzalez 박사와 인터뷰를 하면서 한국의 젊은 연구원들에 대한 이야기를 나누었다. 곤잘레스 박사는 지금까지 많은 한국인 연구원들과 일해왔다며 그들의 창의성과 도전정신에 대한 극찬을 아끼지 않았다.

그런데 그는 자신과 일할 때 그렇게 뛰어난 능력을 발휘했던 젊은 연구자들이 한국으로 돌아가기만 하면 그 놀라운 도전정신이 모두 한순간에 사라진다고 아쉬워하며, 한국의 권위적인 시스템이 청년 연구자들의 놀라운 창의성을 짓밟고 있다고 꼬집었다. 자신의 담당 교수나 연구소의 방침을 거스르지 못하는 한국 특유의 분위기 때문에 젊은 과학자들의 창의성이 죽어가고 있다는 것이다. 그는 이러한 문화를 하루빨리 바꾸지 않는다면 한국 과학의 미래가 위협받을 것이라고 충고했다.

연구소나 대학뿐 아니라 한국의 창업 환경도 젊고 창의적인 기업가에게 결코 호의적이지 않다. 필자는 이러한 취재 내용들을 바탕으로, '대한민국 경제의 새로운 혁신을 위해서는 무엇보다 청년 창업을 적극 지원해야 한다'라는 내용의 다큐멘터리를 2013년 신년 특집 프로그램으로 방송했다. 그런데 방송 다음날, 방송을 위해 인터뷰를 했던 한 특허법 관련 교수로부터 항의 전화를 받았다. 어떻게 청년들에게 위험한 창업을 권하는 방송을 할 수 있느냐는 것이 그 요지였다. 한국에서는 젊은이들이 창업을 했다가 한 번만 실패해서 무너져도 그것으로 인생이 끝나는 경우가 많기 때문에, 청년들에게 창업을 권해서는 안 된다는 주장이었다.

이렇게 특허법 관련 교수가 청년 창업 보도를 비판할 만큼, 사실 한국에서는 젊은이들이 새로운 아이디어로 창업을 한다는 것 자체가 매우 위험한 일이다. 젊었을 때의 야심찬 도전이 자칫 한 번이라도 무너지면 실패자로 낙인 찍혀 평생 재기하기가 쉽지 않기 때문이다. 미국에서 소셜 네트워크로 선풍적인 인기를 끌고 있는 '페이스북'이 나오기 이미 수년 전에 한국판 소셜 네트워크로 큰 성공을 거두었던 '아이러브스쿨Iloveschool' 김영삼 대표의 실패가 그 대표적인 사례다.

1999년 한국과학기술원KAIST에서 박사 과정을 밟고 있던 김영삼 씨는 연구실 옆자리에 있던 친구들이 '싸이월드Cyworld'를 창업하는 것을 보고 '한국에서는 학연을 기반으로 하는 인맥 사이트가 더 인기를 끌 수 있을 것'이라는 데 생각이 미쳤다. 그는 다른 두 연구원과 함께 50만 원씩 150만 원을 모아 컴퓨터를 사고 동창을 찾아주는 웹사이트를 만들었다. 회원이 1만 명으로 늘어났을 때쯤 서버 확충을 위해 긴급 자금이 필요해졌고, 결국 중견제조업체인 금양이 아이러브스쿨에 10억 원을 투자하는 대가로 지분 40%를 확보해 최대주주가 되었다.

그 뒤 아이러브스쿨은 회원이 500만 명에 이를 정도로 급속히 성장해서, 2000년대 초반 아이러브스쿨로 동창생을 찾는 것은 거의 사회 트렌드처럼 자리를 잡았다. 이처럼 대성공을 거두자 글로벌 기업인 야후Yahoo가 찾아와 아이러브스쿨을 500억 원에 인수하겠다고 김영삼 대표에게 제의했지만, 최대주주인 금양의 반대 등으로 지분 매각의 기회를 놓치고 말았다. 결국 김 대표는 '회사 지분을 먼저 넘겨주면 돈은 나중에 주겠다'라는 금양 대표이사의 말을 믿고 자신의 지분을 넘겼지만, 그가 이 지분을 모두 팔아버리고 해외로 출국한 뒤 행방불명이 되자 김영삼 씨는 돈과 사업체 모두를 날리고 말았다.[2]

돈을 떼인 그에게 설상가상으로 국세청이 '매매 계약이 이루어진 만큼 그 대금을 받지 못했더라도 세금은 내야 한다'라며 미신고가산세까지 붙여 24억 원을 추징하는 바람에 김영삼 씨는 결국 20억 원의 빚을 진 신용불량자가 되고 말았다. 이런 억울한 실패 이후 그는 새로운 창업을 위해 백방으로 노력했지만, 아무리 새로운 아이디어를 내놓아도 한 번 실패한 창업자가 다시 재기하기란 쉬운 일이 아니었다. 이처럼 한 번의 실수나 실패로 인생이 끝없이 추락할 수 있는 한국에서 혁신적인 도전을 꽃피운다는 것은 정말 어려운 일이다.

더 큰 문제는 창업에 실패한 청년들은 최소한의 생활을 유지하기도 힘들다는 것이다. 가족 공동체가 유지되었던 1980년대까지만 하더라도 청년들은 새로운 도전이 실패해도 가족이나 친지들의 도움으로 최소한의 생활수준을 유지할 수 있었다. 하지만 급격한 산업화와 핵가족화, 그리고 한 자녀 갖기 현상이 진행되면서 지금의 청년들은 그런 안전망을 기대하기도 어려워졌다.

단 한 번만 실패해도 신용불량자가 되고 최하위 계층으로 전락해 다시 재기할 기회조차 박탈당하는 경제구조라면, 청년들은 미래를 위해 도전하기보다 현재를 안정적으로 보장해줄 수 있는 곳에 안주하려 할 수밖에 없다. 게다가 한국에서 이런 위험성을 담보해줄 수 있는 청년 복지 수준은 OECD 국가 중 거의 최하위권이다 보니, 혁신을 위한 도전이란 자신의 미래를 모두 걸어야 하는 위험한 도박이 되어가고 있다. 이런 상황에서 창조경제를 만들기란 불가능에 가깝고, 혁신을 향한 청년들의 도전이 무모하게 여겨지는 나라는 영원히 저성장의 늪에서 벗어날 수 없다.

한국에서는 청년 실업자를 돕는 사회보험제도가 거의 없다. 한국의 실업급여 제도는 자신이 낸 고용보험료로 보장을 받는 방식이기 때문에 고용보험에 가입한 기간이 짧으면 큰 도움이 되지 않는다. 더구나 아예 취업한 적이 없는 청년 실업자들에게 있어 고용보험과 실업급여는 그림의 떡과 같다.

한국과 달리 유럽의 많은 국가들에는 '실업부조失業扶助'라는 제도가 마련되어 있다. 이는 평소에 고용보험료를 내야 받을 수 있는 실업급여와 달리, 아직 실업보험금을 받을 조건을 충족시키지 못한 젊은 실업자까지 지원하는 제도다. 따라서 실업부조는 일할 의지만 있다면 이전 고용기간에 관계없이 지원받을 수 있다. 실업부조를 받으려면 직업 훈련과 구직활동에 적극적이어야 하기 때문에, 이 제도는 현재 기술이 없는 청년들이 구직 포기자로 전락하지 않고 노동시장으로 돌아오도록 유인하는 역할도 하고 있다.

유럽의 많은 선진국들이 이러한 제도를 도입한 이유는 단순히 청년들을 돕기 위해서가 아니다. 이들 국가는 청년들이 새로운 분야에 끊임없이 도전하도록 유도하려면 무엇보다 도전에 실패하더라도 최소한의 생활을 보장해줘야 한다는 사실을 잘 알고 있다. 그렇기에 실업부조와 같이 젊은 세대를 위한 복지 지출을 그저 비용이 아닌, 국가 경제의 지속적인 혁신을 위한 기초적인 투자로 인식하고 있는 것이다.

청년실업을 줄이고 그들의 혁신적인 도전을 유도하기 위해 실업부조 정책을 적극적으로 활용하고 있는 대표적인 나라가 바로 독일이다. 독일은 2003년부터 단계적으로 시작된 하르츠HARTZ[3] 개혁을 통해 실업급여와 실업부조, 그리고 사회부조까지 모두 통합했다. 독일의 하르츠 개혁은 실직자들에게 구직의무를 부과하는 대신 취업의 권리도 철저하게 보장하고 있는 것이 가장 큰 특징이다. 이런 청년복지 정책은 단지 청년들의 삶을 개선시키는 데 그치지 않고 그들의 생산성까지 하나하나 계발시켜 전체 독일 경제의 잠재성장률을 끌어올리는 놀라운 역할을 하고 있다.

이러한 선진국들과 달리 우리나라는 혁신적인 도전에 나서는 청년들에게 든든한 울타리가 될 수 있는 복지제도가 거의 전무하다. 그런데도 이명박 전 대통령은 2008년 12월 1일 라디오 연설에서 "지금 청년들은 도전하려 하지 않고 잔뜩 움츠린 채 편안한 직장만 찾으면서 중소기업을 기피하고 있다"라며 청년들을 비판했다. 덧붙여 자신이 당시에는 작은 중소기업에 불과했던 현대건설에 도전정신을 갖고 뛰어든 것처럼, 지금의 청년들에게도 이 같은 도전정신이 필요하다고 강조했다.

하지만 우리 청년들이 결코 나약하고 게을러서 편안한 직장만 찾고 있는 것은 아니다. 그들이 찾고 있는 것은 지금은 비록 힘들지라도 마음껏 자신의 꿈을 펼칠 수 있는 '미래가 있는 직장'이다. 예전의 현대건설은 비록 지금보다 규모가 작았을지 몰라도, 일단 정규직 직원으로 취직해서 열심히 일하면 마음껏 미래를 꿈꿀 수 있는 곳이었다. 하지만 일단 비정규직으로 발을 디디면 평생 그곳에서 헤어 나올 방법이 없는 지금의 청년들에게 '왜 꿈을 꾸며 도전하지 않느냐'라고 비난해서는 안 된다.

인류는 시스템을 통해 성장해왔다. 시스템이 망가지면 아무리 야심찬 젊은이라도 개인의 능력만으로 자신의 꿈을 이루기가 쉽지 않다.

대한민국의 청년들이 얼마나 새로움에 도전하느냐는 우리가 만드는 시스템에 달려 있다. 혁신에 도전하는 청년자원을 지금 우리가 갖지 못했다면, 그 책임은 그러한 시스템을 만든 기성세대에게 물어야 한다.

51번의 실패가 낳은 앵그리버드의 성공

● 2012년, 필자는 북유럽 혁신의 중심이 되고 있는 핀란드 창업 현장을 취재하기 위해 알토 대학교Aalto University를 찾아갔다. 알토 대학교는 핀란드 최고의 명문대였던 헬싱키 공대와 디자인 예술대, 헬싱키 경영대를 통합해 2010년 출범한 대학이다. 이 대학에서 창업 과정을 가르치는 '기업가 정신 석사 프로그램Entrepreneurship Master Programme'의 파울라 키로Paula Kyro 교수는 "성공적인 혁신을 위해서는 무엇보다 실패의 경험이 가장 중요하다"라고 강조했다. 그래서 그녀가 가르치는 창업자 교육에서 가장 중요한 것은 석사과정 2년 안에 반드시 실패를 경험하는 기회를 제공하는 것이다.

실패를 성공의 필수적인 밑거름으로 생각하는 나라답게 핀란드에서는 다른 나라에서 좀처럼 보기 어려운 이색적인 행사가 열렸다. 2010년 10월, 실패의 경험담을 부끄러워하지 말고 당당하게 이야기하자는 '실패의 날Day of Failure' 행사가 열린 것이다. 이 행사를 주최한 알토 대학교는 자신이 겪은 실패의 경험을 다른 사람에게 이야기하고 재기할 수 있는 기회를 제공하자는 것이 개최의 취지라고 밝혔다.

2011년에는 경영위기를 겪고 있었던 핀란드의 대표기업 노키아Nokia의 요르마 올릴라Jorma Ollila 명예회장까지 참여해 자신의 실패담을 솔직하게 털어놓았다. 이 행사는 큰 반향을 불러일으켜 유럽의 여러 나라들도 이처럼 실패담을 나누는 행사를 앞다투어 개최하고 있다.

전 세계적으로 선풍적인 인기를 끌고 있는 앵그리버드Angry Bird를 만든 핀란드의 로비오Rovio 사도 바로 그런 실패를 딛고 일어섰기에 지금과 같은 성공을 거둘 수 있었다. 로비오 사는 2008년까지 이미 51개의 게임을 만들었지만 모두 실패했고, 그 결과 30여 명이었던 직원들 중 20명을 해고해야 했다. 2009년 부도 직전에 몰린 로비오 사는 당시까지 남아 있던 열두 명의 직원들이 혼신의 힘을 다해 마지막 출시 게임이 될지도 모를 앵그리버드를 단 3개월 만에 만들어냈다.

51번에 걸친 실패의 경험 끝에 탄생한 이 게임은 출시와 동시에 엄청난 인기를 끌었고, 불과 2년 반 만에 전 세계에서 10억 회가 넘는 다운로드를 기록했다. 2011년에는 한 해 매출액이 1조 1000억 원에 달했고, 순이익은 7000억 원으로 순이익률이 64%를 넘기는 경이적인 기록도 세웠다. 만일 핀란드의 경제 환경이 한 번만 실패하면 다시는 일어나지 못하는 구조였다면 앵그리버드의 성공 신화도 결코 존재할 수 없었을 것이다. ●

욕망 없는 사토리 세대가 경제를 위협한다

탐사취재를 하다 보면 '몰래 카메라'를 쓰는 기자가 많다. 최근에는 볼펜이나 넥타이처럼 도저히 카메라라고 생각하기 힘든 형태의 기기들까지 나왔지만, 필자는 탐사보도 시에는 몰래 카메라를 쓰지 않는 것을 원칙으로 해왔다. 필자의 경우 보통 시스템의 문제를 탐사취재 대상으로 삼는데, 그런 경우는 몰래카메라가 전혀 필요 없는 데다가, 몰래 취재를 하게 되면 고발 대상의 반론 기회를 박탈할 수도 있기 때문이다.

그런데 입사 초기에는 몰래카메라를 사용한 적이 있었다. 외환위기로 인한 고통이 계속되던 1999년 당시, 보도본부장이 경제위기에도 불구하고 술집이나 클럽에서 흥청망청 돈을 쓰고 있는 젊은이들을 비판하는 기사를 쓰라는 지시를 사회부에 내렸기 때문이다. 필자는 "돈을 쓰는 젊은 세대는 극히 일부의 부유층이며, 만약 그들마저 돈을 쓰지 않는다면 경제는 더욱 위축되어 경기회복은 더더욱 요원해질 것"이라며 반대 의견을 내놓았지만, 입사 2년차 기자에게 선택의 여지는 없었다. 결국 밤새도록 몰래 카메라를 들고 청년들이 찾는 클럽들을 돌아다녔지만, 워낙 문외한인 영역이라 취재에는 번번이 실패했다. 다행히 함께 지시받았던 다른 선배가 취재에 성공해 결국 리포트를 제작하게 되었다.

외환위기 당시에는 이처럼 철없는 청년들이 흥청망청 돈을 쓴다는 보도가 많은 신문사와 방송사의 단골 메뉴였다. 하지만 이 같은 보도와 달리, 대부분의 청년들은 직장을 구하지 못해 극심한 고통을 받고 있었다. 심지어 당시 대학 졸업자나 졸업 예정자들은 자신들을 일컬어 '저주받은 세대'라고 부를 정도였다.

힘에 부치는 청년들의 실상과 달리 '흥청망청 돈을 쓰는 청년들'이라는 편견은 베이비부머 세대가 살아온 개인적인 경험에 기반한 것이었다. 베이비부머들은 매일매일 더 나아지는 삶을 살았고 1950년대에 태어난 세대보다는 1960년대 생이, 1960년대 생보다는 1970년대 생이 더 나은 삶을 사는 것을 목격했다. 게다가 어느 정도 나이가 들어서야 경제적 기반을 마련한 베이비부머들은 힘들고 가난했던 젊은 시절을 보냈다는 박탈감과 강박관념이 컸기 때문에 당연히 지금의 청년들은 자신들보다 풍요로운 삶을 살고 있을 것이라는 고정관념을 갖게 되었다.

하지만 지금은 더 이상 기성세대가 이제껏 목격해온, 끝없이 성장하는 경제 환경이 아니다. 오늘날 우리 청년들이 사는 경제 환경은 정점에서 곧 무섭게 내려올 롤러코스터와도 같다. '오늘'의 젊은이들이 '어제'보다 더 풍요로운 삶을 살 수 있었던 시대는 끝난 것이다.

외환위기 이후 대다수 청년들은 버젓한 대학을 나오고도 제대로 취직하기 어려워 비정규직의 낮은 소득으로 경제활동을 시작해 생존을 위한 힘겨운 투쟁을 하고 있다. 그나마 1998년 외환위기 당시의 젊은 세대는 더 나은 삶을 향한 노력을 포기하지 않았지만, 2008년 글로벌 금융위기 이후에는 기성세대와의 격차가 너무 커지고 더 나은 삶을 찾을 기회조차 줄어들면서 희망 없는 삶에 안주하는 젊은 세대가 늘어나고 있다. 이제 이런 현상이 더욱 심화되어 일본과 유사해진다면, 기성세대는 젊은 세대가 흥청망청 돈 쓰는 것을 걱정했던 과거를 눈물 나게 그리워할 것이다.

이미 우리보다 20여 년 먼저 세대전쟁이 일어나 장기불황까지 겪고 있는 일본에서는 최근 '깨달음을 얻은 청년들'이라는 뜻의 '사토리さとり, 得道 세대'라는 용어가 유행하고 있다. 사토리 세대는 2009년에 출판된 책 『탐을 내지 않는 젊은이들欲しがらない若者たち』[4]에서 마치 득도得道라도 한 것처럼 소비 욕망을 억제하고 사는 젊은 세대를 가리키는 뜻으로 사용된 말인데, 그 뒤 일본 언론들이 사토리 세대를 일본 경제회복의 걸림돌로 지목하면서 회자되기 시작했다.[5] 이 세대는 사회적으로 출세하거나 성공하는 데 관심이 없는 것은 물론 자동차나 음주, 여행에도 소극적이고 심지어 연애에도 무관심해서 대부분 혼자 보내는 시간에 익숙해져 있다.

사토리 세대가 등장한 이유는 무엇보다 낮은 소득과 비정규직을 전전하는 일본의 젊은이들이 자신이 처한 현실을 바꿀 의욕마저 잃어버렸기 때문이다. 일본 국세청이 발표한 '민간급여실태 통계조사'에 따르면 30~34세까지의 평균 연봉은 1997년에 449만 엔(약 5000만 원)이었지만 13년 뒤인 2010년에는 오히려 384만 엔(약 4300만 원)으로 크게 떨어졌다.[6] 1990년 이후 경기불황이 시작되자, 당장 이윤을 회복하려는 일본 기업들이 정규직 직원 채용을 기피하고 단기 계약직 고용을 대폭 늘렸기 때문이다. 더구나 이들이 신규 인력 채용까지 기피하자 1990년에 3.1%였던 청년실업률은 글로벌 금융위기가 시작된 2008년에 9.1%까지 치솟았다.

그 결과 일본에서 세대 간의 경제력 차이는 역사상 유례가 없을 만큼 크게 벌어졌다. 한 해 소득에서 저축액이 차지하는 비중을 나타내는 소득대비 순純저축액 비율을 보면 60대의 경우에는 무려 418%에 달했다. 즉, 자신의 한 해 소득의 네 배가 넘는 저축액을 보유하고 있다는 것이다. 이에 비해 50대는 131%, 40대는 34%로 급격히 떨어지다가, 30세 미만은 -25%를 기록했다. 다시 말해 일본에서 30세 미만의 젊은 세대는 평균적으로 자기 연소득의 25%나 되는 순부채를 짊어지고 있다는 얘기다.[7]

그런데 이 사토리 세대의 등장으로 가장 큰 타격을 받은 것은 다름 아닌 일본 기업들이었다. 세속적인 물욕物慾을 모두 내려놓은 사토리 세대가 소비를 크게 줄이는 바람에 일본의 내수시장은 큰 타격을 받았다. 당장 비상이 걸린 것은 바로 자동차 산업이다. 일본 자동차공업

회가 발표한 2011년도 시장동향 조사를 보면, 전체 운전 빈도 중에서 20대의 운전 비중은 1999년에 16%였지만 2011년에는 8%로 떨어진 데 반해 60대의 운전 비중은 15%에서 35%로 크게 늘어났다. 이렇게 젊은 세대일수록 자동차 운전을 기피하면서, 2007년 현재 일본인들의 자동차 소유 비율은 7년 전보다 10%나 줄어들었다.

심지어 사토리 세대는 한때 대학생들의 필수품으로 여겨졌던 운전면허조차 잘 따지 않아서, 일본의 자동차 기업들은 운전면허를 따야 한다는 캠페인성 광고까지 하고 있는 실정이다. 이렇게 삶의 의욕을 잃은 일본 청년들은 해외여행마저 기피하여, 2000년에 417만 명이었던 20대 해외여행자 수가 2012년에는 294만 명으로 크게 감소했다.

문제는 내수시장의 기반이 되어야 할 일본 청년들의 소비기피 현상이 일본 사회 전반에 악영향을 미치고 있다는 점이다. 특히 청년 소비의 감소는 일본 기업들의 수출 경쟁력까지 떨어뜨리고 있다. 제아무리 글로벌 기업이라 해도 새로운 것에 대한 자국 청년들의 호기심과 과감한 도전정신은 제품혁신의 중요한 열쇠가 된다. 특히 젊은 세대의 소비는 시장의 반응을 미리 조사하고 제품을 개선할 기회를 제공하는 중요한 테스트 마켓test market의 역할도 담당한다.

대표적인 예가 바로 삼성이 내놓았던 옴니아Omnia 폰이다. 옴니아 폰은 2008년 삼성전자가 애플의 아이폰iPhone에 대응해 출시한 스마트폰이었지만, 기기 안정성이 크게 떨어져 소비자들의 불만이 폭주했다. 당시 옴니아 폰은 세계 여러 나라 정보통신기기 사이트에서 최악의 휴대전화로 선정되는 불명예까지 안았음에도 든든한 한국 내수시장의 발판 덕에 지속적으로 생산될 수 있었다.

더구나 까다로운 한국 젊은 소비자들의 불만은 삼성이 보다 나은 스마트폰을 개발하는 데 큰 밑거름이 되었다. 만약 그들의 든든한 소비기반이 없었다면 삼성이 옴니아의 뒤를 이어 출시한 갤럭시S의 성공도 쉽지 않았을 것이다. 한때 세계 시장을 주도했던 일본의 전자업체들이 갈수록 힘을 잃고 있는 것도 활발히 소비하는 일본의 젊은 소비자가 급격하게 줄어든 것과 무관하지 않다.

그런데 지금 한국의 기업들은 현재의 이윤을 극대화하는 과정에서 한국 청년들을 사토리 세대로 만들고 있다. 대기업들이 눈앞의 이익에 집착해 하청업체의 납품단가를 낮추고 불공정 거래를 자행함으로써 중소기업의 경쟁력을 지속적으로 추락시키고 있기 때문이다. 중소기업들은 대기업이 요구하는 납품단가를 맞추기 위해 비정규직 청년 고용을 확대해 임금을 지속적으로 낮춰왔는데, 그 결과 중소기업에서 비정규직으로 직장생활을 시작한 젊은 세대는 더 나은 미래를 꿈꾸지 못할 정도로 삶이 피폐해지고 있다. 이대로 간다면 한국의 젊은 세대도 미래에 대한 희망을 잃고 모든 욕망을 포기하는 사토리 세대가 될지 모른다.

지금 한국에서는 개별기업의 합리적인 단기이윤 추구가 미래경제 전체의 부를 파괴하는, 매우 장기적이고 거대한 외부효과external effect[8]가 일어나고 있다. 한국 경제의 미래를 위해서는 이 외부효과를 줄여야 하지만 시장은 이것을 스스로 해결할 수 없다. 만약 어떤 기업이 홀로 단기이윤 추구에서 벗어나 경제 전체의 해를 끼치는 외부효과를 줄이려고 시도한다면, 그 기업만 이윤이 줄어들어 시장에서 퇴출되기 때문이다.

이것이 바로 정부가 직접 시장에 개입해 대대적인 시장 개혁에 나서야 하는 이유다. 특히 시장 질서를 해치는 재벌의 불공정 관행을 근절하고, 혁신으로 무장한 새로운 기업이 기존 재벌과 공정하게 경쟁할 수 있게끔 해야 한다. 또한 기업이 정규직 직원을 고용할 유인을 제공해 청년 고용의 질을 개선하고, 이를 통해 청년들이 자신의 미래를 위해 혁신적인 일에 야심차게 도전할 수 있는 환경을 만들어가야 한다. 만일 이러한 개혁에 실패해 일본의 경우처럼 삶의 욕망을 완전히 잃어버린 '득도'한 젊은이들이 급증한다면 한국 경제는 영원히 추락하고 말 것이다.

세대전쟁 전야, 지금 우리가 해야만 하는 것들

일본 도쿄의 고엔지高円寺 지역에는 '아마추어의 반란素人の乱'이라는 똑같은 이름을 가진 재활용품 가게들이 몰려 있다. 중고 물품, 헌 옷, 잡화 등을 판매하는 이 가게들은 작가이자 시민운동가인 마쓰모토 하지메松本哉가 시작한 운동으로부터 생겨났다. 그는 일본의 청년세대를 망가뜨린 기성세대와 맞서기 위해서는 소비를 하지 않아야 한다고 주장한다. 세상의 모든 물건을 아끼고 나누어 쓰는 것이 바로 기성세대를 향한 청년들의 가장 강력한 저항 방법이라는 것이다. 이렇게 비슷한 이름을 쓰는 재활용품 가게들은 전국적으로 늘어나면서, 대량소비에 길들여진 베이비붐 세대와 맞서고 있다.

문제는 굳이 이런 운동이 아니더라도 일본의 소비가 좀처럼 회복되지 않는 현상이 20여 년 넘게 계속되고 있다는 점이다. 청년들이 소비를 멈추니 자본주의 시장경제의 성장엔진이 꺼지고 만 것이다. 이처럼 일본에서는 기성세대와 맞서는 청년세대의 가장 강력한 무기가 작동되기 시작했다. 이 같은 공멸의 미래를 막기 위해서 우리는 이제 무엇을 해야 하는가?

부동산으로 벌인 세대전쟁을 끝내라

2013년 정부는 수도권 지역에서 공공택지 내 주택공급물량을 향후 4년간 17만 가구나 줄이기로 했다. 이에 따라 반값 아파트라고 불렸던 '보금자리 주택'의 공급도 크게 감소하게 되었다. 집값 오름세가 주춤하니 공급물량이라도 줄여서 집값을 다시 올려보겠다는 심산이었지만, 아무리 강력한 부동산 부양책을 내놓아도 집값은 좀처럼 오르지 않았다.

한국 부동산 부양책의 핵심은 결국 청년들이 집을 사도록 유도하고, 기존 주택 소유자인 베이비부머들이 집을 팔지 않게 하는 데 있다. 하지만 지금처럼 비싼 집값을 감당하기에는 젊은 세대의 소득이 너무 낮기 때문에 이런 정책의 효과는 기대하기 어렵다. 더구나 미래소득이 오를 희망도 거의 없기 때문에, 젊은 세대들은 집을 사기 위해 많은 빚을 지는 것을 극도로 꺼리는 상황이다.

그런데도 지금의 집값이 유지되는 이유는 베이비부머들이 아직 집을 포기하지 못했기 때문이다. 부동산에 대한 심리적 애착이 청년들보다 훨씬 강한 그들은 평생에 걸쳐 집값이 오르는 것만을 보아왔기 때문에, 집값 하락에 대한 두려움보다 집을 팔고 난 후에 집값이 오르는 것에 대한 두려움이 더 크다. 이 때문에 은퇴 이후에 소득이 없더라도 집을 팔기보다는 빚을 더 지더라도 집을 유지하는 쪽을 택하는 것이다.

실제로 우리나라 주택담보대출 546조 원 가운데 절반에 가까운 258조 원이 50세 이상 고령자들의 대출이다.[i] 우리나라의 평균 은퇴

연령이 53세에 불과한 것을 감안하면, 50세 이상의 비중이 우리나라 전체 주택담보대출 규모의 절반을 넘는다는 것이 쉽게 이해되지 않는다. 은퇴 이후에는 소득이 줄어들어 주택담보대출의 상환 능력이 크게 떨어지기 때문이다.

더 큰 문제는 연령별 주택담보대출의 증가율에 있다. 2010년 말부터 2년간 50대 이상의 주택담보대출은 39조 원이나 증가하여, 전체 주택담보대출 증가의 3분의 2를 차지했다. 이에 비해 같은 기간 동안 30대의 경우는 1조 원 정도 증가하는 데 그쳤고, 20대는 오히려 2000억 원이 줄어들었다. 50대 이상의 주택담보 대출이 늘어난 가장 큰 이유는 현금성 자산이 거의 없는데 자녀의 결혼이나 대학 등록금 등으로 많은 돈이 들어 자신이 살고 있는 집을 담보로 빚을 내기 때문이다.

그런데 2012년을 기준으로 우리나라의 가구 소득은 가장이 50대일 때는 5150만 원이지만, 60대일 경우에는 그 반도 안 되는 2340만 원으로 급격히 줄어든다. 이는 60대가 되면 주택담보대출을 갚아나갈 만큼 소득을 올리기가 쉽지 않음을 뜻하는데, 이런 상황에서 50대 이상의 가구가 주택담보대출을 늘리고 있다는 것은 곧 집값 상승을 기대하고 있기 때문이라고밖에 볼 수 없다.

하지만 젊은 세대가 자신의 소득으로 좀처럼 집을 살 수 없는 상황에서는 아무리 은퇴세대가 집을 팔지 않고 버틴다 해도 집값이 저절로 오를 리 없다. 게다가 은퇴세대는 시간이 갈수록 소득이 감소하기 때문에, 결국엔 원리금 상환을 견디지 못해 집을 내놓게 된다. 따라서 한 해 출생자가 70만 명을 넘는 1960년대 세대가 대부분 은퇴하게 될

2010년대 후반에 이르면 우리나라에는 집값을 지탱할 어떤 주체도 남아 있지 않을 것이다. 게다가 이렇게 극도로 불안정한 집값은 작은 충격만으로도 급락을 시작하게 된다.

정부가 집값 재상승을 기대한다면, 베이비부머의 본격적인 부동산 매도가 시작되기 전에 청년들이 집을 살 수 있는 경제적 기반을 구축하도록 지원해야 한다. 지금처럼 정부가 주택 소유자 중심의 부동산 대책만 쏟아내면 오히려 청년들을 부동산 시장으로부터 점점 더 멀어지게 만들 뿐이다. 주택 소유자 중심의 부동산 정책은 잠시 동안 집값유지에 도움이 되겠지만, 머지않아 베이비부머의 은퇴가 본격화되면오히려 집값 대폭락을 가져올 수 있는 위험성이 있다. 더구나 정부의부동산 부양책만 믿고 무리하게 빚까지 내가면서 부동산을 유지해온베이비부머의 노후까지 크게 위협하게 될 것이다.

이처럼 집값 하락 우려가 계속되는 한국과는 반대로, 글로벌 금융위기 속에서도 집값이 계속 올라 걱정인 나라가 있다. 독일은 집값 폭락을 겪는 여타 유럽 국가들과 달리 부동산 값이 오름세를 보이고 있는대표적인 나라다. 출산율도 그리 높은 편이 아니라서 2010년 독일의합계출산율은 한국보다는 높지만 유럽 지역에서는 하위권인 1.38명수준이다. 그럼에도 독일 정부가 집값 하락을 유도하는 부동산 안정대책을 내놓아야 할 정도의 상황에 이른 것은 왜일까?

앞서 살펴본 것처럼 독일 대학은 학비가 없는 데다 대학생활을 하는동안 무이자로 생활비 지원까지 받을 수 있기 때문에, 독일 대학생들은한국과 달리 빚더미에 시달리는 일이 거의 없다. 더구나 청년실업률은7.6%에 불과해 한국보다 낮은 것은 물론 유럽 평균 대비 3분의 1에 불과하다. 이렇다 보니 독일 청년들은 한국 청년들과 달리 빚에 대한 부담 없이 졸업과 동시에 직장생활을 시작해 안정적인 생활 기반을 구축해나갈 수 있다.

더구나 젊은 세입자들을 위한 독일의 주택정책은 청년들의 자립 기반을 든든히 지켜주는 파수꾼이 되어왔다. 제2차 세계대전 이후 대부분의 주택이 파괴되어 매우 심각한 주택난에 처하자, 독일 정부는 대규모 임대주택을 건설해 주택부족 문제를 해결했다. 건설업자들에게는 주택 분양보다 임대업에 나서도록 유도했고, 주택을 매입하지 않고 임대주택에 거주하는 쪽을 택하는 이들에게는 임대료를 비용으로 간주하여 세제혜택을 주거나 보조금을 지급하는 방식을 활용한 것이다.

독일 임대주택 세입자들의 평균 거주기간은 12.8년이나 되고, 20년 이상 한 곳에서 산 세입자도 22.7%에 이른다.[2] 이처럼 한곳에서 안정적으로 살 수 있는 이유는 집주인이라고 해도 마음대로 세입자를 내쫓지 못하는 데다가, 임대료를 올리려면 임대료 기준표mietspiegel나 전문가의 감정서 등을 제시해야 하기 때문이다. 독일의 임대료 기준표는 임대료의 상·하한선을 정한 것으로, 세입자 단체와 임대인 단체가 상호 합의하는 과정에서 지방자치단체가 조정하여 2년마다 수정된다.

또한 독일에는 조합 임대주택이라는 독특한 주거 형태가 있다. 민간이 자발적으로 주택 조합을 만들어 조합원들에게 임대하는 것인데, 집을 임대한 사람들은 세입자인 동시에 조합의 지분을 가진 주인이기도 하다. 독일에는 이런 조합 임대주택이 240만 가구에 이르는데, 이것이 세입자들의 주거생활 안정뿐 아니라 부동산 투기를 줄이는 역할도 해왔다.

이와 같이 세입자를 위한 강력한 보호정책 덕분에 독일에서는 임대주택이라도 사실상 내 집처럼 마음 편히 살아갈 수 있다. 그렇기 때문에 평생 주거비 부담에 시달리면서 많은 빚을 지고 살아가는 한국의 청년들과 달리, 독일 청년들은 주거 문제에 크게 얽매이지 않고 저축을 하면서 자산 증식의 기회를 가질 수 있다. 실제로 2011년 한국의 가계저축률은 고작 2.7%에 불과했지만, 독일은 무려 10.4%에 달했다. 노후생활과 실업이 철저하게 보장되는 세계 최고의 복지국가인 독일의 저축률이 한국보다도 높다는 것은 매우 놀라운 사실이다.

많은 금융자산을 축적한 중산층 덕분에 독일의 자산시장은 세계에서 가장 안정적인 편에 속한다. 글로벌 금융위기 이후 자산시장이 흔들리자 세계의 자금은 독일로 몰려들고 있다. 특히 남유럽의 부자들은 언제 또 다시 불안해질지 모르는 자국의 자산시장보다 독일에 투자하는 쪽을 선택한다. 글로벌 경제위기 속에 독일이 전 세계 자본을 끌어들이는 블랙홀이 되어가자, 독일 부동산 가격도 더욱 가파른 속도로 상승 중이다.

해외 이민자들이 몰려드는 것 역시 독일 집값 상승의 원인이 되고 있다. 2012년 독일로 이주한 이민자 수는 108만 명을 기록해 17년 만에 최고치를 기록했다. 극심한 경제불황을 겪고 있는 남유럽 등 여러 나라의 인재들이 일자리를 찾아 독일로의 이민을 택하고 있기 때문이다. 특히 이들 대부분이 도시에 정착하는 바람에 주택 공급이 수요를 따라가지 못하자 도시를 중심으로 집값이 급등하고 있는 것이다.

이 같은 경제 상황의 변화로 독일의 집값은 2010년부터 단 2년 만에 23%나 뛰어올랐다. 세계 각국에서 모두 부동산 하락을 걱정하고 있을 때 독일은 오히려 집값 상승을 막기 위한 안정대책을 쏟아내고 있는 이유다.

결국 독일의 예에서 볼 수 있듯이, 가장 강력한 부동산 부양책은 젊은 세대의 일자리와 주거 안정을 위한 적극적인 청년 복지투자인 셈이다. 청년들이 안정적인 소득을 찾고 자본을 축적하면 당연히 실물자산에 대한 투자로 이어진다. 또한 소득과 주거 문제의 안정은 청년들의 창의적이고 혁신적인 도전을 가속화시킨다.

그런데 지금 한국은 기성세대가 보유한 부동산 가격을 지키기 위해 소득도 변변치 않은 젊은 세대가 막대한 빚을 지고서라도 기성세대가 보유했던 집을 사게끔 유도하는 정책에 의지하고 있다. 그러나 기성세대가 만든 경제 환경은 젊은 세대들에게 집을 살 만한 자산을 모을 기회조차 주지 않고 있기 때문에, 이 같은 부양책은 머지않은 미래에 오히려 집값 폭락을 가속화시키는 요인이 될 뿐이다.

지금부터라도 기성세대가 자신의 자산가격을 지키고 싶다면, 젊은 세대가 실질적인 소득 증대를 통해 자산을 축적할 수 있도록 강력한 청년복지 시스템을 위한 '투자'에 나서야 한다. 이 기회마저 놓친다면 한국의 부동산 가격은 2010년대 후반을 채 넘기지 못하고 급격히 추락해 모두가 가난해지는 비참한 미래를 맞이하게 될 것이다. 지금 부동산 시장에서 벌어지고 있는 자멸적인 세대전쟁은 우리 모두의 미래를 위해 끝내야 한다.

에듀푸어가 있는 한 대한민국에 미래는 없다

이명박 대통령 당선 직후인 2008년 1월 30일, 이경숙 인수위원장은 영어 몰입교육 도입을 주장하며 "처음에 미국 가서 '오렌지' 달라고 했을 땐 (상대가) 못 알아들었는데, '어륀지'라고 했더니 알아듣더라"라고 말했다. 이 말이 삽시간에 대중에게 퍼져나가면서 영어 조기교육과는 거리가 멀었던 서민들에게 큰 위화감을 주었고, 이명박 정권에는 '어륀지 정권'이라는 꼬리표가 붙었다.

'어륀지' 사건이 남긴 상처는 단지 이것에 그치지 않았다. 이명박 정부는 '영어 공교육 강화'라는 명목으로 어린 학생들까지 영어로만 수업하겠다는 영어몰입교육 정책을 밀어붙였다. 하지만 '어륀지' 같은 '미국식' 발음을 구사하는 영어 교사를 대규모로 확보하기는 쉽지 않았던 탓에 정작 영어 공교육은 강화하지 못한 채, 학부모들에게 영어교육 강화에 대비해야 한다는 충격과 두려움만 안겨주고 말았다.

이런 두려움은 영어 사교육 열풍으로 이어졌다. 원비가 최소 100만 원에서 200만 원에 달하는 영어 유치원은 자리가 없어서 아이를 못 보낼 정도로 큰 인기를 끌었다. 결국 영어몰입교육을 통한 영어 공교육 강화라는 원래의 목적은 실종되고, 학부모들의 경제적 부담만 커지게 되었다. 이처럼 모든 교육의 부담과 책임을 학생과 학부모에게 떠넘기는 것은 한국만의 독특한 특징이다.

한국에서는 자녀를 유치원에 보낼 때부터 많은 돈이 들어간다. 정부가 보육비를 지원하고는 있지만, 나날이 치솟는 유치원 비용에 비하면 별 도움이 되지 않는다. 2013년 전국 사립 유치원의 평균 원비는

580만 원이 넘었고, 한 해에 1000만 원이 넘게 들어가는 유치원도 많다. 한 해 전인 2012년 대비 원비 상승률은 6.9%를 기록했는데, 이는 물가상승률 2.2%의 세 배에 이르는 수치다.

더구나 인구가 밀집되어 있는 도시 지역의 유치원은 해마다 수십 대 1의 경쟁률을 기록할 만큼 입학이 어려워, 학부모들이 유치원을 선택할 자유도 없다. 이 때문에 유치원이 아무리 원비를 올려도 부모 입장에서는 어쩔 도리가 없다. 이처럼 보육 부담과 책임을 모두 개인에게 떠넘기기 때문에 웬만한 중산층조차 아이 낳는 것을 포기하게 되는 것이다.

그런데 보육 서비스처럼 국가 미래에 중요한 투자를 이처럼 개인에게 넘겨버리는 나라는 흔치 않다. 시장 원칙을 중시하는 미국조차 우리나라보다 1년 6개월 먼저 의무 공교육을 시작해 학부모들의 보육비 부담을 덜어주고 있다. 모든 미국 어린이들은 만 5세가 된 가을 학기부터 공립 초등학교 안에 설치된 유치원kindergarten에서 의무교육을 받기 시작한다. 현재 3~4세 어린이들을 대상으로 하는 어린이집preschool은 대부분 사립이기 때문에 비용부담이 크다. 이에 대해 오바마 대통령을 비롯한 많은 정치인들은 '미국의 미래를 위해 3~4세 어린이들까지 무상 공교육을 확대해야 한다'라고 주장하고, 이미 일부 주에서는 저소득층 어린이들을 대상으로 공립 어린이집을 운영하고 있다.

프랑스는 130여 년 전인 1880년대부터 유아교육을 공교육 체제로 개편해 만 5세 어린이들 대부분이 공립 유치원을 다니고 있다. 프랑스 유아교육비의 공공부담률은 94%로, 학부모들의 부담은 단 6%에 불과하다. 핀란드는 90.6%, 미국도 77.8%를 정부나 지방자치단체가 부담하고 있다. OECD 국가들의 유아교육비 공공부담률이 평균 80%로 부모들의 부담은 20% 안팎임에 비해, 한국 유아교육비의 공공부담률은 49.7%에 불과해 OECD 국가들 중 최저 수준이다.

이처럼 한국을 제외한 대부분의 OECD 국가들이 이렇게 무상보육 서비스를 제공하고 있는 이유는, 유아교육의 경우 비용 대비 효과가 그 어떤 투자보다도 높기 때문이다. 미국에서 2003년 진행된 페리 프리스쿨 프로그램High/Scope Perry Preschool Program의 연구 결과, 유아교육에 단돈 1달러를 더 투자하면 무려 16달러 14센트의 경제적 효과를 거둘 수 있는 것으로 나타났다.[3] 여기에 유아교육비 절감에 따른 출산율제고 효과까지 더한다면 유아교육 투자만큼 확실한 효과를 내는 정책을 찾기란 쉽지 않을 것이다. 이 때문에 국가의 미래를 걱정하는 나라는 국가예산을 우선적으로 무상보육에 투자하고 있다.

그런데 우리나라는 다른 OECD 회원국에 비해 쥐꼬리만 한 보육비를 지원하면서 그 재원마저 확보하지 않아 부모들을 불안하게 만든다. 박근혜 대통령은 후보 시절, 소득 하위 70% 계층에 지원하던 무상보육을 소득에 관계없이 0~5세 아이를 둔 모든 가정으로 확대하겠다는 공약을 내놓았다. 그러나 정작 그 재원 마련을 위해 정부 보조금을 20%p 높이는 법안은 정부와 여당의 반대로 법사위조차 통과하지 못하고 있다. 결국 무상보육의 생색은 정부와 여당이 내고 그 책임은 지자체로 넘어가게 되었다. 게다가 정부가 부동산 가격을 끌어올리겠다며 지방자치단체의 주요 세원인 부동산 관련 세금마저 대폭 인하하는 바람에 지자체의 재정에는 비상이 걸렸다. 그 결과, 어린 자녀를 둔 부모들은 2013년 내내 무상보육 중단설에 불안해하며 시달려야 했다.

우리나라를 제외한 다른 많은 OECD 국가들이 무상보육에 대대적으로 투자를 하는 이유는, 경제도약 단계가 끝나 이미 성숙 단계로 접어든 경제에서는 무상보육을 대체할 만한 효율적인 투자가 거의 없기 때문이다. 하지만 이처럼 무상보육 제도를 흔들어 불안감을 증폭시키면, 1달러로 16달러를 가져오는 놀라운 투자 효과는 사라지고 무상보육 투자를 단순한 비용으로 전락시킨다. 언제 사라질지 모르는 무상보육 제도를 믿고 누가 출산을 늘리겠는가? 우리는 쓸데없는 정쟁政爭으로 시간을 낭비하면서 경제를 되살릴 '기적의 투자 기회'를 헛되이 버리고 있는 셈이다.

한국의 부모들은 자녀가 초등학교에 들어가는 순간부터 사교육비 부담에 시달리기 시작한다. 급기야 자녀 사교육에 돈을 쓰다가 가난해지는 사람들을 빗대어 에듀푸어edu-poor라는 신조어까지 나왔다. 2011년 현재 부채가 있고 소득보다 지출이 더 큰데도 평균보다 더 많은 교육비를 지출하는 에듀푸어는 무려 82만 가구, 인구는 305만 명에 이르는 것으로 나타났다.[4]

이처럼 과도한 교육비 부담을 덜어주는 대표적인 제도가 바로 의무교육을 받고 있는 모든 아동을 대상으로 지급하는 '아동수당'이다. 한국과 미국, 멕시코를 제외하고 OECD 회원국 30개 나라 가운데 27개 나라가 아동수당 제도를 도입해 학부모들의 교육비 부담을 덜어주고 있다. 선진국들이 앞다투어 아동수당을 도입한 이유는, 아동에 대한 투자는 효과가 매우 크지만 이를 개인에게만 맡기면 당장 눈앞의 비용 부담으로 과소 투자가 일어날 수 있기 때문이다. 특히 저소득층의 경우에는 자녀에 대한 투자가 충분히 이루어지지 않아 사회 전체적으로 비효율적이다.

2003년 미국의 국립조기교육연구기구National Institute for Early Education Research가 발표한 연구결과에 따르면, 교육에 1달러를 투자했을 때 사회로 환원되는 효과는 3달러 78센트에 이르는 것으로 나타났다. 이처럼 객관적인 수치가 보여주듯이, 아동에 대한 적극적인 투자는 경제성장을 가속화시켜 기성세대의 노후를 위한 연금 및 복지 재원의 확보도 용이해진다.

그런데도 우리 정부는 단지 아동수당이 출산율을 높인다는 확실한 증거가 없다는 이유로 아동수당 도입 논의를 매번 무산시켜왔다. 경제성장을 가속화시키는 중요한 열쇠인 아동수당을 그저 출산율 제고 수단으로만 여기고 있는 것이다.

2007년, 국회에서는 노인들에게 지급하는 기초노령연금 도입과 함께 아동수당 도입 논의가 한창이었다. 그런데 당시 기초노령연금 도입 방안은 정치권에서 일사천리로 통과된 반면, 아동수당은 도입 논의조차 제대로 해보지 못하고 사라졌다. 그 후 2012년에 다시 한 번 논의되기는 했지만 또 다시 무상복지 반대 목소리에 밀려 없어지고 말았다. 이에 비해 같은 무상복지인 기초노령연금은 2014년부터 기초연금으로 확대되어 최고 두 배까지 지급액이 늘어날 예정이다.

한국에서 노인빈곤 문제가 시급한 해결 과제인 만큼, 아동빈곤 역시 매우 심각한 상황이다. 만일 우리가 아동복지 투자를 통한 선순환의 고리를 무시하고 지금처럼 보육과 교육비 부담을 개인에게 더욱 가중시킨다면, 다음 세대의 인적자본은 더욱 줄어들어 우리 경제의 미래를 위협할 것이다. 더 늦기 전에 아동복지 수준을 최소한 OECD 평균 수준만이라도 끌어올려야 한다. 아동에 대한 투자가 아무리 효과적이라고 해도, 그 시기를 놓치면 효과를 제대로 누릴 수 없기 때문이다.

우리나라의 청년들을 짓누르는 또 하나의 문제는 바로 세계 최고 수준의 대학 등록금이다. 얼마 전만 해도 자녀가 대학에 합격하면 큰 경사였지만, 이제는 자녀가 대학생이 되면 가계 수지에 비상이 걸리게 된다. 1970년 인문계 대학의 한 학기 등록금은 평균 3만 3000원에 불과했지만, 40년 뒤인 2010년에는 400여만 원으로 무려 120배나 뛰어올랐다. 같은 기간 동안 공중전화 요금은 14배, 택시 기본요금은 27배, 지하철 요금이 30배 오른 것과 비교해보면 대학 등록금의 인상폭은 가히 충격적인 수준이다.[5]

이렇게 비싼 등록금 때문에 많은 대학생들이 사회생활을 시작하기도 전에 생활전선에 내몰리고 있다. 등록금을 벌기 위해 밤잠을 줄여가면서 아르바이트를 하고는 있지만, 청년들에게 지급되는 시간당 임금이 너무 낮기 때문에 한 달에 버는 돈은 90만 원을 넘는 경우가 드물다. 결국 1년 내내 아르바이트를 해도 생활비는커녕 자신의 등록금도 감당하기가 벅차다.

이렇게 아르바이트에 많은 시간을 빼앗기고 있는 학생들이 새로운 도전을 꿈꾼다는 것은 쉬운 일이 아니다. 그렇다고 예전처럼 부모에 기대기도 어렵다. 경제발전이 시작되었던 1970년대에는 부모가 소와 논을 팔아서라도 대학 등록금을 마련해주었지만, 지금은 자녀를 대학을 보낸 전체 가구의 25.8%가 이미 중고등학교 교육비로 많은 빚을 지고 있기 때문이다. 2011년을 기준으로 보면 가구당 교육부채가

1700만 원이 넘는다.

이 같은 교육 환경에서는 일부 부유층 자녀를 제외한 대다수 대학생들이 많은 빚을 지고 졸업을 한 뒤, 주거비와 결혼 비용 때문에 또 다시 빚에 시달리게 된다. 이처럼 청년들이 빚더미에 시달리게 되면 국가경쟁력을 좀먹을 것이라는 것을 일찌감치 간파한 독일은 대학생들에게 우리 돈으로 한 달에 최고 643유로(약 100만 원)인 '바픽BAföG 대출'을 제공해주고 있다. 만약 취직을 한 뒤 일정기간 안에 바픽 대출금을 한꺼번에 갚는다면 정부가 절반을 보조금으로 제공해 나머지 절반만 갚으면 된다. 그리고 분할 상환을 택한다면 무이자로 최장 25년 동안 갚아나갈 수 있다.

어차피 등록금이 공짜인 독일에서 이처럼 대학생들에게 생활비까지 대출해주는 이유는, 학생들이 빚에 발목 잡히지 않고 마음껏 자신의 능력을 계발하고 충분한 인적자원을 축적할 기회를 제공하기 위해서다. 이는 독일이 자국의 모든 인적자원을 효과적으로 활용할 수 있는 길을 열어주었고, 이처럼 안정적인 생활 기반은 독일 청년들의 도전의식을 자극해 글로벌 금융위기 속에서도 독일을 경제강국으로 이끄는 강력한 원동력이 되고 있다.

핀란드는 이보다 한술 더 떠서 대학 등록금이 무료인 것은 물론, 대부분 대학생들에게 한 달에 최고 500유로(약 75만 원)의 생활비를 무상으로 지원하고 있다. 이처럼 유럽에서 안정적으로 성장하고 있는 나라들은 대학생들이 자신의 능력을 맘껏 발휘할 수 있는 기회를 주기 위해 지원을 아끼지 않고 있다. 젊은 세대를 위한 지원이야말로 국가의 미래를 지키는 가장 효과적인 투자라는 것을 알고 있기 때문이다.

국가 간 경쟁이 점점 더 치열해지고 있는 지금, 경제성장을 위한 가장 강력한 무기는 바로 젊은 세대의 뛰어난 창의력과 도전정신이다. 그런데 한국의 젊은 세대들은 이렇게 전폭적인 국가적 지원을 받고 있는 다른 나라의 청년들과 맞서 싸워야 할 상황에 처해 있다. 그야말로 최첨단 무기로 무장한 해외 청년들에게 당당히 맞서 싸우라고 등 떠밀면서 구식 소총 한 자루 쥐어주는 격이다. 한국의 청년들이 아무리 뛰어나다고 해도 이런 불리한 싸움에서 승리하기란 결코 쉬운 일이 아니다.

공교육만으로 영어를? 핀란드 교육의 비밀

● 2002년 필자는 핀란드 학교의 학생 참여를 취재하러 간 적이 있었다. 핀란드의 경우 9년제인 초등교육부터 모든 학교의 의사결정에 학생들이 참여하고 교사와 함께 동등한 한 표를 행사한다. 당시 필자는 우리나라 중학교 2학년 정도 나이의 학생들을 인터뷰했는데, 놀랍게도 인터뷰를 한 모든 학생들이 영어를 모국어 수준에 가깝게 구사하고 있었다. 이처럼 핀란드에서는 공립학교만 졸업하면 대부분의 학생들이 유창한 영어를 구사한다. 더 놀라운 것은 사교육을 받는 핀란드 학생은 거의 없다는 점이었다. 도대체 그 학생들은 어떻게 사교육의 도움 없이 학교 교육만으로 유창한 영어를 구사하는 것일까?

핀란드 공립학교의 영어 교육은 원어민이 아닌 핀란드인 교사들에 의해 이루어지고 있다. 조기 사교육을 받는 학생은 거의 없고 대부분 초등학교 3학년 정도부터 영어를 접하게 되는데, 우리나라와 다른 것은 학생들이 직접 연극이나 역할극을 하는 식의 능동적인 수업 참여를 통해 영어를 직접 사용할 수 있도록 유도한다는 점이다.

또한 영어 수업을 못 따라가는 학생들을 대상으로 특별 보충수업까지 실시하고 있다. 경우에 따라서는 1대 1 방식의 수업이 이루어지기도 하는데, 이렇게 성적이 떨어지면 오히려 특별 교육을 받을 수 있기 때문에 군이 사교육으로 미리 선행학습을 시키는 부모는 거의 없다.

핀란드가 이 같은 교육 방침을 확립할 수 있었던 이유는 인구가 500만 명밖에 안 되기 때문에 제도 시행이 가능한 것도 있지만, 인재 하나하나가 모두 소중하고, 단 한 명도 버릴 인재가 없다는 원칙이 있었기 때문이다. 이러한 철칙은 핀란드의 부모들로 하여금 사교육 부담이 없이 자녀 교육을 할 수 있는 원동력이 되고 있다. ●

청년 일자리 창출, 어떻게 할 것인가

2010년 정부는 학자금 대출을 제한하는 30개 대학의 명단을 발표했다. 정부의 대학평가 결과 대출제한 대학으로 선정되면 그 대학 신입생들은 등록금 대출이 어려워져 큰 불이익을 받게 된다. 연속적으로 대출제한 대학이 되면 대학 구조조정 1순위가 될 가능성이 높았기 때문에 이는 사실상 부실대학 발표나 다름이 없었다.

그런데 부실대학을 골라내는 대학평가에서 가장 중요한 항목은 바로 그 대학 졸업생들의 취업률이었다. 이 때문에 대학들은 취업률을 높이기 위해 온갖 방법을 다 동원했다. 외래 교수가 운영하는 업체에 졸업생들을 허위로 취업시키거나, 잠깐 동안 학내 조교로 취업시켜 억지로 취업률을 높인 대학도 있었다.

이처럼 부작용이 계속되자 2013년 교육부는 취업률이 상대적으로 낮은 인문 및 예술계열 학과에 대해서는 대학평가에서 취업률을 제외하기로 결정했다. 하지만 대학평가 기준에 우리나라처럼 취업률을 포함시키는 나라는 없다. 왜 유독 우리나라만 대학평가 시 취업률 잣대를 적용하는 것일까?

정부는 청년실업 문제를 해결해보겠다며 청년들을 해외로 취업시키는 글로벌 취업 지원사업을 벌이기도 했고, 공공기관이 직접 나서서 대규모로 청년 인턴을 뽑기도 했다. 하지만 대부분 고용의 질은 생각하지 않고 임시직 일자리만 양산해 청년들의 고용 불안만 더욱 가중시켰다.

대학평가 기준에 취업률을 넣은 것도 단지 숫자 늘리기에 급급했던 청년 일자리 정책 중 하나였다. 어느 날 갑자기 졸업생 취업률을 대학평가에 반영한다고 해서 대학이 졸업생들의 취업률을 높일 수 있는 방법은 거의 없다. 그런데도 정부는 대학을 압박해 일종의 밀어내기 방식으로 청년취업률을 높이려 했고, 결국 대학들이 기존의 한정된 일자리를 놓고 졸업생 취업률을 높이기 위해 생존경쟁을 하게 된 셈이다.

게다가 자신의 창의력을 발휘해 새로운 일에 도전하는 젊은이들은 정부가 정한 기준하에서 취업자로 분류되기가 매우 어렵다. 결국 정부가 생각하는 '좋은 대학'은 혁신적인 인재를 배출하는 것이 아니라, 기업이 고용하기 쉬운 근로자를 양성하는 학원인 셈이다. 이런 방식으로 대학을 취업률 경쟁으로 내몬다면, 대학들 입장에서는 청년들의 창의성을 높이고 도전정신을 키우게끔 교육하는 것이 더욱 어려워질 수밖에 없다.

이런 방식으로는 결코 청년실업 문제를 풀어갈 수 없다. 꿈도 희망도 없는 임시직 일자리를 아무리 많이 양산해도, 또 대학에게 일자리 밀어내기를 강요해도 청년실업 문제는 해결되지 않는다. 한 나라의 경제가 더 이상 혁신을 할 수 없을 정도로 활력을 잃어버리면 새로운 일자리도 결코 창출될 수 없기 때문이다.

실제로 새로운 일자리를 창출해온 것은 기존 대기업이 아니라 혁신적인 아이디어를 가진 신규 창업기업이었다. 기업혁신을 위한 대표적인 비영리 기관인 카우프만Kauffman 재단은 미국 정부로부터 일자리와 관련된 방대한 자료를 넘겨받아 일자리 창출에 관한 집중적인 연구를 진행했다.[6] 그 결과 미국에서 1977년부터 2005년까지 창업한 기업들은 해마다 300만 개의 일자리를 창출해온 반면, 기존 기업들은 같은 기간에 해마다 100만 개의 일자리를 파괴해온 것으로 드러났다. 특히 한 기업 전체 인력의 80%는 창업 후 5년 내에 고용되는 것으로 나타났다.

결국 청년들의 일자리를 창출하기 위해서는 그들이 창의력을 발휘해 신규 기업을 끊임없이 세울 수 있는 창업 생태계를 조성해야 한다. 그리고 이를 위해서는 대기업에게만 일방적으로 유리한 시스템을 보다 공정한 방식으로 하루빨리 개선해야 한다. 강자와 약자가 공정하게 경쟁할 수 있는 시스템을 확립하지 못한다면 젊은 세대는 미래에 대한 꿈을 잃은 세대로 전락하고 말 것이고, 이는 한국 경제의 활력을 떨어뜨려 곧 우리의 미래를 위협할 것이기 때문이다. 이것이 지금 '경제 민주화'라고 불리는 대대적인 경제개혁이 시급한 이유다.

대기업이 자신의 계열사에 일감 몰아주기를 하면 새로운 기업을 창업하더라도 시장에서 경쟁을 할 수 없고, 대기업과 중소기업의 불공정 거래가 계속되면 중소기업이 혁신을 통해 세계를 선도하는 기업으로 성장할 방법이 없다. 또한 재벌이 얼마든지 시장지배력을 이용해 새롭고 혁신적인 기업을 시장에서 몰아낼 수 있다면, 미래의 한국 경제를 이끌어갈 새로운 성장동력도 영원히 나타날 수 없을 것이다. 실제로 한국에서는 1967년 설립된 대우그룹 이후 새로 창업한 기업이 10대 재벌 안에 든 적이 없었다. 미국에서 마이크로소프트와 애플, 구글처럼 새로 창업한 혁신 기업이 세계 1위를 놓고 각축전을 벌이고 있는 것과는 너무나 대조적이다.

지금처럼 몇몇 재벌에만 의존한다면 한국 경제의 지속가능성은 점점 떨어질 수밖에 없다. 한때 세계 휴대전화 시장의 40% 이상을 장악했던 노키아에 의존해온 핀란드 경제가 그 대표적 예다. 한창 잘나가던 시절의 노키아는 핀란드 GDP의 20%를 차지할 정도의 매출을 기록했고, 부가가치도 GDP의 4%까지 차지했으며, 청년들은 안정적이고 높은 소득이 보장되는 노키아에 입사하는 것을 최고의 목표로 생각했다. 당시 노키아는 그야말로 핀란드 경제를 지키는 버팀목처럼 보였다.

하지만 노키아의 성공 이면에는 핀란드에서 새로운 혁신 기업의 씨가 말라가는 어두운 현실이 있었다. 핀란드는 자국 최고의 기업인 노키아를 키우기 위해 다양한 국가적 지원을 아끼지 않았지만, 노키아를 집중적으로 지원하는 동안 새로운 도전에 나서는 혁신적인 기업은 거의 사라지고 말았다. 이 때문에 핀란드 특유의 기업가 정신은 오히려 쇠퇴했다.

핀란드는 수학 및 과학 분야에서 항상 세계 최고 수준을 기록할 만큼 놀라운 교육 경쟁력과 과감한 정보통신 연구개발 투자를 해왔음에도, 이를 활용해 새로운 방식으로 수익을 창출할 혁신적인 신규 창업

기업은 점점 사라져갔다. 핀란드 출신으로 영국에서 활동하는 에르코 아우티오Erkko Autio 교수는 핀란드 경제가 우수한 인적자원을 가지고도 혁신적인 벤처기업을 키워내지 못하는 현상을 가리켜 '핀란드 패러독스Finnish Paradox'[7]라고 불렀다.

마침내 2008년 글로벌 금융위기가 시작되자 핀란드 패러독스는 핀란드 경제에 큰 위기를 불러왔다. 노키아가 스마트폰 시장에서 애플과 삼성에 밀리면서 흔들리기 시작하자, 2009년 핀란드는 −8.3%라는 최악의 경제성장률을 기록했다. 경영위기에 처한 노키아는 1만 명이 넘는 근로자를 해고했고, 노키아 외에 별다른 혁신 기업이 없었던 핀란드는 곧 국가적 위기 상황에 빠졌다.

당장 비상이 걸린 것은 노키아 취업을 목표로 삼고 달려왔던 대학생들이었다. 그들은 노키아가 신입사원을 뽑기는커녕 1만 명이 넘는 직원을 해고하자 큰 충격에 빠졌다. 그런 절망적인 상황에서 핀란드 명문인 알토 대학교의 학생들이 하나둘 모여 '알토 기업가 사회Aalto Entrepreneur Society: Aalto ES'라는 이름의 창업 동아리를 만들었다. 그러나 이름만 그럴 듯했을 뿐, 처음에는 학생들이 모일 장소조차 없어서 학교에서 창고로 쓰던 건물을 무단 점거하고 그곳에서 활동을 해야 했다.

그런데 취업이 어려워지자 창업의 꿈을 품은 학생들이 이 동아리로 몰려들면서 한적했던 창고가 북적이기 시작했다. 이렇게 모여든 학생들은 핀란드에서 가장 성공한 벤처 창업자들을 찾아가 실의에 빠진 학생들의 창업을 돕는 코치coach가 되어달라고 부탁했다.

아무런 경험도, 실적도 없는 학생들의 패기 넘치는 요청에 핀란드의 성공한 창업자들은 앞다투어 아무런 대가없이 자신의 경험을 나누는 코치가 되기로 하였다. 이렇게 코치로 나선 창업자 중에는 앵그리버드를 개발해 세계적으로 이름을 날린 로비오 사의 마케팅 총책임자 피터 베스터벅카Peter Vestervacka도 있었다.

이렇게 모여든 학생들과 코치들은 함께 창업의 비전을 나누고 어떻게 꿈을 실현할 수 있을지 구체적인 방법들을 논의하기 시작했다. 코치들은 학생들의 의견을 듣다가 창업 실현 가능성이 있으면 곧바로 투자를 결정하거나, 뛰어난 아이디어에 귀 기울여줄 벤처 투자자들을 소개시켜주기도 했다. 그 결과 학생들이 동아리를 시작한 지 불과 2년 만에 알토 대학의 버려졌던 평범한 창고 건물은 핀란드뿐 아니라 북유럽 최고의 벤처기업 산실인 '벤처 차고Venture Garage'로 거듭나게 되었다.

2012년 필자가 벤처 차고를 방문했을 때는 다양한 분야의 청년 예비 창업가들이 자유롭게 모여 이곳저곳에서 열띤 대화를 벌이고 있었다. 창업에 대한 열정만 있으면 누구나 벤처 창고에 참여할 수 있다. 특히 벤처 창고 한쪽에 자리 잡은 주방과 식당은 핀란드 벤처 생태계의 자율적인 성격을 상징적으로 보여주는 장소였다. 이곳을 찾은 사람은 누구나 주방에 있는 음식을 먹을 수 있고 다른 사람을 위해 채워 넣을 수도 있었다. 그런데도 주방의 냉장고에는 언제나 먹을 것들이 가득했다.

학생과 코치들은 이 같은 성공에 만족하지 않고 전 세계를 상대로 하는 벤처 지원 프로그램인 '스타트업 사우나Start-up Sauna'를 열기로 했다. 창업을 꿈꾸는 도전자들이 세계적인 벤처 기업가들과 함께 자신들의 경험을 격의 없이 나누고 자유롭게 대화하면서 자신의 꿈을 현실로 옮기는 프로그램이었다. 이 프로그램에 유럽뿐 아니라 아시아, 아메리

카의 창업자들이 몰려들어 하나둘씩 창업에 성공하자, 스타트업 사우나는 유럽 최고의 벤처 육성 프로그램으로 자리 잡게 되었다.

이처럼 창업 열풍이 불자, 노키아는 다른 나라 대기업으로서는 상상하기도 어려운 놀라운 결정을 내렸다. 자사가 해고한 근로자 한 명마다 2만 5000유로(약 3700만 원) 정도의 창업 자금과 창업 훈련을 지원하는 '브릿지Bridge 프로그램'을 도입한 것이다. 세계 최고의 기술력을 갖고 있던 노키아 해고 근로자들은 이렇게 노키아의 강력한 후원을 받아 하나둘 창업에 나섰고, 이로써 핀란드에는 새로운 창업 생태계가 확립되기 시작했다.

노키아의 사례에서 본 바와 같이, 지금처럼 급변하는 경제 환경에서는 한두 개의 거대 기업에만 국가 경제를 의존해서는 안 된다. 그 기업이 흔들리면 별다른 대안 없이 국가 경제 전체가 공멸하기 쉽기 때문이다. 이를 막기 위해서는 지금 당장 청년들의 혁신적인 신규 창업을 유도하고, 새로운 일자리를 창출할 수 있는 대대적인 경제개혁에 나서야 한다.

지금부터 시장의 질서를 회복하고 공정한 경쟁을 유도해 새로운 창업 열기를 이끌어내는 환경을 조성해나가지 않는다면, 한국의 미래는 핀란드보다 훨씬 더 어두울 수밖에 없다. 핀란드에는 몰락의 위기 속에서도 자기 회사에 몸담았던 직원들에게 창업의 길을 열어주기 위해 온갖 지원을 아끼지 않았던 노키아가 있었다. 그러나 위기에 빠진 한국 기업에게 과연 국가와 해고 근로자를 위한 자기희생적 결단을 기대할 수 있을까? 우리 스스로 그런 기업이 없다고 생각된다면, 지금 당장 '경제 민주화'로 불리는 대대적인 개혁을 단행해 우리의 경제 시스템을 바꾸어야 한다. 그것만이 21세기에 혁신을 통해 한국의 경제 성장 동력을 되찾을 수 있는 유일한 열쇠다.

지속가능한 복지, 세대 간 형평성을 확보하라

미국에서 유명한 여행지를 다니다 보면 멋진 스포츠카를 타고 여행을 다니는 노년층과 자주 마주치게 된다. 고급 오토바이를 타고 검은 가죽 옷과 선글라스를 낀 70~80대 노년층이 10여 명씩 줄지어 달리는 모습도 흔히 볼 수 있다. 은퇴세대가 이렇게 풍요로운 노후를 보내며 멋진 삶을 사는 모습은 여간 부러운 것이 아니다.

그러나 미국의 문제는 노년층 외에는 소비가 늘고 있는 연령층이 거의 없고, 2008년 글로벌 금융위기 이후 이런 현상이 더욱 가속화되고 있다는 것이다. 2012년 6월 현재 미국 가계소득의 중간값Median Annual Income은 5만 964달러로 집계되어, 경기회복이 시작되었다는 2009년 6월보다 4.7%나 줄어들었다.[8] 특히 25~34세 가구의 가계 중간소득은 8.9%나 줄어들었다. 다른 연령층도 대부분 소득이 줄어들었지만, 유독 65~74세 고령층 가구의 중간소득은 6.5%나 늘어났다. 경기가 악화되어도 노령연금은 물가에 따라 꾸준히 오르기 때문에, 극심한 불경기 속에서도 고령층의 소득만 크게 상승한 것이다.

미국의 노후연금은 부과식 체계Pay-as-you-go Financing로, 현재 젊은 사람들에게 돈을 걷어서 바로 노인들에게 나누어주는 방식이다. 노후연금액은 물가가 오른 만큼 계속 늘어나도록 설계되어 있어서 경기와 무관하게 결정된다. 결국 글로벌 금융위기 이후 소득이 크게 줄어든 근로세대에게 더 많은 세금을 걷어 노년층에게 더 많은 연금을 지급하고 있는 셈이다. 이 때문에 가뜩이나 어려워진 살림에 노인부양 부담까지 커진 청·장년층의 불만은 커질 수밖에 없다.

미국에서는 이런 복지제도의 세대 간 형평성 문제에 대해 1980년대부터 우려의 목소리가 나왔다. 그리고 2008년 글로벌 금융위기 이후에는 이러한 불평등이 위험 수준에 도달했음을 알리는 경고가 여기저기에서 나타나고 있다. 보스턴 대학교의 로렌스 코틀리코프Laurence Kotlikoff 교수는 "거대한 인구집단인 미국의 베이비부머가 은퇴할 때가 되면 국가재정이 파탄날 것"이라고 경고했다.[9] 그는 미래세대의 재정 파탄을 막고 세대 간 형평성을 회복하려면 지금이라도 당장 세금을 더 거두거나 노후연금을 축소해야 한다고 목소리를 높였다.

미국의 보수적인 정책연구소인 카토 연구소Cato Institute는 "지금의 어린이들이 어른이 되면 고령층의 약값을 대기 위해 자신의 젊음을 모두 희생하게 될 것"이라고 우려하면서, 고령층이 어린이들을 희생시키며 풍족한 노후생활을 누리고 있다고 원색적으로 비난했다.[10]

또한 미국에는 '세대 형평성을 지지하는 미국인Americans for Generational Equity'이라는 단체까지 등장해, 부유한 고령층이 자녀세대의 장래를 볼모로 잡고 그들의 삶을 빈곤으로 몰아넣고 있다고 비판했다.[11] 이처럼 미국에서 젊은 세대를 위한 복지제도의 형평성 회복을 과격하게 외치는 단체들은 대부분 보수단체다.

이에 비해 미국의 진보단체들은 상호 이해와 협력을 통한 타협의 길을 찾아 세대 간 형평성을 모색해야 한다고 주장한다. 이 때문에 미국 진보진영의 경제비평가들은 '세대 간 상호의존generational inter-dependence'을 강조하면서 세대 간 화합을 추구하고 있다. 진보든 보수든 미국의 기성세대들은 세대 간 형평성을 회복해 젊은 세대의 부담을 덜고 이를 통해 미국의 미래를 지켜야 한다는 점에서는 한 목소리를 내고 있다.

그러나 한국의 기성세대에게서는 복지정책의 세대 간 불평등을 우려하는 목소리가 거의 나오지 않는다. 특히 정치권은 인구가 많고 정치적 영향력이 큰 고령층을 위한 복지정책 확대에는 팔을 걷어붙이고 나서는 반면, 청년을 포함한 미래세대를 위한 복지정책은 저 뒷전에 제쳐두고 있다. 때문에 한국의 청년복지는 다른 OECD 국가들에 비해 최하위 수준을 면치 못하는 상황이다.

하지만 앞서 살펴본 것처럼 청년을 위한 복지는 국가 경제를 활성화시키고 장기적인 성장동력까지 강화하는 놀라운 힘을 가지고 있다. 특히 경제가 성숙단계에 들어서서 저성장 시대로 돌입하면, 미래세대를 위한 투자만큼 효과가 큰 방법은 거의 없다. 지금과 같은 복지정책의 구조가 그대로 유지된다면 젊은 세대는 좋든 싫든 베이비부머들의 은퇴 이후를 책임져야 하겠지만, 그런 엄청난 부담을 지우기에는 청년층의 상황이 너무나 열악하다.

경제성장이 급격하게 둔화되면서 기성세대는 청년들이 앞으로 갖게 될 몫까지 탐하고 있다. 이 같은 세대 간 착취로 인해 세대 간 형평성이 극단적으로 무너지면, 더 이상 살기 어려워진 청년들이 결혼·출산 파업으로 저항하게 될 것이다. 치열한 세대전쟁 속에서 모든 것을 포기하는 청년들의 이 마지막 저항은 결국 우리의 미래를 무너뜨리고 모두를 불행하게 만들 것이다.

이런 비극을 막기 위해서는 하루빨리 세대 간 복지정책의 균형을 되찾아야 한다. 고령층을 위한 기초연금 확대가 복지국가를 향한 큰 발걸음이 된 것처럼, 이제 청년들을 위한 복지체계도 함께 만들어나가야 하는 것이다. 이 체계는 청년들이 미래에 대한 희망을 잃지 않고 더 나은 미래를 꿈꿀 수 있도록 철저히 청년의 입장에서 설계되어야 한다. 이와 함께 '증세 없는 복지'라는 비현실적인 구호는 던져버리고, 한정된 재원하에서 가장 시급하고 심각한 문제가 무엇인지를 치열히 고민한 뒤 합리적이고 타당한 정책의 우선순위에 따라 효율적인 복지투자가 이루어져야 할 것이다.

또한 국민연금의 세대 간 불균형을 해소하기 위해 제로베이스zero-base에서 다시 설계한다는 각오로 국민연금을 개혁해야 한다. 건강보험은 많은 자산을 보유한 은퇴자들이 건강보험 재정에 충분히 기여하도록 그 체계를 개선하는 방법 등으로 청년층에게만 쏠린 부담을 완화해주어야 한다. 복지 재원을 마련하기 위한 과세체계는 은퇴한 자산가와 청년 근로자들이 골고루 세금을 부담하도록 형평성을 더욱 높여야 한다.

이런 개혁들이 빨리 이루어지지 않는다면 한국은 일본보다 더 깊은 장기불황의 수렁에 빠지게 될 것이다. 우리에게는 남은 시간이 별로 없다. 세대 간 형평성을 심각하게 무너뜨리고 있는 조세와 복지체계를 하루빨리 고치지 않는다면, 이 처절한 세대전쟁으로 인해 우리 경제는 성장동력을 잃게 되어 기성세대의 안정된 노후는 물론, 미래세대의 기본적인 경제 기반조차 지킬 수 없게 될 것이다.

우리의 미래는 세대전쟁에 달려 있다

한때 전 세계 인구가 기하급수적으로 늘어날 것을 우려하던 시절이 있었다. 하지만 인구 증가 속도가 점점 느려지면서 최근에는 2070년의 90억 인구를 정점으로 감소할 것이라는 전망이 힘을 얻고 있다. 특히 선진국들은 앞으로 10년 안에 인구의 급격한 감소를 경험하게 될 것이고, 심지어 세계 최대의 인구대국인 중국조차 2030년을 고비로 인구가 줄어들 것으로 보인다.

이 같은 격세지감의 변화로 인구가 폭발적으로 늘어나 인류의 재앙이 올 것이라는 우려는 사그라졌지만, 그 대신 인구 고령화와 출산율 저하가 전 세계적인 문제로 떠올랐다. 특히 생산가능인구 비중의 급격한 감소로 소비가 정체되고 생산성 향상이 둔화되면서 세계 여러 선진국들은 저성장의 늪에 빠졌다. 그 결과 한정된 경제적 과실을 놓고 기성세대와 젊은 세대 사이에서 뺏고 뺏기는 갈등이 점점 더 고조되고 있다.

하지만 세대 간 갈등이 진행되는 상황은 나라마다 큰 차이를 보인다. 독일이나 북유럽 국가들은 세대 간 갈등을 비교적 잘 풀어가고 있는 편이다. 이들 나라는 고령층에 대한 강력한 복지제도와 함께 아동과 청년세대를 위한 복지에도 노력을 기울여 복지혜택의 세대 간 형평성을 확보했다는 공통점이 있다.

이들 국가는 특히 보육과 교육투자를 통해 젊은 세대가 인적자본을 축적할 수 있는 기회를 충분히 제공한다. 강력한 청년취업 정책과 실업구제 정책을 통해 청년 실업자들이 도태되지 않고 산업전선으로 돌아올 수 있는 기회를 제공하고, 청년들의 주거비를 지원해 젊은 세대가 경제생활을 시작하자마자 집값에 짓눌린 하우스푸어가 되는 것을 미연에 방지하고 있다. 이처럼 다양한 청년복지 투자는 청년들이 경제적으로 자립할 수 있는 기반을 제공해 이들이 미래 경제의 버팀목으로 성장할 수 있도록 유도할 뿐만 아니라, 보다 혁신적인 일에 도전하게 함으로써 경제 전체의 생산성을 높이는 데도 큰 역할을 담당한다. 또한 젊은 세대가 자산을 축적해 보다 안정적인 생활을 할 수 있는 것은 물론, 부동산이나 주식시장에서 새로운 매수주체가 되게 함으로써 자산가격 안정에도 기여하고 있다.

독일과 북유럽 국가에서 이 같은 복지제도의 세대 간 균형이 이루어지기까지는 많은 청년들의 적극적인 도전과 활발한 사회 참여가 있었다. 독일의 경우에도 경기불황이 올 때마다 기성세대는 끊임없이 대학 등록금의 유료화를 시도해왔다. 하지만 대학생들은 적극적인 행동과 의사표시를 통해 강력하게 반발했고, 기성세대는 그런 청년들의 목소리를 무시하지 않고 귀를 기울여 정책에 반영함으로써 지금의 체제를 만들어온 것이다.

대학 등록금이 무료일 뿐만 아니라 모든 대학생들에게 500유로(약 70만 원)가 넘는 생활비를 제공하는 핀란드에서도 대학생에 대한 복지 지원을 줄이려는 시도가 있었다. 고령화 사회로 접어들면서 노인복지

지출이 급격히 늘어난 데다 노키아의 부진 이후 극심한 경기불황까지 겹치자, 정부가 가장 먼저 대학생 복지부터 축소하려 한 것이다.

하지만 대학생들이 적극적으로 사회에 참여해 자신들의 의견을 개진하고 행동에 나서면서 청년복지 축소 움직임을 조기에 봉쇄했다. 덕분에 핀란드 청년들은 실패를 두려워하지 않고 벤처 불모지였던 핀란드에 단 2년여 만에 창업 생태계를 만드는 놀라운 기적을 만들 수 있었다. 불황 속에서도 유지된 청년복지 투자가 핀란드 청년들의 놀라운 혁신과 창조적 도전을 후원하는 핀란드 경제의 마지막 버팀목이 되고 있는 것이다.

핀란드가 유럽 창업의 중심지로 거듭나고 있는 또 다른 이유는 바로 학생들의 활발한 참여정신 덕분이다. 핀란드의 알토 대학교 학생들이 버려진 창고를 무단 점거하고 학생들의 힘만으로 이를 세계적인 벤처 육성 센터로 만들 수 있었던 것은, 바로 어렸을 때부터 자신의 아이디어를 내고 이를 구체화하는 힘을 키운 민주적 리더십이 있었기에 가능한 일이었다. 젊은 세대가 자신의 목소리를 분명하게 내고 기성세대가 꺼리는 새로운 도전에 나서는 것을 '건방진' 것으로 간주하는 한국에서는 불가능한 일이다.

독일이나 북유럽 청년들이 사회에서 활발하게 자신의 목소리를 낼 수 있는 것은 어렸을 때부터 다양한 민주주의 훈련을 통해 각종 사회 문제에 직접 참여해왔기 때문이다. 그들은 중고등학교 때부터 학생회 임원들이 학교의 모든 의사결정에 참여하고 있다. 특히 학교의 중요 결정사항에 대한 회의에는 학생 대표가 교사 대표나 학부모 대표와 동등한 자격으로 참가해 함께 토론하고 동등한 한 표를 행사한다. 이런 민주적 훈련과 경험은 핀란드 학생들의 참여정신과 도전정신을 키워 '창조경제'를 만드는 결정적인 열쇠가 되었다.

이처럼 북유럽이 세대 간 화합과 협력을 통해 세대전쟁을 슬기롭게 헤쳐 나가고 있다면, 미국은 이민 정책을 적절히 활용해 세대갈등의 위기를 넘기고 있다. 미국의 복지정책은 고령층에만 집중되어 있는 데다 막대한 국가부채로 지원되기 때문에 그 부담이 고스란히 젊은 세대에게 떠넘겨진다. 이 정도로 심각한 세대 간 착취가 미국이 아닌 다른 나라에서 벌어졌다면, 이미 젊은 세대의 소비 기반이 무너져서 일본과 같은 극심한 장기불황을 겪었을 것이다.

하지만 미국은 전 세계에서 뛰어난 인재가 앞다투어 몰려드는 국가인 덕분에, 미국 경제에는 끊임없이 새로운 젊은 피가 수혈되고 있다. 특히 자국 젊은 세대의 소득 기반이 무너져도 해외에서 유입된 젊은 인구가 새로운 수요를 창출하면서 내수시장을 지탱해주고 있다. 이를 잘 알고 있는 미국은 경제위기나 불황 때마다 이민 정책을 탄력적으로 이용하면서 나름의 방법으로 세대전쟁에 대응해나가고 있다. 미국 외에 이와 같은 양상을 보이는 국가로는 이민자들의 나라인 캐나다와 호주 등이 있다.

세대갈등에 대한 최악의 대응으로 세대전쟁의 상황으로 몰아가고 있는 나라가 바로 남유럽과 일본이다. 남유럽과 일본은 청년 및 가족에 대한 복지투자에 너무나 소극적이다. 특히 출산율이 추락해 나라 경제의 미래가 위협받고 있는데도 이에 대한 대책은 거의 없고, 고령층을 위한 복지 지출에만 천문학적인 돈을 쏟아붓고 있다. 결국 국가재원이 모두 고령층 복지에 묶이면서, 경제회복을 위한 다른 정책에는 거의 손을 놓게 되었다.

특히 상황이 나쁜 것은 바로 일본이다. 일본은 고령층 복지에 투입되는 예산으로 인해 사상 최악의 국가부채에 시달리고 있는데도, 재정적자를 줄이기 위한 시도는 매번 기성세대의 반대에 부딪쳐 실패를 거듭하고 있다. 결국 천문학적인 빚을 떠안은 젊은 세대들이 미래의 희망을 잃고 '사토리 세대'가 되어가면서 일본은 최악의 세대전쟁으로 치닫고 있다. 일본은 세대 간 불평등에 대해 적극적으로 부딪치며 그 시정을 요구하고 있는 남유럽보다 당장은 더 안정되어 있는 것처럼 보이지만, 자본주의 경제체제에서는 적극적인 자기주장은 물론 소비에 대한 기본적인 욕망마저 포기한 사토리 세대가 더 치명적인 위험 요인이다.

지금 일본은 아베노믹스를 통해 정책적 대변환을 꾀하고 있다. 엔화 평가절하와 인플레이션 유도를 통해 일본 경제에 새로운 자극을 주겠다는 것이다. 이 정책의 성패는 결국 더 나은 미래를 이미 포기해버린 젊은 세대를 다시 깨울 수 있느냐의 여부에 달려 있다. 이를 위해서는 무엇보다 세대 간 형평성을 회복하여 젊은 세대를 일본 경제의 주역으로 다시 세워야 할 것이다.

우리나라의 세대갈등 상황은 사실 일본보다도 더 나쁘다. 1970년대 이후 빠른 경제발전을 이루어왔던 한국의 기성세대는 정말 진취적이어서, 무엇이든 도전하면 할 수 있다는 자신감이 넘쳤고 실제로도 세계적으로 유례없는 성공을 거두었다. 하지만 2000년 이후 한국 경제의 성장 엔진이 서서히 꺼져가자, 베이비붐 세대는 부동산이나 주식 같은 자산시장에 지금까지 번 돈을 모두 쏟아붓는 바람에 은퇴자금까지 부동산에 묶여버렸다.

경제성장이 정체된 데다 부동산 값까지 하락하기 시작하자, 한국의 기성세대는 황금알을 낳는 거위의 배를 가르듯 미래세대가 벌게 될 돈까지 탐내기 시작했다. 자식 사랑이 남다른 한국에서 경제 전체적으로 자녀세대를 착취하는 아이러니한 상황이 벌어진 것이다. 경제발전의 주역이자 가장 진취적이었던 세대가 이제 은퇴시기를 맞자 자녀세대와 전쟁을 벌이는 안타까운 현상이 일어나고 있다.

가장 큰 문제는 청년층과 고령층의 복지 불균형이다. 2011년을 기준으로 65세 노인을 위한 1인당 복지 지출은 아동복지 지출의 40배가 넘는다. 더구나 국민연금과 건강보험, 기초연금이 지금과 같은 형태로 유지된다면 2050년대 이후 한국의 미래세대는 기성세대의 노후를 위해 그들 소득의 최고 3분의 1까지 내게 될 것이다. 그렇게 무거운 짐을 짊어질 미래세대에게 지금 우리가 제공하는 복지투자는 참으로 형편없는 수준이다.

기성세대가 청년들을 위해 마련한 직장은 미래를 꿈꾸기조차 힘든 비정규직 시간제 근로가 대부분이다. 외환위기 이후 우리나라 기업들이 정규직 직원 수를 줄이고 그만큼 계약직 직원으로 대체함으로써 젊은 세대의 소득은 그 이전 세대보다 상대적으로 점점 더 열악해지고 있다.

지금 우리의 청년들은 연애와 결혼, 출산을 포기한 '삼포세대'가 되어가고 있다. 세대전쟁에 밀린 젊은 세대가 미래를 포기하고 침잠沈潛해버린 일본의 사토리 세대를 닮아가는 것은 이제 시간문제다. 그렇게 되면 한국 경제는 내수침체로 심각한 저성장의 늪에 빠지고, 부동산 등 기성세대가 보유하고 있는 자산가격도 폭락하게 될 것이다. 결국 세대전쟁 속에서 젊은 세대의 가장 강력하고 치명적인 저항 방식은 바로 삼포세대가 되는 것이다.

이런 상황에서 우리 정부는 상속세율을 낮추거나 증여세 면세 한도를 낮추는 등의 방식으로 '부의 세습'을 점점 더 강화해나가고 있다. 만일 기득권층이 한국의 젊은 세대 전체를 살리는 것을 포기하고, 자기 자녀만을 위해 세습을 통한 부와 권력의 이전을 확대해간다면 우리나라 경제는 파국으로 치달을 것이다.

하지만 우리에게는 다행히 이 파국을 막을 열쇠가 있다. 기성세대가 상황을 좀 더 냉철하게 인식하고 내 자녀를 아끼는 마음으로 미래세대 전체를 껴안는다면 세대갈등을 넘어설 대안을 보다 쉽게 찾아낼 수 있을 것이다. 청년들 역시 사회에 대한 무관심이나 패배주의에 빠지지 말고 보다 적극적으로 자신들의 의견을 표출하고 그것이 전달되도록 행동해야 한다. 독일과 북유럽 모두 청년들의 활발한 사회참여가 세대갈등을 해소하는 방아쇠가 되었음을 잊어서는 안 된다.

지금 한국 경제는 중요한 기로에 서 있다. 그리고 우리보다 먼저 이 기점을 지난 나라들이 어느 방향으로 어떻게 가고 있는지도 똑똑히 보았다. 여기서 세대전쟁을 끝내고 기성세대와 청년들이 함께 손을 맞잡고 미래로 나갈 것인지, 아니면 가라앉는 배 위에서 서로 뺏고 뺏기는 처절한 전쟁을 계속하다 모두 함께 몰락할 것인지는 이제 우리의 선택에 달려 있다. 한국 경제의 고령화가 급격히 진행되면서 세대 갈등이 세대전쟁으로까지 치닫고 있는 지금, 우리 경제의 몰락을 막을 수 있는 시간도 이제 몇 년 남지 않았다.

주석

· 프롤로그 ·

1) Andrea Manica, "Alternative strategies for a father with a small brood: mate, cannibalise or care", *Behavioral Ecology & Sociobiology*, January 2002.

· PART I ― 1장 ·

1) Richard Boudreaux and Paulo Prada, "Exodus of Workers From Continent Reverses Old Patterns", *The Wall Street Journal*, January 13, 2012.

2) http://lrfuller.wordpress.com/

3) Robert J. Samuelson, "A lost generation", *The Washington Post,* February 26, 2013.

4) Danielle Krutzleben, "Great Recession Means a Diminished American Dream for Young Adults", *US News*, Oct. 18. 2011.

5) Laurence J. Kotlikoff & Scott Burns, *The Clash of Generations: Saving Ourselves, Our Kids, and Our Economy,* The MIT Press, 2012.

6) Robert J. Samuelson, "Is the economy creating a lost generation?", *The Washington Post, December 09, 2012.*

1) Albert Brooks, *2030: The Real Story of What Happens to America*, St Martins Press, 2011.

2) 전영수, 섹스리스 풍조 확산 "얄팍해진 지갑이 '성욕 본능' 눌러", 《한경비즈니스》, 2012년 9월 7일.

3) 御木本千春, 結婚しない? できない?-男性の「生涯未婚率」が2割を突破30年前の10倍に, マイナビニュース, 2013年06月26日.

4) 전영수, 『장수대국의 청년보고서』, 고려원북스, 2012년.

5) 藤森克彦, 単身世帯の増加と金融機関に期待される役割, みずほ総合研究所, 金融ジャーナル』2012年6月号.

6) NHK無縁社會プロジェクト取材班, 『無縁社會 無縁死三万二千人の衝撃』, 文春新書, 2010年.

7) Martin Fackler, "Japan's Big-Works Stimulus Is Lesson", *The New York Times*, February 5, 2009.

8) 2011년 일본의 국가예산은 92조 4000억 엔, 우리 돈으로 1050조 원에 이른다. 전체 예산의 3분의 1 정도인 28조 7000엔이 사회보장 지출로 나가고 있다. 또 4분의 1 정도인 21조 5000억 엔은 순전히 국채 이자를 갚는 데 쓰고 있어서 이자만으로도 국가부채가 급증하는 악순환이 일어나고 있다.

9) "日, 세대 간 연금 갈등 이어 '의료비 망국론'까지", 《조선일보》, 2013년 1월 31일.

10) 고려 시대에 노인을 버렸다는 이른바 '고려장'은 일제 강점기에 심어진 이야기로 사실이 아니다. 이에 비해 일본에는 실제로 노인을 산속에 버렸다는 전설이 있는 오바스테야마姨捨山라는 산이 있다. 군주가 나이를 먹어서 일할 수 없게 된 사람을 버리라고 명령하자 한 농부가 자신의 노모를 산에 버리려 했지만 결국 노모의 지혜로 국가적 난제를 해결하게 되면서 군주가 노인을 소중히 여기게 되었다는 것이 그 전설의 내용이다.

11) 정유훈, "일본 국가재정 악화의 교훈", 《현대경제연구원 경제주평》, 09-30, 2009.

12) 차학봉, "교육비 높은 한국, 日보다 더 심각… 출산율 높여야 산다",《조선일보》, 2010년 12월 13일.

• PART I — 3장 •

1) Daily Mail, "Did Silvio Berlusconi step in to help dancer, 17, accused of theft?", October 29, 2010.

2) The Observer, "Silvio Berlusconi: a timeline", November 13, 2011. http://www.guardian.co.uk/world/2011/nov/13/silvio-berlusconitimeline

3) Reuters, "See you in court, angry pensioner tells Berlusconi", Jan 6, 2006.

4) Antonio Incorvaia, Alessandro Rimassa, Claudia Franz(Translator), *Generation 1000 Euro: Roman*, Goldmann Verlag, 2007.

5) 고경환,〈2012 OECD 공표로 본 우리의 사회복지 지출 특성과 시사점〉,《보건복지포럼》, 통권 제194호, 85-95, 2012.

6) 실업자들이 충분히 생계를 유지할 수 있도록 국가 예산으로 지급하는 제도.

7) 우석훈·박권일,『88만원 세대』, 레디앙, 2007.

8) Antonio Incorvaia, Alessandro Rimassa, Claudia Franz(Translator), *Generation 1000 Euro: Roman*, Goldmann Verlag, 2007.

• PART I — 4장 •

1) Pat Thane, *A History of Old Age*, Getty Publications, 2005.

2) S. C. Gilfillan, "Lead poisoning and the Fall of Rome", *Journal of Occupational Medicine*, 1965, 7(2):53.

3) 발터 비트만, 류동수 옮김,『국가부도』, 비전코리아, 2011.

4) Jeremy Grant, "Learn from the fall of Rome, US warned", *Financial Times*, August 14, 2007.

5) Bruce Bartlett, "Republican Deficit Hypocrisy", *Forbes*, November 20, 2009.

6) Richard Rapaport, "How AMA 'Coffeecup' gave Reagan a boost", *San Francisco Chronicle*, June 21, 2009.

7) Farah Stockman, "Recalling the Nixon-Kennedy health plan", *Globe*, June 23, 2012.

8) Laurence J. Kotlikoff & Scott Burns, *The Clash of Generations: Saving Ourselves, Our Kids, and Our Economy*, The MIT Press, 2012.

9) Ibid.

· PART I — 5장 ·

1) Dean Baker, *Plunder and Blunder: The Rise and Fall of the Bubble Economy*, Berrett-Koehler Publishers, 2009.

2) 박종훈, 『2015년 빚더미가 몰려온다』, 21세기북스, 2012.

3) Thomas Piketty & Emmanuel Saez, "The Evolution of Top Incomes: A Historical and International Perspective," *NBER Working Paper*, No. 11955, National Bureau of Economic Research, Inc., 2006.

4) 박종훈, 『2015년, 빚더미가 몰려온다』, 21세기북스, 2012.

5) 자료: Federal Reserve Bank of New York.

6) Philip S. Babcock & Mindy Marks, "The Falling Time Cost of College: Evidence from Half a Century of Time Use Data", *NBER Working Paper*, No. 15954, April 2010.

7) 자료: Office for National Statistics.

8) Janet Lorin, "Medical School at $278,000 Means Even Bernanke Son Has Debt", *Bloomberg*, April 11, 2013.

• PART II — 1장 •

1) Jim Collins, *How The Mighty Fall: And Why Some Companies Never Give In*, JimCollins, May 19, 2009.

2) 이준협, "인구보너스 2.0 시대를 준비할 때다 - 인구 5,000만 시대와 인구보너스 소멸",《현대경제연구원 경제주평》, 12-22, 2012.

3) 황원경, "에코세대의 라이프 금융플랜 분석",《KB금융지주경영연구소 CEO 리포트》, 2012-10호, 2012.

4) 통계청 인구총조사과, "베이비부머 및 에코세대의 인구·사회적 특성분석", 2012년 8월 2일.

5) 출산 가능한 15세부터 49세까지 여성을 기준으로, 한 여성이 평생 동안 낳을 수 있는 자녀의 수.

6) 이준협, "인구보너스 2.0 시대를 준비할 때다 - 인구 5,000만 시대와 인구보너스 소멸",《현대경제연구원 경제주평》, 12-22, 2012.

7) 박덕배, "에코부머의 3대 경제난",《현대경제연구원 경제주평》, 12-20, 2012.

8) 송현숙·이혜리, "사립 유치원비 월 100만 원 시대",《경향신문》, 2013년 3월 8일.

9) 자료: OECD Family Database 2011(http://www.oecd.org/els/soc/oecd-familydatabase.htm).

• PART II — 2장 •

1) 최종석, "노총각·노처녀 82%가 '집값 등 부담 커 결혼 못해'",《조선일보》, 2012년 9월 12일.

2) 1985년 9월 22일 프랑스와 독일, 일본, 미국, 영국 등 5개국의 중앙은행 총재가 뉴욕의 플라자 호텔에서 만나 미국의 무역수지 개선을 위해 일본 엔화와 독일 마르크화의 평가절상을 유도하기로 한 합의.

3) 기획재정부 경제정책국 부동산정책팀, "인구·가구구조 변화에 따른 주택시장 영향과 정책방향", 2012년 12월 3일.

4) 손은경, "1인 가구를 위한 소형주택시장의 다변화",《KB daily 지식 비타민》, 13-40호, 2013.

5) 이장영·박동순, "최근의 부동산 버블과 감독정책", 한국재무학회, 2007년 4월.

6) 박준 외, "각국의 거버넌스와 금융위기 대응", 삼성경제연구소, 2010년 7월.

7) Svenska Dagbladet, "Sverige bäst i världen på barn", December 11, 2008.

8) 자료: Försäkringskassan(스웨덴 사회보험청).

9) Allan C. Carlson, *The Swedish experiment in family politics, the Myrdals and the interwar population crisis*, New Brunswick, 1990.

• PART II — 3장 •

1) 최기홍 외, "국민연금의 세대 간 회계: 방법론 및 모형 개발", 국민연금연구원 연구보고서 2012-01, 2012.

2) 박형수·전병목, "사회복지 재정분석을 위한 중장기 재정추계모형 개발에 관한 연구", 한국조세연구원, 2009.

3) 남재현, "고령화에 따른 금융부문의 대응", 2005년 금융·경제 분석과 2006년 전망 세미나 자료, 한국금융연구원, 2005년 2월 27일.

4) 국가 간의 결제나 금융거래의 기본이 되는 화폐.

5) OECD Development Centre, *OECD: Latin American Economic Outlook 2008*, OECD Publishing, 2007.

6) World Bank, *Household Risk Management and Social Protection in Chile*, World Bank Publications, 2005.

7) 건강보험정책연구원, "2012 건강보험주요통계", 국민건강보험공단, 2013년 3월 18일.

8) 건강보험정책연구원, "인구구조 변화에 따른 건강보험 수입 · 지출 구조 변화와 대응 방안", 국민건강보험공단, 2013년 2월 25일.

• PART II — 4장 •

1) 경제용어로 '불로소득'이란 '직접 일을 하지 않고 얻는 수익'으로 이자, 배당금, 지대地代 등을 통틀어 이르는 말이다.

2) Wyn Craig Wade, *The Titanic: End of A Dream*, Penguin, 1992.

3) 노영훈·김유찬·현진권, "부동산보유세 부담의 국제비교연구와 그 시사점", 한국세무학회, 2005년.

4) 이혜림, "조세·사회보장 부담과 혜택 세대 간 격차 크다", 《LG Business Insight》, 2012년 7월 4일.

5) 박종훈, 『2015년 빚더미가 몰려온다』, 21세기북스, 2012.

• PART II — 5장 •

1) Hugo Gye, "A well-earned rest! Britain's oldest shop worker retires aged 96 after holding down a job continuously since the age of 14", *Daily Mail*, 10 Nov. 2011.

2) 자료: 통계청.

3) 김동열, "세대별 행복도 차이의 배경과 시사점", 《현대경제연구원 경제주평》 13-12, 2013.

4) 박진희, "베이비붐 세대의 직업이력과 정년 현황", 《한국고용정보원》, 2012년 7월호.

5) 박해식·임진, "베이비붐 세대의 고용·소득·자산 구조와 시사점", 《한국금융연구원 금융 VIP 시리즈》, 2013년 6호.

6) 서울대학교 노화고령사회연구소·메트라이프·갤럽 코리아, "한국 베이비부머 연구보고", 2013.

7) 지니계수는 소득분배의 불평등을 나타내는 수치로 0과 1 사이의 값을 가지며 1에 가까울수록 소득분배는 불균등한 것을 뜻한다. 일반적으로 지니계수가 0.4를 넘으면 소득분배가 상당히 불평등한 상태로 여겨진다.

8) 박상돈·한혜원, "경제활동인구 고령화 갈수록 심각", 연합뉴스, 2013년 8월 12일.

9) 안주엽, "세대 간 고용대체 가능성 연구", 한국노동연구원, 2011.

G. E. Hebbink, "Production Factor Substitution and Employment by Age Group," *Economic Modelling 10*, 1993.

Adriaan Kalwij, A. Kapteyn and K. D. Vos, "Early Retirement and Employment of the Young," *RAND Labor and Population*, WR-47, Utrecht University, 2009.

Takashi Oshio, Satoshi Shimizutani and Akiko Sato Oishi, "Does Social Security Induce Withdrawal of the Old from the Labor Force and Create Jobs for the Young: the Case of Japan", *Social Security Programs and Retirement around the World: the Relationship to Youth Employment*, edited by J. Gruber and D. A. Wise, The University of Chicago Press, 2010.

• PART II — 6장 •

1) Nassim Nicholas Taleb, *The Black Swan: The Impact of the Highly Improbable*, Random House, 2007.

2) 자료: OECD, 글로벌 금융위기 직전인 2007년 기준.

3) David Adams, "A Greek Tragedy", *European Pensions*, November/December 2011.

4) 양재진, "한국 복지국가 전략의 성찰과 모색", 사회디자인연구소 제9차 조찬포럼 자료, 2011.

5) 한국노동연구원, "실업급여의 임금대체율 국제비교", 《월간노동리뷰》, 2010년 4월호, pp.62-65.

6) 김미숙, "OECD국가 아동복지수준 비교", 《보건·복지 Issue & Focus》, 106호, 한국보건사회연구원, 2011년.

7) 자료: OECD.

8) 문형표 외, "인구구조 고령화의 경제·사회적 파급효과와 대응과제",《경제·인문 사회연구회 협동연구 총서》, 한국개발연구원, 2006년 12월.

9) Elod Takáts, "Ageing and Asset Prices," *BIS Working Papers*, No.318, August 2010.

• PART III — 1장 •

1) Daniel Yergin, *The Quest: Energy, Security, and the Remaking of the Modern World*, Penguin Books, 2012.

2) Jorgen Randers, *2052: A Global Forecast for the Next Forty Years*, Chelsea Green Publishing Company, 2012.

3) Ibid.

4) 정창수, "스파르타의 저출산",《시민사회신문》, 2010년 2월 1일.

5) 박종훈,『2015년 빚더미가 몰려온다』, 21세기북스, 2012.

6) 자료: 세계은행.

• PART III — 2장 •

1) 정선형, "'스콜코보 센터'로 두뇌유출 막는 러시아",《세계일보》, 2012년 5월 8일.

2) Charles Clover, "Putin hails Russian birth-rate bounce", *Financial Times*, December 21, 2012.

3) 자료: Pew Research Center.

• PART III — 3장 •

1) 김재순, "'룰라 시대' 8년. 그것은 혁명이었다", 연합뉴스, 2010년 12월 30일.

2) 빅 프로젝트 홈페이지 참조(http://www.bignam.org/BIG_pilot.html).

3) BIG Coalition Namibia, "Making the difference! The BIG in Namibia", *Basic Income Grant Pilot Project Assessment Report*, Apr 2009.

4) Nathalie Beghin, "Notes on inequality and poverty in Brazil: Current situation and challenges", *Oxfam International*, June 14, 2008.

5) Christopher Middleton, "Why British students are heading to Germany", *The Telegragh*, January 9. 2013.

6) 김봉석, "경제위기 땐 노동유연성 확대, 대신 고용안정 보장하는 독일", 《매일노동신문》, 2012년 6월 27일.

· PART III — 4장 ·

1) John W. Miller, "The $200,000-a-Year Mine Worker", *Wall Street Journal*, November 16, 2011.

2) 김유림, "20억 채무에 신용불량, 이혼까지… 성공에 대비하지 못해 실패했다", 《신동아》, 2012년 4월 27일.

3) 독일은 2003년부터 단계적으로 시작된 하르츠HARTZ를 통해 실업급여와 실업부조, 그리고 사회부조까지 모두 통합하여 실업급여 I 과 실업급여 II로 나누었다. 실업급여를 받을 수 있는 근로자가 실직하면 고용보험을 통해 최고 36개월 동안 실업급여 I 을 지급하고 그 기간이 끝나면 실업급여 II로 생활을 보장한다. 그리고 고용기간이 짧거나 아예 취업한 경험이 없어서 실업급여 I 을 받을 수 없는 청년들에게는 처음부터 실업급여 II를 제공한다. 실업급여 II는 취업 노력을 하는 한 세금으로 무기한 지급되기 때문에 청년들은 생계 걱정 없이 자신의 꿈을 좇아 스스로의 가치를 높여 취업할 수 있는 기회를 가질 수 있다. 대신 취업을 하려는 노력을 아예 하지 않거나 취업 알선을 반복적으로 거절하면 실업급여 II의 지급액은 크게 줄어들기 때문에 청년 취업을 촉진하는 역할도 하고 있다.

4) 山岡拓, 『欲しがらない若者たち』, 日本経済新聞出版社, 2009.

5) "さとり世代'浸透中車乗らない'恋愛は淡泊…若者気質'ネットが造語", 朝日新聞, 2013年3月18日.

6) 노지현, "일본 2030 라이프스타일", 《동아일보》, 2013년 5월 24일.

7) 자료: 시민경제사회연구소.

8) 외부효과란 어떤 경제활동의 결과가 다른 사람에게 의도하지 않은 혜택이나 손해를 가져오는 현상을 뜻한다.

· PART III — 5장 ·

1) 자료: 박원석 국회의원실.

2) 경향신문 특별취재팀, "독일, 안정적 임대 어떻게 가능한가", 《경향신문》, 2010년 5월 19일.

3) Lawrence J. Schweinhart, "Benefits, Costs, and Explanation of the High/Scope Perry Preschool Program," Paper presented at the Meeting of the Society for Research in Child Development, Tampa, Florida, April 26, 2003.

4) 조호정·김동열, "국내 가구의 교육비 지출 구조 분석", 《현대경제연구원 경제주평》, 12-31, 2012.

5) 자료: 서울시 물가정보 http://mulga.seoul.go.kr

6) Tim Kane, "The Importance of Startups in Job Creation and Job Destruction", *Kauffman Foundation Research Series*, Kauffman Foundation, July 2010.

7) Erkko Autio, *The Finnish Paradox: the Curious Absence of High-growth Entrepreneurship in Finland*, The Research Institute of the Finnish Economy, 2009.

8) Gordon Green and John Coder, "Household Income Down by 4.8 Percent Overall Since Economic Recovery Began - Many Groups with Larger Income Declines", Sentier Research, August 23, 2012.

9) Laurence Kotlikoff, "U. S. Is Bankrupt and We Don't Even Know It", *Bloomberg*, Aug 11, 2010.

10) Chris Edwards, "Drugs for the Elderly, Taxes for the Children", *National Review Online*, June 24, 2003.

11) 이형종, "세대 간 형평성 vs 세대 간 상호의존", 《은퇴저널》, Vol. 7, 2012년 9월 4일.

참고문헌

- Adams, D., "A Greek Tragedy", European Pensions, 2011.

- Autio, E., "The Finnish Paradox: the Curious Absence of High-growth Entrepreneurship in Finland," *The Research Institute of the Finnish Economy*, 2009.

- Babcock P. S. & M. Marks, "The Falling Time Cost of College: Evidence from Half a Century of Time Use Data", *NBER Working Paper*, No. 15954, April 2010.

- Baker, D., *Plunder and Blunder: The Rise and Fall of the Bubble Economy*, Berrett-Koehler Publishers, 2009.

- Bartlett, B., "Republican Deficit Hypocrisy", *Forbes*, November 20, 2009.

- BIG Coalition Namibia, "Making the difference! The BIG in Namibia", *Basic Income Grant Pilot Project Assessment Report*, April 2009.

- Brooks, A., *2030: The Real Story of What Happens to America*, St Martins Press, 2012.

- Carlson, A. C., *The Swedish experiment in family politics, the Myrdals and the interwar population crisis*, New Brunswick, 1990.

- Collins J., *How The Mighty Fall: And Why Some Companies Never Give In*, JimCollins, May 19, 2009.

- Gilfillan, S.C., "Lead poisoning and the Fall of Rome", *Journal of Occupational*

Medicine, 1965.

- Grant, J., "Learn from the fall of Rome, US warned", *Financial Times*, August 14, 2007.

- Green, G. & J. Coder, "Household Income Down by 4.8 Percent Overall Since Economic Recovery Began - Many Groups with Larger Income Declines", Sentier Research, August 23, 2012.

- Hebbink, G. E., "Production Factor Substitution and Employment by Age Group," *Economic Modelling 10*, 1993.

- Incorvaia, A. & A. Rimassa, C. Franz(Translator), *Generation 1000 Euro: Roman*, Goldmann Verlag, 2007.

- Kalwij. A., A. Kapteyn and K. D. Vos, "Early Retirement and Employment of the Young", *RAND Labor and Population*, WR-47, Utrecht University, 2009.

- Kane, T., "The Importance of Startups in Job Creation and Job Destruction", *Research Series*, Kauffman Foundation, July 2010.

- Laurence J. K., & S. Burns, *The Clash of Generations: Saving Ourselves, Our Kids, and Our Economy*, The MIT Press, 2012.

- Lorin J., "Medical School at $278,000 Means Even Bernanke Son Has Debt", Bloomberg, April 11, 2013.

- Manica, Andrea, "Alternative strategies for a father with a small brood: mate, cannibalise or care", *Behavioral Ecology & Sociobiology*, January 2002.

- NHK無縁社會プロジェクト取材班, 『無縁社會 無縁死三万二千人の衝撃』, 文春新書, 2010.

- OECD Development Centre, *OECD: Latin American Economic Outlook 2008*, OECD Publishing, 2007.

- Oshio, T., S. Shimizutani and A. S. Oishi, "Does Social Security Induce Withdrawal of the Old from the Labor Force and Create Jobs for the Young: the

Case of Japan", *Social Security Programs and Retirement around the World: the Relationship to Youth Employment*, edited by J. Gruber and D. A. Wise, The University of Chicago Press, 2010.

- Piketty, T. & E. Saez, "The Evolution of Top Incomes: A Historical and International Perspective", *NBER Working Papers* 11955, National Bureau of Economic Research, Inc., 2006.

- anders, J., *2052: A Global Forecast for the Next Forty Years*, Chelsea Green Publishing Company, 2012.

- Schweinhart, L. J., "Benefits, Costs, and Explanation of the High/Scope Perry Preschool Program", Paper presented at the Meeting of the Society for Research in Child Development, Tampa, Florida, April 26, 2003.

- Takáts, E., "Ageing and Asset Prices", *BIS Working Papers*, No.318, August 2010.

- Taleb, N. N., The Black Swan: *The Impact of the Highly Improbable*, Random House, 2007.

- Thane, P., *A History of Old Age*, Getty Publications, 2005.

- Wade, W. C., *The Titanic: End of A Dream*, Penguin, 1992.

- World Bank, *Household Risk Management and Social Protection in Chile*, World Bank Publications, 2005.

- Yergin, D., *The Quest: Energy, Security, and the Remaking of the Modern World*, Penguin Books, 2012.

- 건강보험정책연구원, "2012 건강보험주요통계", 국민건강보험공단, 2013년 3월 18일.

- 건강보험정책연구원, "인구구조 변화에 따른 건강보험 수입·지출 구조 변화와 대응 방안", 국민건강보험공단, 2013년 2월 25일.

- 고경환, 〈2012 OECD 공표로 본 우리의 사회복지 지출 특성과 시사점〉, 《보건복지포럼》, 통권 제194호, 2012.

- 기획재정부 경제정책국 부동산정책팀, "인구·가구구조 변화에 따른 주택시장 영향과 정책방향", 2012년 12월 3일.

- 김동열, "세대별 행복도 차이의 배경과 시사점", 《현대경제연구원 경제주평》, 13-12, 2013.

- 김미숙, "OECD 국가 아동복지수준 비교", 《보건·복지 Issue & Focus》 106호, 한국보건사회연구원, 2011년.

- 남재현, "고령화에 따른 금융부문의 대응", 2005년 금융·경제 분석과 2006년 전망 세미나 자료, 한국금융연구원, 2005년 2월 27일.

- 노영훈·김유찬·현진권, "부동산보유세 부담의 국제비교연구와 그 시사점", 한국세무학회, 2005년.

- 藤森克彦, 単身世帯の増加と金融機関に期待される役割, みずほ総合研究所, 金融ジャーナル』 2012年6月号.

- 문형표 외, "인구구조 고령화의 경제·사회적 파급효과와 대응과제", 『경제·인문사회연구회 협동연구 총서』, 한국개발연구원, 2006년 12월.

- 박덕배, "에코부머의 3대 경제난", 《현대경제연구원 경제주평》, 12-20, 2012.

- 박종훈, 『2015년 빚더미가 몰려온다』, 21세기북스, 2012.

- 박준 외, "각국의 거버넌스와 금융위기 대응", 삼성경제연구소, 2010년 7월.

- 박진희, "베이비붐 세대의 직업이력과 정년 현황", 한국고용정보원, 2012년 7월호.

- 박해식·임진, "베이비붐 세대의 고용·소득·자산 구조와 시사점", 《한국금융연구원 금융 VIP 시리즈》, 2013년 6호.

- 박형수·전병목, "사회복지 재정분석을 위한 중장기 재정추계모형 개발에 관한 연구", 한국조세연구원, 2009.

- 발터 비트만, 류동수 옮김, 『국가부도』, 비전코리아, 2011.

- 서울대학교 노화고령사회연구소·메트라이프·갤럽 코리아, "한국 베이비부머 연구보고", 2013.

- 손은경, "1인 가구를 위한 소형주택시장의 다변화", 《KB daily 지식 비타민》 13-40호,

2013.

- 안순권, 『유럽복지모델 발전과 개혁의 시사점』, 한국경제연구원, 2006.

- 안주엽, "세대 간 고용대체 가능성 연구", 한국노동연구원, 2011.

- 양재진, "한국 복지국가 전략의 성찰과 모색", 사회디자인연구소 제9차 조찬포럼 자료, 2011.

- 우석훈·박권일, 『88만원 세대』, 레디앙, 2007.

- 윤영수·채승병, 『복잡계 개론』, 삼성경제연구소, 2005.

- 이장영·박동순, "최근의 부동산 버블과 감독정책", 한국재무학회, 2007년 4월.

- 이준협, "인구보너스 2.0 시대를 준비할 때다 - 인구 5,000만 시대와 인구보너스 소멸", 《현대경제연구원 경제주평》, 12-22, 2012.

- 이형종, "세대 간 형평성 vs 세대 간 상호의존", 《은퇴저널》, Vol. 7, 2012년 9월 4일.

- 이혜림, "조세·사회보장 부담과 혜택 세대 간 격차 크다", 《LG Business Insight》, 2012년 7월 4일.

- 전영수, 『장수대국의 청년보고서』, 고려원북스, 2012년.

- 정유훈, "일본 국가재정 악화의 교훈", 《현대경제연구원 경제주평》, 09-30, 2009.

- 조호정·김동열, "국내 가구의 교육비 지출 구조 분석", 현대경제연구원 경제주평 12-31, 2012.

- 최기홍 외, "국민연금의 세대 간 회계: 방법론 및 모형 개발", 국민연금연구원 연구보고서 2012-01, 2012.

- 통계청 인구총조사과, "베이비부머 및 에코 세대의 인구·사회적 특성분석", 2012년 8월 2일.

- 한국노동연구원, "실업급여의 임금대체율 국제비교", 《월간노동리뷰》, 2010년 4월호, pp.62-65.

- 황원경, "에코 세대의 라이프 금융플랜 분석", 《KB금융지주 경영연구소 CEO 리포트》, 2012-10호, 2012.

KI신서 5383

지상 최대의 경제 사기극, 세대전쟁

1판 1쇄 발행 2013년 12월 27일
1판 9쇄 발행 2021년 1월 11일

지은이 박종훈
펴낸이 김영곤 **펴낸곳** (주)북이십일 21세기북스
출판사업본부장 정지은
책임편집 양으녕 **디자인 표지** 황소자리 **본문** 윤인아
영업팀 한충희 김한성 이광호 오서영
제작팀 이영민 권경민

출판등록 2000년 5월 6일 제10-1965호
주소 (413-120) 경기도 파주시 회동길 201(문발동)
대표전화 031-955-2100 **팩스** 031-955-2151 **이메일** book21@book21.co.kr
홈페이지 www.book21.com **블로그** b.book21.com
트위터 @21cbook **페이스북** facebook.com/21cbook

(주)북이십일 경계를 허무는 콘텐츠 리더

21세기북스 채널에서 도서 정보와 다양한 영상자료, 이벤트를 만나세요!
페이스북 facebook.com/jiinpill21   포스트 post.naver.com/21c_editors
인스타그램 instagram.com/jiinpill21   홈페이지 www.book21.com
유튜브 www.youtube.com/book21pub
서울대 가지 않아도 들을 수 있는 명강의! 〈서가명강〉
네이버 오디오클립, 팟빵, 팟캐스트에서 '서가명강'을 검색해보세요!